Ullstein

ÜBER DAS BUCH

Spätestens seit den zehn Filmen über die Zehn Gebote ist Krzysztof Kieslowski als (Autoren) Filmer auch einem breiten Publikum ein Begriff. Der Erzähler Kieslowski jedoch ist – anders als z. B. in Italien, Frankreich, Holland und England – hierzulande noch zu entdecken. Denn seine Filme über die Zehn Gebote sind nach Erzählungen gedreht, die er zusammen mit Krzysztof Piesiewicz geschrieben hat. Die zehn Episoden der *Zehn Gebote* finden in einer modernen Hochhaussiedlung in Warschau statt, wo auf engstem Raum die verschiedensten Menschen zusammenleben. Ein unsichtbares Geflecht von Arroganz, Lügen, Lebensverdrossenheit, Karrieredenken, Atheismus, Neid und Kleinmut herrscht im Umgang miteinander. In jeder Episode gibt es für die handelnden Personen die Möglichkeit einer nicht wiederholbaren Chance.

DIE AUTOREN

Krzysztof Kieslowski, 1941–1996, galt als einer der bedeutendsten Filmregisseure Polens und wurde international mit Preisen ausgezeichnet. Besonders bekannt ist seine u. a. mit Juliette Binoche verfilmte Trilogie *Drei Farben: blau, rot, weiß*.
Krzysztof Piesiewicz, geb. 1945, lebt als Rechtsanwalt und Drehbuchautor in Warschau.

KRZYSZTOF KIESLOWSKI
KRZYSZTOF PIESIEWICZ

Dekalog

Zehn Geschichten für zehn Filme

Aus dem Polnischen
von Beata Prochowska

ULLSTEIN

Ullstein Buchverlage GmbH, Berlin
Taschenbuchnummer: 24219
Titel der Originalausgabe:
Scinariusze Filmowe Dekalog

Ungekürzte Ausgabe
Oktober 1997

Umschlagentwurf:
Tandem Design, Hamburg
Illustration:
Alex Barbier / Contours

Taschenbuchausgabe mit freundlicher Genehmigung der
Rogner & Bernhard GmbH & Co. Verlags KG, Hamburg

Printed in Germany 1997
Gesamtherstellung:
Clausen & Bosse, Leck
ISBN 3 548 24219 7

Gedruckt auf alterungsbeständigem Papier
mit chlorfrei gebleichtem Zellstoff

Die Deutsche Bibliothek – CIP-Einheitsaufnahme

Kieślowski, Krzysztof:
Dekalog: zehn Geschichten für zehn Filme / Krzysztof Kieslowski /
Krzysztof Piesiewicz. Aus dem Poln. von Beata Prochowska. –
Ungekürzte Ausg. – Berlin: Ullstein, 1997
Einheitssacht.: Scinariusze filmowe dekalog <dt.>
ISBN 3-548-24219-7

Inhalt

Einige Bemerkungen zum DEKALOG

Na gut. Ein leeres Blatt Papier, das man diesmal mit einem Rezept für den »DEKALOG« füllen muß. Was für Zutaten gibt es für dieses Gericht, welche Gewürze; und vor allem, warum soll man ohne Rezept kochen, statt die erprobten und risikolosen Methoden zu benutzen, von denen man weiß, daß sie eßbare, leicht bekömmliche Gerichte ergeben; Gerichte, die man verhältnismäßig einfach zubereiten und verkaufen kann? Warum keine Komödie? Kein Melodram? Warum kein gesellschaftliches oder politisches Thema; oder noch besser: warum keinen Film mit einer deutlichen, klaren Aussage, die keine Zweifel hinterläßt?

Natürlich, die einfachste Antwort auf die Frage, warum man die *Zehn Gebote* verfilmt, lautet: »Weil sie da sind.« Möglich, daß diese Antwort der Wahrheit am nächsten kommt und in der Tat alle Gründe beinhaltet, die zu dieser Entscheidung beitrugen. Man kann diese Antwort etwas verkomplizieren. Dann aber müßte man sich überlegen, warum man ausgerechnet dort ist, wo man ist, und nicht woanders; was ist geschehen, und wie konnte es geschehen, daß sich solche und nicht andere Ansichten und Vorlieben gebildet haben; welcher Weg führte dahin?

Ich glaube, daß der Zufall ein wichtiges Element im Leben ist. In jedem Leben; in meinem auch. Wie viele und welche Zufälle es brauchte, damit ich heute hier, in Warschau, sitze und für einen Verlag über die *Zehn Gebote* schreibe. Sicherlich, wenn der Mensch einen Weg wählt, wählt er in gewisser Weise auch die Zufälle, die ihm auf diesem Weg begegnen können. Auf einem anderen Weg sind auch die Zufälle andere. Um zu verstehen, wo man ist, muß man zurückgehen und die gegangene Strecke betrachten. Was war auf diesem Weg Notwendigkeit, was freier Wille und was Zufall?

Gleich nach dem Abschluß der Filmhochschule in Lodz fing ich an, Dokumentarfilme zu drehen. Ich liebte dieses Filmgenre und glaubte, es könne die Welt beschreiben. Ich machte Filme über das, was ist, und nicht über das, was man sich ausdenkt. Ich machte sie zwölf Jahre lang. So war es nur natürlich, daß ich, als im Dezember 1981 das Kriegsrecht verhängt wurde, festhalten wollte, was geschah. Es gab Panzer, Flugblätter und antikommunistische Parolen an Hauswänden. Solche Parolen, Blätter und Streiks wurden streng bestraft mit mehren Jahren Haft. Dort, wo diese Urteile gefällt wurden – in Gerichtssälen –, wollte ich die Kamera aufstellen. Ich ging davon aus, die Gesichter der Verurteilten und der Urteilenden filmen zu können. Eine Genehmigung zu bekommen war sehr schwierig; ich erhielt sie erst im Herbst 1982. Die Kamera wurde im Gericht unwillig geduldet; sie war ein Zeuge, der sich noch lange erinnern sollte. Die Richter kannten meine Absichten nicht, die Rechtsanwälte und die Angeklagten schöpften zuerst Verdacht, ich agiere im Namen des sich endgültig kompromittierenden Fernsehens, und lehnten die Mitarbeit ab. Dieser Zustand währte nicht lange. Schon nach einigen Tagen bemerkten die Anwälte, daß, wenn sich die Kamera im Verhandlungssaal befand, es entweder keine oder aber auf Bewährung ausgesetzte Verurteilungen gab. Das war einfach und absolut verständlich: Die Richter fürchteten, daß die Aufnahmen ihrer Gesichter während der Verkündung eines ungerechten Urteils sie irgendwann belasten könnten. Die Anwälte fingen also an, mich über die Verhandlungstermine ihrer Mandanten zu informieren; sie wollten Freisprüche, und die Kamera im Gerichtssaal war ihnen willkommen. Bei den Militär- und Zivilgerichten gab es mehrere Verhandlungen täglich, so daß ich – um alle »Bestellungen« bedienen zu können – eine zweite Kamera beschaffen mußte, und solange es möglich war, habe ich sie in den Gerichtssälen aufgestellt, ohne mir Gedanken darüber zu machen, ob ein Film eingelegt war oder nicht. Nach einiger Zeit – wie nicht anders zu erwarten – entzog man mir die Genehmigung. Der Film kam nicht zustande, denn es war – obwohl ich einige Dutzend Verhandlungen »bedient« hatte – mir nicht ein einziges Mal gelungen, eine Verurteilung zu filmen. Einer der Anwälte, die sehr schnell die Funktion der Kamera im Gerichtssaal während der Zeit des Kriegsrechts begriffen hatten, war Krzysztof Piesiewicz.

Zwei Jahre später wollte ich einen Spielfilm machen, der sich in irgendeiner Weise mit meinen Erfahrungen im Gericht auseinandersetzen sollte. Ich stand alldem hilflos gegenüber, was man die »Garküche des politischen Prozesses« nennen könnte. Da fiel mir Piesiewicz ein. Zusammen schrieben wir das Drehbuch *Ohne Ende*, und während dieser Arbeit freundeten wir uns an. Der Film *Ohne Ende* wurde sehr schlecht aufgenommen; die Machthaber waren wütend, weil der Film sich nicht mit ihren Standpunkten vertrug. Die Parteizeitung *Trybuna Ludu* schrieb, der Film sei eine »Instruktion für den Untergrund«, und folglich wurde der Vertrieb des Films absichtlich behindert. Die Opposition hat den Film als kompromißbereit und abwegig bezeichnet – sie wollte als Sieger dastehen, aber der

Film erzählt von einem Krieg, den alle verloren haben, und er zeigt Menschen, die mit gesenkten Köpfen dastehen. Die dritte politische Macht in Polen – die Kirche – hat den Film kritisiert, weil er einen Selbstmord zeigt und weil die Hauptdarstellerin ein paarmal ohne BH auftritt und einmal sogar ohne Unterhosen. Dann habe ich meinen Co-Autor auf der Straße getroffen. Es war kalt. Es regnete. Und ich hatte einen Handschuh verloren. Piesiewicz sagte: »Man müßte die *Zehn Gebote* verfilmen; du solltest das tun.«

Die Zeit war ungut. Einige Monate später: Drei Offiziere des Sicherheitsdienstes ermordeten Priester Popieluszko, und Piesiewicz trat als einer der Nebenkläger auf. Was noch kommen sollte, hing in der Luft. Im Land herrschten Chaos und Unruhe – in allen Bereichen, in jeder Hinsicht, in fast jedem Leben. Die Spannung, das Gefühl der Sinnlosigkeit und die Vorahnung noch schlechterer Zeiten waren spürbar und offensichtlich. In der übrigen Welt – damals fing ich an zu reisen – beobachtete ich ähnliche Unsicherheiten; nicht in der Politik, sondern im ganz normalen alltäglichen Leben. Unter dem höflichen Lächeln hatte ich Gleichgültigkeit gespürt. Ich hatte dieses eindringliche Gefühl, daß ich immer häufiger Menschen sah, die nicht wußten, wofür sie lebten. Piesiewicz hat recht, dachte ich; und es ist eine sehr schwierige Aufgabe, die *Zehn Gebote* zu verfilmen. Ich fragte ihn, wie es zu machen sei. Er sagte: »Ich weiß nicht.«

Noch lange wußten wir es nicht. Ein Film? Mehrere? Oder vielleicht zehn Filme? Eine Serie von zehn Filmen oder eher ein Zyklus, bei dem jeder Film für sich steht und jeweils eines der *Zehn Gebote* als Aufhänger nimmt? Letztere Idee schien dem Vorhaben am meisten zu entsprechen. Zehn Sätze, zehn einstündige Filme. In jener Phase ging es um die Drehbücher; noch dachte ich nicht an Regie. Einer der Gründe dafür, die Arbeit in Angriff zu nehmen, hatte damit zu tun, daß ich seit einigen Jahren in der Filmgruppe »Tor« Stellvertreter des künstlerischen Leiters Krzysztof Zanussi war. Zanussi arbeitete viel im Ausland und konnte daher nur die allgemeinen Richtlinien festlegen; für das Tägliche war ich zuständig. Eine der Aufgaben der Filmgruppe war die Betreuung junger, debütierender Filmemacher. Ich kannte viele junge Regisseure, die ihre Erstlingsarbeit verdient hatten, und ich wußte, wie schwierig es war, das Geld dafür aufzutreiben. Seit langem ist das Fernsehen das naheliegendste Forum des Regiedebüts – der Fernsehfilm ist kürzer und billiger; man riskiert also weniger. Die Schwierigkeit lag darin, daß das Fernsehen einzelne Filmprojekte nicht produzieren wollte; es bevorzugte Serien, und ganz selten ließ es sich immerhin auf Zyklen ein. Ich dachte also, wenn wir zehn Drehbücher schreiben und sie dem Fernsehen als *Zehn Gebote*-Zyklus vorschlagen, werden zehn junge Menschen ihre Erstlingsfilme machen können. Eine Zeitlang hat dieser Gedanke unsere Arbeit an den Texten beflügelt. Erst viel später, als die Erstfassungen fertig waren, begriff ich ganz egoistisch, daß ich sie an niemanden weggeben wollte. Einige hatte ich liebgewonnen, und es tat mir leid um sie. Diese Geschichten wollte ich in jedem Fall gerne selber machen, und es wurde mir klar, daß ich alle zehn machen würde.

Von Anfang an stand für uns fest, daß es moderne Filme werden würden. Eine Weile spielten wir mit dem Gedanken, politische Filme zu machen, obwohl das aufgrund der Zensur natürlich nicht möglich war. In unserem Land fehlte es nicht an Filmthemen über die dramatischen, tragischen oder komischen Fehler und Vergehen der Machthaber; jedes der *Zehn Gebote* hätte hier eine Fülle von Stoff finden können. Im Grunde haben wir nur herumgespielt und uns abstrakte Geschichten ausgedacht. Die Politik Mitte der achtziger Jahre interessierte uns nicht mehr. Im Alltag war sie langweilig und beliebig; in der geschichtlichen Perspektive – hoffnungslos. Wir glaubten nicht, daß die Politik die Welt verändern oder gar zum Besseren wenden könnte. Wir entschlossen uns, die Politik aus den Filmen auszuklammern. Hinzu kam, daß niemand in der Welt imstande gewesen wäre, das Labyrinth dieser Politik zu verstehen; wir selber waren unsicher, ob wir sie begriffen, und intuitiv vermuteten wir, daß sich die *Zehn Gebote* ins Ausland verkaufen lassen würden. Aus diesen Gründen schlossen wir auch den Alltag aus, all das, was uns jeden Tag umgab: die Käuferschlangen, Fleischcoupons, Treibstoffmangel, die Bürokratie, die sich bei jeder Gelegenheit bemerkbar machte, der Krach in den Bussen, die Teuerung als permanentes Gesprächsthema und die auf den Krankenhausgängen sterbenden Patienten. Der Alltag war unausstehlich, eintönig und entsetzlich uninteressant. Wir wußten, daß wir für unsere Figuren extreme Situationen suchen mußten, schwierige Entschlüsse und Entscheidungen, die man nicht irgendwie und irgendwo trifft. Wir überlegten, wie diese Figuren auszusehen hätten. Sie müßten glaubhaft sein und sich zur Identifikation anbieten, so daß der Zuschauer denken könnte: »Das kenne ich. Ich habe schon einmal genauso empfunden.« Oder: »Mir ist einmal etwas ganz Ähnliches passiert.« Trotzdem dürften diese Filme unter keinen Umständen Reportagen aus dem Leben werden; im Gegenteil, sie sollten die Form einer dichten, kompakten, vollgestopften Kugel haben. Ziemlich schnell wurde klar, daß wir über die Liebe, über die Leidenschaft erzählen würden, da wir verstanden hatten, daß die Liebe, die Angst vor dem Sterben oder vor dem Schmerz eines Nadelstichs alle Menschen gleich empfinden – unabhängig von politischen Ansichten, Hautfarbe oder Größe des Besitzes.

Ich glaube, daß das Leben eines jeden Menschen bemerkenswert ist; es hat seine Dramen und Geheimnisse. Die Menschen erzählen ungern davon, weil sie sich schämen und die Wunden nicht aufkratzen wollen, oder sich fürchten, der unmodischen Sentimentalität bezichtigt zu werden. Wir wollten jeden Film so beginnen, als sei die Figur von der Kamera zufällig ausgesucht, als sei sie eine von vielen. Es gab zum Beispiel die Idee eines großen Stadions, in dem wir uns einem der hunderttausend Gesichter hätten nähern können. Eine andere Idee war, daß die Kamera in der Fußgängermasse jemanden heraussuchen und dann den ganzen Film über führen würde. Letztlich entschlossen wir uns, die *Zehn Gebote* in einer großen Wohnsiedlung mit Tausenden von Fenstern zu inszenieren. Hinter jedem dieser Fenster – sagten wir uns – lebt jemand, in dessen Kopf, dessen Herz oder noch besser in dessen Bauch hineinzuschauen lohnenswert wäre. Das hatte noch zusätzliche Vorteile. Die Fernsehzuschauer, gewöhnt an Serien, konnten in einzelnen Filmen ihre Bekannten aus den anderen Teilen des Zyklus – während flüchtiger Begegnungen im Aufzug, auf dem Gang, an der Wohnungstür mit der Bitte um Salz – wiedererkennen.

Es fehlte noch das Wichtigste – wie konnte man die Handlung der Filme auf die einzelnen Gebote beziehen? Alles, was in den Bibliotheken zu finden war, haben wir gelesen – eine Unmenge von Interpretationen der *Zehn Gebote*, Abhandlungen und Kommentare zum Alten und Neuen Testament –, um dann rasch zu entscheiden, dieses ganze Wissen beiseite zu lassen. Die Priester bedienen sich dessen täglich, und wir wollten niemanden belehren. Wir wollten die Tonlage dieser Menschen nicht annehmen, die loben und verdammen; die selbstherrlich entscheiden, wie das Gute zu belohnen und das Böse zu bestrafen ist, und die sich nicht scheuen zu klassifizieren. Wir wollten vielmehr sagen: »Wir wissen nicht; genau wie ihr. Deshalb ist es vielleicht sinnvoll, über das nachzudenken, was wir nicht wissen. Schon darum, weil nicht zu wissen ein bitteres Gefühl ist.« Mit dieser Haltung kamen wir zu der Lösung, daß der Bezug zwischen der Filmhandlung und den Geboten nur lose sein durfte. Die Filme sollten sich etwa in dem Maße auf die Gebote beziehen, in dem sich die Gebote auf unser Leben beziehen; sie sollten ein Leben zeigen, das ohne allzu schmerzhafte Berührungen verlief. Uns wurde bewußt, daß diese – seit ein paar tausend Jahren existierenden – Gebote, zehn Sätze, die im Grunde von keiner Philosophie, von keiner Ideologie in Frage gestellt worden sind, trotzdem tagtäglich gebrochen werden. Einfacher gesagt: Alle wissen, daß man nicht töten soll. Aber die Kriege dauern, und die Polizei auf der ganzen Welt findet Leichen in den Parks oder in Kellern mit Messern in den Kehlen. Die Frage, ob das Töten gut oder schlecht ist, kann man nicht stellen, ohne den Verdacht der Naivität oder Dummheit auf sich zu ziehen. Die Frage aber, warum ein Mensch den anderen ohne jeglichen Grund tötet, kann man versuchen zu stellen, insbesondere, wenn man eine weitere Frage wagt: nämlich, ob das Gesetz, das das Töten verbietet, gleichzeitig töten kann. Wir waren bemüht, die Drehbücher so zu konstruieren, daß für den Zuschauer nach der Vorführung die gleiche Frage offenblieb, die sich uns stellte, als wir über dem leeren Blatt saßen.

Ziemlich lange fürchteten wir die Größe der *Zehn Gebote*. Nicht im Sinne der Arbeit, die uns – die Drehbuchautoren und dann mich, den Regisseur – erwartete. Wir hatten Angst vor etwas anderem: hatten wir das Recht, ein so universales und ernsthaftes Thema zu berühren, das für viele Nationen, obwohl sie es täglich mißachten, ein Heiligtum darstellt? Diese Befürchtungen sind in einem katholischen Land wie Polen, in dem die Kirche eine große, meinungsbildende Macht ist, kaum verwunderlich. Die Angst verging uns, als wir plötzlich und klar begriffen, daß alle Dichter, Maler, Autoren und Filmemacher – vor uns und nach uns – sich mit dem gleichen Problem auseinandersetzen. Begehrte Shakespeares *Richard III.* nicht etwas, das ihm nicht gehörte? Die Söhne des alten Karamasow hatten keine besonderen Gründe, ihren Vater zu ehren, und Raskolnikow hatte gar keine Gründe, die Alte zu töten. Dostojewski beobachtete seine Helden sehr genau, bemüht, sie zu verstehen. Breughel malte die Geizigen und die Diebe, und Woody Allen ließ kaum ein fremdes Bett aus. Ähnliches gilt für zweitrangige Krimis und drittklassige Melodramen; es gilt für Beethoven, der in ein und derselben Symphonie Gott verehrte und in Frage stellte. Es gilt für alle, die das Leben beschreiben, eine Laune oder den Zustand der Seele, und wir haben uns in die Reihe der Beschreiber gestellt.

An den Drehbüchern haben wir über ein Jahr gearbeitet. Wir saßen abends in Piesiewiczs Küche oder in meinem kleinen, verrauchten Zimmer. Anschließend habe ich ein Jahr und zwei Monate lang gedreht. Jetzt liegt das alles schon weit zurück. Es bleiben die Filme, die mehr einspielten, als wir erwartet hatten – und eigentlich weiß man nicht so genau, warum.

I

Spätherbst, früh morgens. Das hohe lange Haus einer Neubausiedlung sieht um diese Tageszeit wenig einladend aus. Schnee, der noch keine Flächen bildet, liegt auf den Gehwegen und Straßen. Ein paar Hunde laufen hinter einer Hündin her – sie lassen sich von dem Wetter nicht stören.

Die Besitzer der parkenden Autos bringen Batterien aus dem Haus und bauen sie eifrig in die Autos ein. Die Hunde schrecken eine Gruppe frierender Tauben auf, die hochfliegen und dann herabgleiten.

Eine von ihnen kommt durch die Luft. Sie schlägt mit den Flügeln und setzt sich endlich auf eines der zahllosen Fensterbretter des Hauses. Eine Weile dreht sie sich auf der Stelle, dann schaut sie durch das Fenster.

Die Taube schaut von draußen in die Wohnung. Stille.

Es scheint, als ob die Menschen noch schlafen; aber vielleicht sind sie auch nicht da.

Das rot möblierte Kinderzimmer ist voll von Plakaten und Figuren aus Spielberg-Filmen. Das Bett ist zerwühlt – irgend jemand ist gerade aufgestanden. Auf dem Kopfkissen liegt ein ziemlich großer Teddybär – man sieht, daß das Kind ihn von all seinen Spielzeugen am liebsten hat.

Das große Zimmer ist eine untypische Mischung aus alten und ganz einfachen modernen Möbeln. Es gibt eine Wanduhr, und auf einem riesigen Kieferntisch stehen zwei oder drei Computer, und diverse Kabel und Tastaturen liegen herum.

Auf einem der Bildschirme sieht man wechselnde Zahlen und Symbole. Man hört leichte, rhythmische Anschläge auf der Tastatur.

Der kleine Pawel tippt ins Computergedächtnis Zeichen und Zahlen ein. Er ist zehn, vielleicht zwölf.

Noch im Schlafanzug – man sieht, daß er gerade aufgestanden ist – kämpft er aufgeregt mit einem ungelösten Problem, zu dessen Lösung er am Abend davor nicht mehr gekommen war. Nachdem er die ganze Operation zu Ende gebracht hat, lächelt er. Er steht auf, geht zur Schlafzimmertür und öffnet sie. Dann tritt er ein.

– Vater ...

Krzysztof schläft auf einem großen Bett. Er ist gestern erschöpft eingeschlafen, im Hemd, die Uhr am Handgelenk. Mühsam öffnet er die Augen und schaut den Sohn verschlafen an.

– Wo ist deine Brille?

– Gleich. Gibst du mir neue Aufgaben?

– Hast du es geschafft?

– Gib mir welche, dann werden wir sehen.

– Meinen hast du nicht angerührt?

– Vater ...

Das verletzt ihn; er faßt nichts an, wenn sie es abgesprochen haben.

– Na ...

– 79,4 die Stunde. Fahrzeit: 4 Stunden, 13 Minuten.

Der Junge läuft zurück zum Computer. Krzysztof ruft ihm nach.

– Setz die Brille auf!

Der Vater sieht auf die Uhr, schüttelt den Kopf, es ist früh. Er schließt die Augen wieder.

Pawel drückt schnell die Tasten, prüft das Ergebnis und die Rechnung. Er liest, was dabei herausgekommen ist, und läuft zurück zum Vater, ohne an die Brille zu denken. Als er sieht, daß der Vater wieder eingeschlafen ist, zieht er ihn am Arm, bis er ihn wach anschaut. Sichtlich froh und glücklich will Pawel das Ergebnis sagen, aber Krzysztof hält ihn zurück.

– Halt. Ich spreche nicht mit dir.

– Aber nur …

– Mit Brille.

Pawel geht lustlos weg. In seinem Zimmer findet er zwischen Spielzeug und Schulheften auf dem Tisch seine runde Brille. Er setzt sie auf, einen Moment überlegt er, ob er zum Vater zurückgehen soll; aber statt dessen setzt er sich mürrisch aufs Bett. Er hat seinen ganzen Enthusiasmus verloren, aber er weiß, daß der Vater ihn rufen wird. Und das geschieht bald.

– Pawel!

Einen Augenblick lang rührt er sich nicht. Erst als er zum zweiten Mal gerufen wird, setzt er sich in Bewegung. Er bleibt vor der Tür stehen.

– Wie ist das Ergebnis?

– Ich weiß es nicht mehr.

– Sei nicht beleidigt. Du sollst die Brille den ganzen Tag tragen. Wir haben abgemacht, daß es keine Ausnahmen gibt. Ja oder nein?

– Ja.

– Wie ist das Ergebnis?

Pawel spricht immer noch mit beleidigter Stimme.

– 164 356 Kilometer.

Krzysztof macht die Augen zu und rechnet konzentriert.
– Stimmt, glaube ich.
Er lächelt den Sohn an. Auch Pawel lächelt vorsichtig.
– Komm zu mir.

Pawel geht langsam zu ihm. Krzysztof streckt die Arme aus. Pawel zögert noch einen Augenblick, und dann kuschelt er sich plötzlich an seine Brust. Krzysztof streichelt Pawels Kopf.

– Entschuldige. Ich muß auf dich aufpassen, verstehst du ...

– Ja. Es tut mir leid ... Du riechst nach Zigaretten. Wie lange bist du gestern aufgeblieben?

– Bis um drei. Kurz vor drei.

– Und? ...

– Ich glaube, gut. Er soll eine größere Speicherkapazität haben. Auf jeden Fall mehr als alle anderen, an denen ich bisher gearbeitet habe.

– Zeigst du es mir?

– Heute nachmittag. Zieh dich an. Alles in Ordnung?
Pawel, immer noch an den Vater geschmiegt, nickt mit dem Kopf.

Pawel, warm angezogen, läuft aus dem Haus. In der Nähe ist ein Zeitungskiosk. Pawel geht hin und kauft eine Zeitung. Danach kehrt er nicht nach Hause zurück, sondern rennt in die Siedlung. Dort ist in einem niedrigen Gebäude ein Kindergarten. Pawel schaut umher, als würde er etwas erwarten. Er läuft in die Nähe der Mauer, sieht sich um und beobachtet das, was er sehen wollte.

Ein Mädchen in seinem Alter führt einen dick eingemummelten kleinen Jungen. Sie schützt ihn vor dem Wind. Sie nehmen Anlauf, und das Mädchen schlittert vorsichtig, nicht sehr geschickt, auf einem Stück des vereisten Gehwegs. Sie hält den strahlenden Bruder schützend vor sich.

Pawel sieht, wie sie den Kindergarten betreten, und wartet. Als das Mädchen wieder herauskommt, geht er los, als würde er zufällig vorbeikommen. Auf der Höhe eines Hauseinganges treffen sie sich. Weder der eine noch der andere tut etwas, woraus man schließen könnte, daß es sich um mehr als eine gewöhnliche Bekanntschaft handelt.

– Hallo.

– Hallo.

Dieses »Hallo« ist sehr förmlich. Sie gehen aneinander vorbei. Pawel wartet einen Moment und dreht sich um. Das Mädchen auch. Sofort tut er so, als sei nichts gewesen. Er geht schneller und läuft nach Hause.

Plötzlich hält er an und beugt sich über irgend etwas, sichtlich überrascht. Man sieht, daß er traurig ist.

Auf dem Gehweg liegt ein Hund, der offenbar von einem Auto angefahren worden ist. Seine Augen sind weit geöffnet, gelbe Augen, wie aus Glas. Man sieht keine Wunde, der Aufprall muß stark gewesen sein und innere Verletzungen verursacht haben. Pawel streckt langsam die Hand aus und berührt den Hund. Er ist ganz kalt und steif. Pawel versucht, ihn zu streicheln. Sein Fell ist rauh, es schmiegt sich nicht in die Hand.

Pawel richtet sich auf und geht langsam weiter in Richtung seines Hauses.

Als Pawel mit der Zeitung in der Hand zurückkommt, ist Krzysztof gerade mit den Frühstücksvorbereitungen fertig.

– Kalt. Fünf Tage Frost.

Er reicht dem Vater die Zeitung. Der schaut ihn an. Pawel zieht seine Jacke aus, putzt die Brille. In der Tat, seine Nase und Ohren sind rot.

– Hast du sie gesehen?

Pawel lächelt unter dem Schal, während er ihn abwickelt.

– Uhmmm …

– Und? Hast was gesagt?

– Ja. »Hallo« …

– Hat sie geantwortet?

– Ja, sie hat auch »Hallo« gesagt.

– Hat sie dich angeschaut?

– Hat sich umgedreht.

– Na, siehst du.

– Weißt du …

Krzysztof sieht den Sohn an.

– Sie hatte eine rote Nase.

– Das passiert sogar den Mädchen.

Krzysztof nimmt die Zeitung und setzt sich zum Frühstück. Pawel gießt sich Milch ein und setzt sich ebenfalls an den Tisch. Plötzlich springt Pawel auf und sucht irgend etwas auf dem Kühlschrank und auf dem Regal. Krzysztof schaut zu.

Pawel findet einen Aschenbecher mit einer ausgedrückten Zigarette.

– Hast du geraucht?

– Sie ist von gestern.

– Ich habe Mama versprochen, daß ich aufpasse … daß du vor dem Frühstück nicht rauchst.

– Wirklich, sie ist von gestern.

Sie beenden das Frühstück. Krzysztof sitzt da mit Zigarette, Kaffee und ausgebreiteter Zeitung. Pawel reckt seinen Kopf, um auch etwas lesen zu können. Vor ihm die Seite mit Todesanzeigen.

– Wenn … wenn jemand im Ausland sterben würde, gäbe es dann auch eine Anzeige?

– Könnte es geben. Dafür bezahlt man. Wenn jemand bezahlt, dann wird's gedruckt.

– Vater ...

Etwas in Pawels Stimme veranlaßt Krzysztof, die Zeitung beiseite zu legen.

– Warum sterben die Menschen? So viele?

Er zeigt auf die Seite mit Todesanzeigen.

– Unterschiedlich ... Herz, Krebs, Unfälle, weil sie alt sind.

–Nein ... mir geht es darum, was ist der Tod?

– Tod ... sieh im Lexikon nach.

Pawel steht auf. Im großen Zimmer gibt es ein ganzes Regalbrett voll mit unterschiedlichen Lexika. Er nimmt den richtigen Band heraus und schlägt nach. Man sieht, daß er mit einem Lexikon umgehen kann. Er liest laut:

– ... Eintreten des unwiderruflichen Endes aller Lebensfunktionen des Organismus; die Herzfunktionen, das zentrale Nervensystem ... Was ist das zentrale Nervensystem?

– Sieh' weiter nach.

Pawel nimmt einen anderen Band und liest die komplizierte Erklärung. Er schlägt das Buch laut zu und kommt zurück.

– Hast du es gefunden?

– Da steht nichts.

– Alles steht da. Alles, was man beschreiben und verstehen kann. Ein Mensch ist wie eine Maschine. Das Herz ist die Pumpe, die kaputtgeht, wie jede andere auch. Das Hirn ist der Computer, nur besser. Aber wenn die Energie fehlt ... funktioniert es nicht.

Pawel schaut den Vater ernst und unzufrieden an.

– Etwas nicht in Ordnung?

– Nein ... alles in Ordnung ...

– Na?

Pawel zeigt auf die Zeitung.

– Hier steht ... »die Messe zur letzten Seelenruhe« ... Im Lexikon stand nichts über die Seele.

– Das ist nur so eine Redewendung. Die Seele gibt es nicht.

– Die Tante meint, daß es sie gibt.

– Es gibt Menschen, für die das Leben einfacher ist, weil sie daran glauben.

– Und du?

– Ich? Nein. Pawel ... an was denkst du? Ist was passiert?

– Nein, nichts. Nur.

– Na ...

– Ich habe mich sehr gefreut, als mir heute früh die Rechnung gelungen ist. Später, als du mir gesagt hast, ich soll die Brille aufsetzen, hab' ich auf dem Bett gesessen und gedacht ... warum? ... wozu soll das gut sein? Und als ich mit der Zeitung zurückkam, habe ich einen toten Hund gesehen. Er war immer hungrig und verfroren, so einer mit gelben Augen. Er ist um die Mülltonnen rumgeschlichen, weißt du, welcher?

– Ich weiß.

Schulpause – ein Fernsehteam dreht eine Reportage. Der Direktor und eine Lehrerin antworten dem Reporter auf seine Fragen; viele Kinder stehen um sie herum und versuchen, etwas zu sehen.

Eine Frau verteilt Milch aus einem großen Alutopf. Eine Schlange; die Kinder holen eines nach dem andern die vollen Becher ab.

Pawel schaut als einziger nicht zum Drehort. Ola, das Mädchen, das Pawel vor dem Kindergarten getroffen hat, steht am Fenster mit einem großen Pappkarton. Pawel geht zu ihr; man sieht ihm an, daß er unsicher ist.

– Was hast du da?

– Einen Hamster.

Sie macht den Karton auf. Drinnen guckt ein kleiner Hamster verwundert und stellt sich auf die Hinterpfoten.

– Wofür?

– Biologiestunde. Aber die Lehrerin hat Angst vor ihm. Sie hat nicht erlaubt, daß ich ihn heraushole.

Pawel streichelt vorsichtig den Hamster. Ola nimmt das Tierchen in die Hände.

– Schau, was für Zähne er hat.

Sie zeigt Pawel seine Zähne. Sie sind überraschend lang und gelb und verändern den Ausdruck des Tieres – es sieht jetzt wie ein Raubtier aus.

– Hab keine Angst.

Pawel gibt ihm seinen Finger, und der Hamster beißt ganz vorsichtig hinein. Ola lächelt. Pawel auch.

Der Fernsehredakteur fordert mit lauter Stimme die Kinder auf, ganz ungezwungen in der Halle zu spielen und zu laufen.

Pawel wird von Freunden gerufen. Er rennt von Ola weg und tobt wild mit anderen Kindern herum. Der Kameramann versucht, das Schulchaos festzuhalten.

Ola, am Fenster, schaut dem Spiel zu.

Frost. Aus gefrorenen Pfützen haben Kinder Eisrutschen gemacht. Die Kinder nehmen Anlauf und gleiten auf dem Eis. In dem Moment, wo die Rutschbahn in Gras übergeht, springen sie.

Auch Pawel nimmt soviel Anlauf, wie er kann.

Vor dem Zaun, der das Sportfeld abgrenzt, bleibt Irena, Pawels Tante, die Schwester von Krzysztof, stehen. Eine Weile schaut sie Pawel zu. Dann ruft sie.

– Pawel!

Beim Abspringen von der Rutschbahn fällt Pawel hin. Er steht auf, schüttelt seine Kleider und winkt der Tante lachend zu.

– Noch einmal!

Irena nickt mit Einverständnis. Pawel nimmt wieder Anlauf, und diesmal springt er am Ende der Rutschbahn sehr geschickt ab. Aus einem Berg von Schultaschen zieht er seine heraus und läuft auf Irena zu. Man sieht, daß er sie sehr mag. Sie schiebt seine Haare unter die Mütze.

– Was gibt's heute?

– Suppe und Hauptgericht. In Ordnung?

– Sehr gut. Ich hab' Hunger. Heute war das Fernsehen bei uns.

– Warum?

– Ich weiß nicht. Irgendwas über Milch. Wir sollten im Gang rumtoben.

– Du hast getobt!

– Na klar! Holt Papa mich ab?

– Abends. Er hat keine Zeit.

– Ich weiß. Er macht einen phantastischen Computer.

Irena wohnt in einer ganz anderen Gegend als Krzysztof. Vielleicht in einem kleinen Vorstadthaus aus der Vorkriegszeit oder einer kleinen Wohnung in einem alten Haus. In einer hübschen, alten, etwas unordentlichen Küche haben Pawel und Irena gerade das Essen beendet. Sie stellt das Geschirr in die Spüle.

– Soll ich abwaschen?

– Nein, ich mach' das schon ... ich hab' was vorbereitet, was ich dir zeigen wollte. Im Zimmer neben der Lampe liegt ein weißer Umschlag.

Pawel geht ins Zimmer, macht die Lampe an; es wird früh dunkel. Er macht den Umschlag auf. Darin sind einige großformatige Bilder.

Auf den Bildern sieht man polnische Touristen beim Papst im Vatikan. Zum Kuß einer Hand geneigte Köpfe, lachende Menschen mit einer weißen Gestalt in der Mitte.

Pawel erkennt Irena. Sie ist auf allen drei oder vier Fotos zu sehen.

– Erkennst du mich?

Sie steht in der Tür mit einem Geschirrtuch in der Hand.

– War das damals, als du mir diesen rosa Federkasten gebracht hast?

– Ja, damals. Heute habe ich Abzüge bekommen.

– Ich erkenne ... Ist er gut? So sieht er aus ...

– Ja.

– Und klug?

– Ja, er ist klug.

– Denkst du, daß er weiß ...

Irena, mit dem Tuch in der Hand, geht zu Pawel und setzt sich hin. Sie läßt ihm Zeit für seine Frage.

– ... wofür lebt man?

– Ich glaube, er weiß es.

– Papa hat mir gesagt ... aber ich weiß nicht ... er hat gesagt, daß man dafür lebt, damit man etwas tut, so daß die, die nach uns leben werden, es leichter haben. Aber er sagte, daß es nicht immer gelingt.

– Ja ... vielleicht ist es etwas komplizierter.

– Sag mal ... aber Papa ist doch dein Bruder, oder?

– Das weißt du doch.

– Ja, aber ich verstehe nicht ... warum geht Papa nicht in die Kirche, fährt nicht zum Papst wie du ... er macht so was nicht ...

– Als dein Vater etwas älter war als du ... hat er schon gesagt, daß man alles ausrechnen kann ... So ist er bis heute geblieben. Manchmal glaubt er nicht so ganz daran ... er wird es aber vor uns nie zugeben. Schau irgendwann nach, im Lexikon gibt es so ein Wort »Atheismus«. Mit »A«, einfach zu finden ... Das ist so eine Art zu leben. Mag sein, es ist etwas einfacher, etwas gescheiter ... aber weißt du, das heißt noch lange nicht, daß es Gott nicht gibt. Auch für diese Leute ... verstehst du?

– Nicht ganz.

Irena lächelte etwas hilflos.

– Jeder muß es für sich klären.

– Ich auch?

– Ja. Du auch.

Krzysztof und Pawel öffnen die Aufzugtür und steigen ein. Krzysztof schaut auf seine Uhr.

– Soll ich stoppen?

– Start!

Pawel drückt den Knopf, sie fahren.

– Papa ... Irena hat mich für den Religionsunterricht angemeldet.

– Wann?

– Dienstags.

– Gut. Da hast du kein Englisch.

Der Aufzug hält an. Pawel ruft.

– Halt!

– Ich hab's nicht geschafft. Du hast mich bequatscht.
– Schschscheiße.
Krzysztof lacht. Sie steigen aus.
– Du willst zum Religionsunterricht und fluchst?
Sie gehen den Gang entlang.

Beide ziehen sich aus, die Jacken und Schals. Da klingelt das Telefon.

Pawel ist schon in dem Alter, wo er gern abnimmt.
In einem Schuh läuft Pawel zum Telefon.
– Hallo?
– »Na und? Hast du es gesagt?«
– Ja.
Er ruft den Vater.
– Tante am Telefon!
Krzysztof, immer noch im Flur.
– Und?
– Sie fragt, ob du einverstanden bist?
– Natürlich.
Er geht zum Telefon und nimmt den Hörer.
– Was soll der Quatsch, Irena?
– »Ich wußte nicht, ob du einverstanden bist.«
– Er soll hingehen, wenn er will. Seine Sache.
– »Und morgen?«
– Morgen hol' ich ihn ab. Die Vorlesung ist kurz, und dann gehen wir Schach spielen. Tschüs.
– »Tschüs.«
Er legt auf. In der Küche setzt Pawel Wasser auf.
– Ich mache Tee!
– Für mich auch.
Er schaut seinen neuen Computer an. Überrascht sieht

er, daß er an ist und daß der riesige Bildschirm grünlich schimmert. Krzysztof ruft seinen Sohn.

– Pawel!

Pawel erscheint in der Tür.

– Hast du ihn angeschaltet?

– Nein ... hab' ihn nicht angefaßt.

Pawel schaut verwundert auf den großen Bildschirm. Krzysztof macht einen halben Schritt darauf zu. Über den grünen Bildschirm laufen einige Linien, die sich in einem Satz zusammenfügen: I'M READY

– Ich habe vergessen, ihn auszuschalten.

Krzysztof macht noch einen Schritt, schaltet den Computer aus, das Bild erlischt.

Pawel kommt neugierig näher.

– Darf ich probieren ...

– Ja, probier mal. Es ist noch nicht alles fertig.

Er schaltet den Computer wieder an. Der Bildschirm leuchtet grün, wie vorher.

– Was weiß er?

– Einiges. Du kannst ihn auf polnisch fragen.

Pawel tippt die Frage auf der Tastatur.

WAS FÜR EIN TAG IST HEUTE

Er drückt eine Taste, und beinahe sofort erscheint die Antwort:

3 DECEMBER 1986 WEDNESDAY, 336

– Er kennt den Kalender bis zum Jahr 3000. Ich weiß nicht, ob man das braucht.

Pawel tippt eine weitere Frage.

KANNST DU SCHACH SPIELEN

YES – antwortet der Computer sofort.

WAS FÜR EINEN UNTERRICHT HABE ICH MORGEN

I DON'T UNDERSTAND

– Du mußt ihn nach Pawels Unterricht fragen. Er weiß nicht alles. Pawel ändert die Disposition.

WAS FÜR UNTERRICHT HAT PAWEL MORGEN

Antwort erscheint sofort.

POLNISCH POLNISCH MATHEMATIK
GESCHICHTE GYMNASTIK GYMNASTIK 8.30–13.30

Pawel dreht sich zum Vater um.

– Fantastisch, Papa.

– Wir werden sehen. Das Wasser kocht.

Tatsächlich hört man das Pfeifen des Wasserkessels.

Pawel liegt im Bett. Der Vater macht die Tür auf.

– Schlaf jetzt. Es ist schon halb zehn.

Pawel schaut von seinem Buch auf.

– Hast du auf das Thermometer geschaut?

– Ja, 14 Grad.

– Papa …

– Wir werden sehen, warte. Wir sehen morgen.

– Ja, morgen.

Pawel macht das Licht aus. Krzysztof will schon die Tür zumachen, als Pawel aus der Dunkelheit fragt.

– Denkst du, daß Mama vor Weihnachten anruft?

– Ich glaube schon. Gute Nacht.

– Gute Nacht.

Im Saal sitzen mehrere Dutzend Studenten. Krzysztof beendet auf der Tafel irgendeine komplizierte Rechnung. Studenten schreiben mit.

In der Saalecke sitzt Pawel, neben ihm liegt seine Schultasche. Er zeichnet irgend etwas. Man erkennt Indianer, Winnetou und seine Squaw sitzen am Feuer.

Krzysztof beendet die Vorlesung.

– So sieht es ungefähr aus. Natürlich kann man hier aufhören ... In der langen Zahlen- und Symbolen-Reihe unterstreicht er eine Stelle.

– ... aber es wäre schade. Der zweite Teil ist viel interessanter. Danke.

Er geht zu Pawel.

– Wir gehen.

Krzysztof sieht seine Zeichnungen und lächelt. Pawel legt sie in die Schultasche. Der Assistent kommt dazu, stellt sich neben die beiden. Krzysztof bemerkt ihn gleich.

– Ja? ...

– Ich bin eingeladen ... ich wollte, daß Sie es wissen ... an einer Diskussion teilzunehmen ... in der Kirche.

– Was für ein Thema?

– Wissenschaft und Religion.

– Es ist Ihre Sache.

– Ja, aber Sie sind verantwortlich für die Abteilung.

– Aber zum Glück nicht für die Ansichten meiner Mitarbeiter.

Pawel zeigt auf die Uhr, und Krzysztof verabschiedet den Assistenten.

– Viel Glück. Wir müssen los.

Im großen Saal findet ein Simultanspiel statt. Der Schachmeister läuft zwischen mehreren Schachbrettern hin und her. An einem der Tische sitzt Krzysztof, neben ihm Pawel. Der Meister überlegt nicht lange und bewegt sich schnell von einem zum anderen.

Pawel beobachtet genau seine Bewegungen und die Art, wie er sich verhält.

Der Meister macht ohne längeres Nachdenken auf Krzysztofs Brett einen Zug und geht zum nächsten.

Pawel flüstert dem Vater ins Ohr.

– Rochier. Dann kannst du mit der Dame Schach sagen.

– Es ist zu einfach. Er hat schon acht Partien gewonnen.

– Sogar neun. Aber du wirst sehen, er verteidigt sich mit dem Turm, und dann ist er erledigt.

Der Meister nähert sich wieder.

– Gut, wir riskieren es.

Als der Meister bei ihnen ist, macht Krzysztof die Rochade.

– Schach.

Der Meister schaut überrascht auf Vater ünd Sohn. Er lächelt mit Zweifel, denkt einen Augenblick nach, verteidigt sich mit dem Turm und geht zu dem nächsten Spieler.

– Hab ich dir nicht gesagt, er spielt mit Routine und hat verloren.

Krzysztof analysiert die Situation nochmals.

– Tatsächlich.

Sie warten ruhig auf den Meister. Als er zurückkehrt, bewegt Krzysztof den Läufer nach vorne.

– Matt.

– Ja, ja in der Tat.

Plötzlich, mit ganzer Kraft und glücklich, umarmt Pawel seinen Vater.

Pawel macht die Balkontür auf. Neben der Tür steht eine Milchflasche voll Wasser, das gefroren ist. Das Glas ist an mehreren Stellen zersprungen. Pawel bringt die Flasche fasziniert ins Zimmer.

– Schau mal! Nach einer Stunde!

Das Glas fällt von dem Eis einfach ab. Pawel wirft die Glasscheiben in den Mülleimer. In den Händen hält er jetzt eine »Eisflasche«.

– Faß an.

Krzysztof faßt das Eis an. Es ist kalt, aber es hat eine angenehme, glatte Oberfläche.

– Gut, oder? ...

– Ja, gut. Leg das in die Badewanne.

– Auf den Balkon. Ich will sehen, was damit passiert.

– Nichts. Es wird schmelzen, wenn es wärmer wird, oder tagsüber in der Sonne.

Pawel trägt die »Flasche« wieder auf den Balkon und stellt sie auf den alten Platz. Er ruft vom Balkon aus.

– Der Tee friert auch ein?

– Ja, auch.

– Ich mach' dann noch eine gelbe Flasche mit Tee, und eine rote mit Farbe.

– Ja, tu das.

Pawel kommt zurück und stellt sich neben den am Computer sitzenden Vater.

– Rechnen wir es aus? Gestern hast du gesagt »morgen«.

– Na gut.

– Auf diesem?

– Nein, auf dem normalen. Der ist noch nicht sicher.

Sie gehen zu dem kleinen Computer.

– Wir können nicht annehmen, daß es die ganze Zeit Frost gibt. Höchstens nachts. Sagen wir zehn Stunden lang. Wir müssen es genau wissen.

– Gut.

– Ruf das Meteorologische Institut an. Frage, was für Bodentemperaturen es heute gab und gestern und vorgestern.

Pawel blättert im Telefonbuch und nimmt den Hörer in die Hand. Krzysztof gibt die Daten ein, drückt die Tasten.

– Könnten Sie mir bitte die Bodentemperaturen sagen? ... Ja?. Danke ... und gestern und vorgestern? ... Ja, in Warschau. Vielen Dank. Danke.

Er notiert alles auf einem Zettel und geht zurück zum Vater.

– Wieviel Grad?

Pawel liest vom Zettel ab.

– Ab 19 Uhr sind es minus 17,4 Grad; gestern minus 16,8; und vorgestern minus 13,4.

Krzysztof tippt die Daten. Schnell drückt er die Tasten; die Maschine rechnet. Nach einer Weile erscheinen die Ergebnisse. Pawel versteht die Bedeutung der Symbole nicht.

– Und?

Krzysztof erklärt ihm die Zahlen.

– Das hier ist die Belastbarkeit eines Quadratzentimeters Eises. Und das bedeutet, daß jemand, der dreimal so schwer ist wie du, Schlittschuh laufen kann.

– Die Jungs laufen schon seit ein paar Tagen auf dem See. Sie lachen mich aus.

– Morgen kannst du auch.

Pawel läuft zum Balkon, reißt die Tür auf und ruft laut.

– Morgen laufe ich!

– Pawel! ...

– Alle sollen es wissen. Morgen.

Er schließt die Tür und lächelt den Vater an.

– Gibst du sie mir?

– Was?

Als ob er nicht verstanden hätte!

– Das, was du mir zu Weihnachten schenken sollst. Von Mama und von dir.

– Und was ist das?

Pawel umarmt ihn.

– Ich hab' sie doch gesehen, Papa. Du weißt doch …

– Wo?

– In deinem Bett. Im Bettkasten.

Krzysztof lacht. Pawel läuft aus dem Zimmer, macht dann doch einen Schritt zurück.

– Darf ich?

Krzysztof nickt mit dem Kopf. Nochmals prüft er alle Daten. Als er fertig ist und das Ergebnis dasselbe bleibt wie vorher, kommt Pawel ins Zimmer zurück, um einige Zentimeter größer. Es sind die tollen, ausländischen Schlittschuhe. Mit Mühe bewegt er sich auf dem Boden.

– Passen sie?

– Die sind fantastisch.

– Zieh dich aus, und ins Bett. Ich gehe noch laufen. Wenn ich zurückkomme, schläfst du schon.

In Turnschuhen, Jogginganzug, Mütze und Handschuhen läuft Krzysztof über beleuchtete Spazierwege in seiner Wohngegend. Die Wege führen bergab, dort ist es dunkler. Irgendwo steht eine Baracke und eine einsame Laterne. Sie beleuchtet einen kleinen See.

Krzysztof rutscht das nicht allzu hohe Ufer hinunter und versucht, vorsichtig auf dem Eis zu gehen. Das Eis ist fest. Er steht jetzt ganz sicher, springt ein paarmal und läuft zur Mitte, während er fest mit den Füßen auftritt. Nichts passiert. Er nimmt Anlauf und, obwohl seine Schuhe nicht gut dafür geeignet sind, rutscht einige Meter.

Der See endet auf einer Seite mit einem kleinen Fluß, der nicht zugefroren ist. Krzysztof nähert sich dem Ende des Eises, so weit es geht. Das Eis knistert an dieser Stelle. Er klettert ans Ufer und sucht nach irgend etwas. Er findet einen langen, starken Stock, geht zu der gleichen Stelle zurück und steckt den Stock ins Wasser.

Der Stock taucht nur einige Zentimeter tief ein. Krzysztof probiert an einer anderen Stelle – es ist genauso seicht.

Mit dem Stock schlägt er aufs Eis; es gelingt ihm aber nicht, das Eis zu brechen – es ist dick und fest. Nur am Rande des Eises, wo das Wasser ausfließt, bricht es. Er wirft den Stock weg und dreht sich um.

Auf der anderen Seite des Sees, am erhöhten Ufer, sieht er eine kleine Feuerstelle. Am Feuer sitzt ein Mann in einem dicken Fellmantel. Er hat ein junges, markantes Gesicht. Einen Augenblick lang schauen sie einander an.

Krzysztof läuft zurück in Richtung der Siedlung.

In Pawels Zimmer ist es schon dunkel.

Krzysztof macht die Tür etwas auf.

– Schläfst du?

Er spricht leise und hört eine leise Antwort.

– Nein. Schau, wie sie glänzen.

Krzysztof betritt das Zimmer. Gleich über dem Bett hat Pawel seine neuen Schlittschuhe aufgehängt.

Das Licht der Straßenlaterne reflektiert auf dem Metall, und wenn Pawel die Schlittschuhe leicht bewegt, tanzen auf der Wand schmale Lichtfäden.

Krzysztof und Pawel sprechen leise.

– Ich habe das Eis geprüft.

– Das habe ich mir gedacht. Deshalb warte ich.

– Es ist gut. Versprich mir nur, daß du dich nicht mehr als fünfzehn Meter der Stelle näherst, wo der Fluß abfließt. Dort friert es nicht zu.

– Fünfzehn Meter. Gut, ich verspreche es.

– Der Fluß ist flach, aber warum sollst du naß werden. Wo ist dein Bär?

Pawel zieht seine Bettdecke etwas zurück. Neben ihm auf dem Kopfkissen liegt sein Bär.

– Er schläft schon.

Schönes, sonniges Wetter. Glänzendes Eis. In langsamem Tempo gleiten Pawels neue Schlittschuhe, er selbst. Er »fliegt« über das Eis. Es ist wahrscheinlich ein Traum, denn seine Fahrt wird von Musik begleitet.

Ein paarmal ist er um den See gelaufen in immer kleineren Kreisen. In der Mitte steht Ola.

Dieser Lauf, die Sonne, die Schlittschuhe, die das Eis schneiden, und die Gesichter von Pawel und Ola sind unrealistisch schön.

Krzysztof sitzt an seinem mit vielen Papieren bedeckten Schreibtisch. Er überlegt, ist in Gedanken.

Hinter dem Fenster beginnt die frühe winterliche Dämmerung. Krzysztof macht die Lampe an. Die vor ihm ausgebreiteten Papiere fangen langsam an, sich dunkelblau zu färben.

Im ersten Moment versteht er nicht, was passiert. Erstaunt sieht er, wie die Farbe die beschriebenen Seiten, Buchstaben, Zahlen verschlingt. Erst nach einiger Zeit erkennt er den Grund dafür. Er fängt an, die Papiere zu sammeln; die zu unterst liegenden sind schon blau, die Bücher haben verschmutzte Seiten. Er hebt das auf dem Schreibtisch stehende Tintenfläschchen hoch. Die Kante des Fläschchens hat einen Riß, und von dort fließt in schmalem Rinnsal dunkelblaue Flüssigkeit aus:

Krzysztof rettet, was noch zu retten ist. Das Fläschchen, das er in die Küche trägt, zeichnet den Weg mit einer dunklen Linie auf den Boden.

Einen Teil der Papiere wirft er weg, einen anderen Teil versucht er zu retten, indem er schnell die Notizen auf neue Blätter überträgt. Er ist mit Tinte beschmiert.

Er hört ein leises Klopfen und geht an die Türe. Draußen steht ein kleines, vielleicht vierjähriges Mädchen, sichtlich beschämt.

– Mama fragt, ob Pawel zu Hause ist.

Krzysztof lächelt.

– Nein. Warum?

– Mama fragt. Ich weiß nicht.

Sie läuft schnell weg. Krzysztof schaut ihr nach, wie sie hinter einer Ecke verschwindet.

Im Bad versucht er, die Tinte abzuwaschen.

Das weiße Waschbecken färbt sich blau. An der Nase hat er einen dunklen Fleck, offenbar hat er sein Gesicht mit den Tintenhänden angefaßt. Trotz des Geräusches des laufenden Wassers hört man deutlich eine Sirene. Krzysztof geht aus dem Bad und schaut durch das Fenster.

Von der großen Straße biegt ein Feuerwehrauto mit Blaulicht in die Siedlung ein. Es folgen Polizei und Rettungswagen. Hilflos sieht er seine schmutzigen, eingeseiften Hände an. Aus dieser Erstarrung, in der vielleicht auch die Vorahnung eines Unglückes liegt, reißt ihn das Klingeln des Telefons. Er nimmt ab und versucht gleichzeitig, den Hörer nicht zu beschmutzen.

– Hallo.

– »Guten Abend, Ewa Jezierska.«

– Guten Abend.

– »Ist Pawel zu Hause? Marek ist nicht da.

– Entschuldigung, ich habe Sie nicht erkannt ... Nein, er ist noch nicht da. Er müßte beim Englischunterricht sein ... Sollten beide dort sein. Wie spät?

– »Nach fünf. Sie sollten schon zurück sein.«

– Sie kommen gleich.

Er ist jetzt ganz ruhig.

– »Weil ... es ist irgend etwas passiert.«

– Was?

– »Ich weiß nicht. Es ist irgend etwas in der Siedlung passiert. Ich hole sie ab.«

– Pawel soll gleich nach Hause kommen.

Niemand antwortet mehr, sie hat aufgelegt.

Krzysztof legt auch auf und steht einen Augenblick bewegungslos da. Er geht schnell ins Bad und wäscht sich die Hände. Im Gang zieht er seine Jacke an. Die schmutzigen Blätter und Zeitungen, mit denen er die Tinte vom Schreibtisch aufgesogen hat, steckt er in eine Plastiktasche. Er schließt die Tür auf.

Krzysztof, mit der Tüte in der Hand, geht schnell aus der Wohnung. Er hört Schreie im Gang.

Er läuft, und als er beim Aufzug steht, sieht er die sich schließende Tür, drinnen eine Frau, die versucht, sich von einem Mann loszureißen.

Sehr schnell läuft er die Treppen hinunter. Als er fast unten ist, hört er den hysterischen Schrei der Frau.

– »Jacek, mein Kind!«

Ganz unten sieht er sie mit umgebundener Küchenschürze aus dem Haus rennen. Hinter ihr her ein Mann, der versucht, ihr einen Mantel überzuwerfen.

Krzysztof mit seiner Tüte fängt an, schneller zu gehen. Er läuft aus dem Haus.

Die letzten paar Meter zum nächsten Haus rennt er. Er hat die Plastiktüte vergessen und hält sie fest in der Hand, als sei das das Wichtigste.

Menschen laufen hin und her. Mit Geheul fährt ein Milizwagen durch die Siedlung, quer über die Rasenflächen.

Krzysztof rennt nach oben, nimmt mehrere Treppenstufen auf einmal. Er findet die Tür, klingelt, dann klopft er, immer heftiger.

An der Tür erscheint eine junge Frau mit zerzaustem Haar, im Bademantel.

– Verzeihung ... ist Pawel bei Ihnen?

Die Frau lächelt entschuldigend.

– Die Grippe ... Ich konnte keinen Unterricht geben. Ich ließ sie gehen.

– Wann?

– Um vier, gleich als sie gekommen sind.

Unten am Aufzug steht Ewa Jezierska, eine elegante Frau um die Vierzig. Sie drückt den Knopf am Aufzug, kann nicht abwarten und schlägt mit der Faust gegen die Tür.

Krzysztof geht zu ihr.

– Sie sind nicht oben. Sie ist krank.

Ewa Jezierska wird blaß und lehnt sich mit dem Rücken

an die Aufzugstür. Auf der Stirn hat sie kleine Schweißperlen. Krzysztof will sie stützen und bemerkt jetzt überrascht die Plastiktüte in seinen Händen.

Die Frau spricht ein bißchen so, als ob sie zu der Plastiktüte reden würde.

– Das Eis auf dem See ist eingebrochen.

– Unmöglich.

– Es ist eingebrochen.

– Hören sie ... Es konnte nicht brechen ...

– Ja, doch ... es ist gebrochen.

Die Aufzugstür geht auf. Es ist Ola.

– Hast du Pawel gesehen?

– In der Schule ... Wir haben in der Schule gesprochen. Er hat mir seinen Traum erzählt.

– Aber jetzt?

– Nein. Er sollte mich abends anrufen; wollte mir dann etwas zeigen.

Krzysztof rennt in das Treppenhaus seines Hauses. Es ist leer. Er macht die Augen zu und zählt lautlos bis zwanzig. Dann drückt er langsam auf den Knopf und wartet geduldig, als ob nichts passiert wäre.

Im Aufzug wartet er noch auf einen alten Mann, der mitfahren will. Der alte Mann drückt den ersten Stock und fixiert Krzysztof sehr streng während der Fahrt. Im ersten Stock steigt er ganz langsam aus.

Krzysztof, weiterhin ruhig, wartet und drückt einen anderen Knopf. Der Aufzug fährt los.

Man sieht, daß er sich entschlossen hat, sich rational zu verhalten.

Krzysztof macht die Tür auf und ruft.

– Pawel? Pawel!

Es ist Hoffnung in seiner Stimme, Hoffnung, daß der Alptraum gleich zu Ende ist.

Stille.

Zum zweiten Mal bemerkt er die Plastiktüte in seiner Hand. Mit plötzlicher Wut wirft er sie in eine Ecke; beruhigt sich wieder und geht in Pawels Zimmer.

Neben dem Bett hängen die Schlittschuhe. Das wollte er sehen. Er wählt eine Nummer.

– Irena?

– »Ja.«

– Hat Pawel bei dir angerufen?

– »Wann?«

– Jetzt.

– »Nach der Schule, gegen zwei. Ich wollte, daß er bei mir zu Mittag ißt, aber er hatte Englischunterricht.«

– Der Unterricht ist ausgefallen.

– »Und wo ist er jetzt?«

– Ich weiß nicht. Er ist nicht da.

– »Ist was passiert?«

– Weiß nicht. Ich habe Tinte ausgeschüttet.

– »Was?«

– Nichts. Plötzlich ist die Flasche zersprungen. Tinte ist ausgelaufen.

– »Aber ich meine, was ist mit Pawel?«

– Er ist nicht da. Ich habe gehört, daß das Eis eingebrochen ist. Hier auf dem See.

– »Ich komme gleich.«

Krzysztof legt auf.

In Pawels Zimmer, auf dem Tisch, findet er ein Walkietalkie. Er steckt es in die Tasche.

In einem kleinen Zimmer das voller Sportgeräte ist,

nimmt er ein Fahrrad, das an der Wand hängt, herunter und fängt an, die Räder aufzupumpen.

Es ist dunkler geworden.

Krzysztof sieht auf dem Fahrrad in dieser winterlichen Landschaft merkwürdig aus. Er fährt langsam durch die Siedlung; immer wieder hält er an, zieht die Antenne des Walkie-talkies aus und wiederholt langsam.

– Pawel, hörst du mich?

Das Gerät schweigt. Dann schreit er ohne Walkie-talkie.

– Pawel!

Manche Häuser umkreist er systematisch von allen Seiten. Immer wieder hält er an und wiederholt seine leisen Rufe. Wenn er nichts ins Walkie-talkie spricht, schreit er. Immer lauter. Irgendwo auf einem Balkon erscheint ein Mann.

– Herr Rennfahrer, rufen Sie mich?

Krzysztof hält an, und mit Mühe findet er den belustigten Mann.

– Nein.

– Weil ich Pawel bin.

Der Mann, über das Balkongeländer gelehnt, ist zu einem Gespräch bereit, aber Krzysztof fährt weiter in Richtung des kleinen nahen Waldes.

Er bewegt sich auf leeren blattlosen Spazierwegen, bis er das Indianerlager der Kinder erreicht. Dort findet er einen aus Holzballen gebauten Wigwam. Er tritt ein. Der Wigwam ist leer und dunkel. Er findet eine herumliegende alte Konservendose. Sie ist voll Zigarettenkippen. Krzysztof faßt sie an, ob sie noch warm ist. Aus der Dose steigt leichter Rauch.

Er setzt sich auf einen Balken und wiederholt seine Walkie-talkie-Rufe.

– Pawel! Pawel! – Ich weiß, daß du da bist. Melde dich!

In Pawels Zimmer liegt auf dem Bett, hinter dem Bär versteckt, ein zweites Funkgerät. Man hört Krzysztofs mechanische Rufe.

– »Ich weiß, daß du da bist. Melde dich!«

Es klingt unangenehm in der leeren Wohnung.

Krzysztof erreicht den See.

Er ist mit Scheinwerfern beleuchtet. Auf dem noch festen Eis stehen Feuerwehrmänner und durchsuchen das Wasser mit langen Brandhaken. Dort, wo das Eis eingebrochen ist, ist es tief; die Brandhaken tauchen in ihrer ganzen Länge ein.

An dem anderen höheren Ufer versuchen einige Männer das gleiche. Dort ist das Eis bis zum Ufer eingebrochen.

Eine Menschenmenge beobachtet das Ganze. Alle schweigen. Als ein großes Auto mit einem Boot ankommt, helfen einige Männer, es herunterzuheben.

Die Miliz versucht, die am Ufer stehenden Menschen zurückzudrängen, um Platz für das Boot zu schaffen.

Die Frau mit der Küchenschürze reagiert auf nichts und starrt hypnotisiert auf die immer wieder aus dem Wasser auftauchenden langen Stöcke.

Krzysztof legt das Fahrrad hin. Ein Mann, der neben ihm steht, dreht sich um.

– Sie haben warmes Wasser laufen lassen.

– Was haben Sie gesagt?

– Aus der Warmwasserversorgung.

– Was?

– Aus der Warmwasserversorgung haben sie warmes Wasser in den See geleitet. Hurensöhne.

– Ja.

Krzysztof versteht nicht genau, was der Mann sagt; versteht aber, was passiert ist und warum seine Berechnungen fehlgeschlagen sind.

– Ich ... ich habe, wissen Sie, ich habe die Festigkeit des Eises ausgerechnet. Das Ergebnis für Quadratzentimeter ...

– Mit diesen Wichsern können Sie nicht gewinnen.

– Ja. Ein Zufall, das konnte er nicht voraussehen.

– Wer?

Krzysztof flüstert etwas, der Mann hört seine Antwort nicht. Der am Ufer stehenden Frau mit Küchenschürze nähert sich ein Junge. Die Frau bemerkt ihn nicht. Der Junge legt seine Hand in die ihre. Die Frau ist so angespannt, daß sie es gar nicht wahrnimmt. Der Junge versucht, die Frau zurückzuziehen, aber sie reagiert nicht, bis sie merkt, daß sie jemanden an der Hand hält. Sie versichert sich des Gefühls. Wie eine Blinde tastet sie den Kopf des Jungen ab. Fast ungläubig erkennt sie das Vertraute.

– Jacek ...?

– Ja, Mama.

Die Frau drückt ihn an sich, sie drückt ihn verzweifelt an sich.

– Jacek, Sohn ... wo bist du gewesen, Kleines ...?

– Wir haben Indianer gespielt.

Die Frau steht auf und hebt das Kind hoch. Beide gehen weg. Hinter ihnen der Mann, der den Mantel der Frau hält. Das Feuerwehrboot sondiert langsam und genau den See. Feuerwehrmänner rufen den am Ufer Stehenden zu, und diese fangen an, das Boot mit Scheinwerfern zu begleiten. Am Ufer parkende Autos machen die Lichter an. Der See sieht jetzt wie eine Theaterbühne aus.

Krzysztof schaut sich um. Auf dem gleichen Platz, wie in der Nacht davor, sieht er ein brennendes Feuer. Derselbe junge Mann sitzt dort, als habe er die Haltung seither nicht geändert. Krzysztof hat das Gefühl, daß der Mann ihn anschaut, aber das mag auch eine Täuschung sein.

Krzysztof hört eine Stimme. Es ist Ola.

– Hören Sie ...

Er dreht sich um. Mit ernsthaftem Gesicht steht sie neben ihm.

– Pawel sollte mich abends anrufen ... Erinnern Sie sich an mich?

– Ja.

– Dieser Junge da kann etwas wissen.

– Welcher Junge. .

– Der kleine ... Jacek.

Krzysztof versteht endlich, was sie meint. Er läuft hinter den dreien her; erreicht sie vor dem Treppenhaus. Er faßt den Jungen an der Schulter. Der Junge dreht sich um; die Frau merkt, daß etwas passiert – sie hält an. Der Junge schaut Krzysztof einen Augenblick an, und die nicht gestellte Frage wird endlich beantwortet.

– Pawel hat nicht mit uns gespielt.

In der sich schließenden Spalte der Aufzugstür sieht Krzysztof Jacek, der ihm noch etwas sagen will.

– Pawel ist ...

Die Tür ist zu. Krzysztof weiß nicht, was Jacek ihm sagen wollte. Er rennt die Treppen hinauf. Der Aufzug hält auf dem gleichen Stockwerk, in dem Krzysztof wohnt. Alle steigen aus. Der Junge hält sich an einem Geländerstab fest – ihre Gesichter treffen sich auf gleicher Höhe.

– Pawel hat auf dem See gespielt. Mit Marek und noch einem Jungen. Sie haben Rutschbahn gespielt, zu dritt ...

Krzysztofs Hand schlägt rhythmisch auf das Geländer, dort, wo sich vorher Jacek festgehalten hat. Sein Gesicht gleicht einer Maske.

Irgendeine Türe wird zugeschlagen, man hört Hundegebell, Musikfetzen aus dem Radio.

Krzysztof bewegt sich nicht.

Mit erstarrtem Gesicht sitzt Krzysztof in seinem Zimmer. Es ist ruhig hier. Nach einer Weile färbt sich sein Gesicht auf einer Seite grün. Er merkt es nicht. Die Färbung wird immer stärker.

Endlich merkt er, daß es eine neue Lichtquelle im Zimmer gibt. Er dreht seinen Kopf.

Der riesige Bildschirm des Computers leuchtet in der Dunkelheit. Krzysztof schaut gedankenlos hin.

Über den Bildschirm läuft eine Linie. Dann erscheint eine Zeile:

– I'M READY

Krzysztof, der seine Hände zusammengeballt hält, streckt seine Finger; sie nähern sich der Tastatur.

Langsam, einen Buchstaben nach dem anderen, tippt er:

– BIST DU DA?

Der Computer überlegt, obwohl Krzysztof die Antworttaste gedrückt hat. Endlich erscheinen die Worte:

– REPEAT AGAIN

– ICH FRAGE, OB DU DA BIST

Der Computer schweigt. Krzysztof drückt wieder die Antworttaste, aber der Bildschirm leuchtet nur grell und grün.

Nach einer Pause drückt Krzysztof die Tasten, eine nach der anderen.

– WAS IST ZU TUN?

Die getippten Worte bleiben kurz auf dem Bildschirm stehen und verschwinden. Krzysztof tippt die nächste Frage.

– WARUM?

Wie vorher verschmelzen die Buchstaben im grünen Feld. Krzysztof drückt die Tasten.

– WOZU BRAUCHST DU EINEN KLEINEN JUNGEN?

Die Worte stehen. Krzysztof schreibt.

– HÖR MAL. WOZU BRAUCHST DU EINEN KLEINEN JUNGEN? ICH WILL VERSTEHEN …

Er drückt die Antworttaste, die Buchstaben verschwinden. Er schreibt weiter.

– WENN DU DA BIST, GIB EIN ZEICHEN.

Die Worte stehen. Krzysztof löscht die ersten Buchstaben, bis das Wort **Zeichen** auf dem Schirm bleibt. Er drückt die Taste 2. Die Schrift wird größer. Ein paar Mal drückt er die gleiche Taste, bis das Wort den ganzen Bildschirm einnimmt.

– ZEICHEN

Die Taste »Answer«. Der Computer antwortet schnell.

– ERSCHEINUNG. VORAUSSAGE. NARBE. SYMBOL.

Krzysztof tippt.

– HELLIGKEIT

– LICHT. FEUER. STRAHL. KERZE.

Krzysztof tippt weiter.

– KERZE

– SYMBOL. KIRCHE. KREUZ.

Er tippt weiter.

– SINN. HOFFNUNG.

Der Computer schweigt einen Augenblick. Dann erscheinen die Worte:

– OUT OF MEMORY.

Krzysztof schaltet den Computer aus. Das grüne Licht verschwindet.

Am Rande der Siedlung wird eine Kirche gebaut. Ein großer, dunkler Klotz.

Krzysztof hält einen Augenblick an, bevor er eintritt. Diese Kirche hat eine moderne, fast extravagante Form. Er findet den Weg in den schon fertiggestellten unterirdischen Teil, wo man vorerst die Messen zelebriert.

Die Wände dieser unterirdischen Kirche sind rauh. Es brennen kleine Lämpchen.

Der provisorische Altar ist ebenso rauh und streng. Das Bild auf dem Altar ist von Brettern eingefaßt, auf denen Blumen und Kerzen stehen.

Der Priester hebt seinen Kopf. Er sitzt im Beichtstuhl, und das Licht, welches durch das Stuhlgitter fällt, teilt sein Gesicht in helle und dunkle Vierecke.

Krzysztof weiß nicht mehr, was man in einer Kirche macht. Er geht zum Altar. In der Mitte tut er so, als wolle er knien, aber dann geht er weiter.

Auf dem mehrarmigen Leuchter sieht er einige Kerzen,

die nicht brennen. Er nimmt eine davon. Der Priester schaut ruhig zu, wie Krzysztof seine Taschen nach Streichhölzern durchsucht. Krzysztof steht mit der Kerze in der Hand. Er spürt die Anwesenheit des Priesters; geht zum Beichtstuhl und macht die kleine Tür auf. Der Priester hält Streichhölzer in seiner Hand. Wortlos gibt er sie Krzysztof, der zum Altar zurückkehrt und die Kerze anzündet. Er stellt sie auf das Brett. Die Flamme flackert, vielleicht hat jemand die Tür aufgemacht. Krzysztof schützt sie mit seinen Händen, wartet, bis die Kerze ruhig brennt.

Er geht rückwärts und hält seine Hände so, daß er jeden Moment zurück kann, falls die Kerze erlöschen sollte. Von der Tür aus sieht er, daß die Kerze mit voller, heller Flamme brennt.

Schon von weitem hört Krzysztof das Weinen der Frauen und ein lautes, alles übertönendes, hysterisches Geschrei.

Von der Mitte des Sees kommt das Boot. Am Ufer stehen schon die Bahren.

Er geht an Ewa Jezierska vorbei, die still, mit aufgerissenem Mund dasteht.

Krzysztof kommt ans Ufer. Das Stimmengewirr und Geschrei hört auf.

Das Boot legt am Ufer an. Es liegen drei nasse, kleine – kleiner als zu Lebzeiten – Körper der Kinder darin.

Krzysztof stolpert über etwas – es ist sein Fahrrad, das zertrampelt, mit deformierten Rädern auf der Erde im Schlamm liegt.

Feuerwehrmänner legen die Leichen auf die Bahren.

Krzysztof sieht das ruhige Gesicht seines Sohnes. Er hat die Brille auf.

Irena beugt sich über Pawel und zieht den Reißverschluß seiner Jacke hoch. Dann macht sie ein kleines, schnelles Kreuzzeichen auf Pawels Stirn.

Der junge Mann, den Krzysztof schon zweimal am Feuer hatte sitzen sehen, geht an ihm, an der Bahre und an der knienden Irena vorbei und verschwindet in der Dunkelheit.

Krzysztof rennt in die Kirche.

Die Kerze vor dem Altar brennt gleichmäßig und hell.

Er kommt zu dem Holzbrett, das den Altar von dem Rest des Raumes trennt. Angespannt betrachtet er das dort hängende Bild, und mit seiner ganzen Kraft und Wut schlägt er auf die brennende Kerze ein. Der Schlag hört sich laut und dumpf in diesem Betonraum an.

Der Altar und die ihn umrahmenden Bretter wackeln. Kerzen, die über dem Bild standen, fallen um, und das Wachs tropft auf das Gesicht des Gemäldes.

Der Priester kommt aus seinem Beichtstuhl, kniet auf dem Betonboden und betet.

Krzysztof geht zu einem Weihwasserbehälter, der, wie alles hier, auch aus Beton gegossen ist.

Dort findet er ein Stück Eis, in das sich das Wasser verwandelt hat. Ein Stück »Weiheis«.

Er nimmt das Eis und legt es auf sein Gesicht. Durch seine Finger läuft ein dünnes Rinnsal – Wasser? Tränen? Von der ausgelöschten Kerze fallen Wachstropfen und kleben auf dem Bild.

Der Priester ist tief ins Gebet versunken.

Krzysztof murmelt undeutliche Worte; erst nach einem Augenblick versteht man:

– wem ...

– mit wem …
– mit wem spr …
– mit wem sprechen? …
– mit wem sprechen- … mit wem …

II.

Überall weiß, Schnee. Auf einem Stück Speck, das an einem blattlosen Baum befestigt ist – die Meisen.

Der Hausmeister kehrt mit großen Bewegungen Schnee von den Gehwegen. Von weitem sieht man zwei Männer sich nähern. Einer von ihnen zieht einen Schlitten, der andere stützt einen Kühlschrank auf dem Schlitten.

Sie gehen an dem Hausmeister vorbei, der für einen Augenblick seine Arbeit unterbricht. Dann kehrt er weiter und entdeckt einen erfrorenen Hasen mit einem Stück Schnur an der Pfote unter der dicken Schneeschicht.

Wahrscheinlich ist er von irgendeinem Balkon oder aus irgendeinem Fenster gefallen. Der Hausmeister hebt seinen Kopf.

Sein Blick bleibt an einem Wintergarten haften, der irgendwie anders aussieht.

Der Wintergarten ist vollständig mit kleinen quadratischen, hellgelben Scheiben verglast.

Man sieht von draußen, von unten, daß dieser Wintergarten eine kleine Hausorangerie ist.

Drinnen grüne Blätter der Pflanzen.

Dieser Wintergarten ist voller Kakteen.

Eine kleine elektrische Kochplatte ist als Heizung angebracht und scheint gut zu funktionieren, denn die Pflanzen sehen kräftig aus.

Die Wohnung, die zu diesem Wintergarten gehört, ist nicht groß. Viele Porträts aus der Zeit zwischen den Kriegen hängen dort. Auf dem Tisch liegen in einer Schachtel einige Pfeifen mit gründlich abgekauten Mundstücken. In den Ecken der Bilderrahmen stecken kleine Farbfotos, die einen jungen Mann mit Frau und zwei Kindern zeigen. In der Zimmerecke, auf einem altmodischen Ständer, ein Kanarienvogel im Käfig, der, wie es sich gehört, mit einer Serviette zugedeckt ist.

Die Hand des Arztes deckt den Käfig auf; der Vogel fängt sofort an zu singen. Der Arzt hat sich in einen Schal und einen alten Pullover gewickelt; all das über einem Schlafanzug. Er trägt Socken und Hausschuhe.

Systematisch zündet er die vier Gasflammen des Küchenherdes an und stellt darauf vorbereitete große Töpfe mit Wasser.

Der Chefarzt ist 65 und hat das Gesicht eines Menschen, der hohe Ansprüche an andere stellt. Auch an sich selbst.

Er geht in den Wintergarten und prüft seine Kakteen. Eine Pflanze braucht offenbar größere Sorgfalt, denn der Arzt betrachtet sie besonders genau.

Er wird vom Klingeln des Weckers gestört. Der Arzt stellt den Wecker ab, der ihn an die Nachrichten erinnern soll. Er schaltet das Radio an und hört Kurznachrichten. Anschließend wechselt er mit geübter Hand die Frequenz und hört Nachrichten auf englisch.

Gleichzeitig gibt er dem Vogel etwas Futter.

All das wird von der Türglocke unterbrochen.

Er erwartet niemanden. Er macht die drei Türschlösser auf. Vor der Tür steht der Hausmeister, der den erfrorenen Hasen hält.

– Ist er Ihnen nicht heruntergefallen, Herr Doktor?

Der Arzt schaut ihn verwundert an.

– Nein. Ich hätte ihn gerne ...

– Entschuldigen Sie ... Vielleicht jemand anderem. Ich werde weiter suchen ...

Der Arzt lächelt.

– Und aus einer Ente ist ein Hase geworden ... Viel Erfolg.

Er macht die Tür zu, verschließt die drei Schlösser, bringt die vier Töpfe von der Küche ins Badezimmer, schüttet das Wasser in die Badewanne und gießt kaltes Wasser dazu, bis die Temperatur richtig ist. Dann wischt er den angelaufenen Spiegel ab.

Bereits im dicken Mantel, packt er in einen Einkaufskorb leere Milchflaschen. Er sucht noch etwas unter der Spüle, findet zwei Mineralwasserflaschen und legt sie in den Korb dazu.

Im Küchenschrank hat er Papiergeld in kleine Stapel geteilt. Von einem Stapel zählt er ein paar Scheine ab und notiert diese Summe auf einem Zettel, der an der Schranktür klebt.

Er macht die Tür auf, und man hört, wie er die drei Schlösser von außen verriegelt.

Im Treppenhaus, am Fenster, steht eine Frau ohne Mantel. Sie raucht. Der Arzt geht an ihr vorbei zum Aufzug.

Sie grüßt ihn und macht einen Schritt in seine Richtung, als ob sie etwas sagen will. Er grüßt sie mechanisch zurück.

Während er auf den Aufzug wartet, schaut er sie an.

Sie dreht sich wieder zum Fenster und zieht an ihrer Zigarette.

Sie hat schlanke, zierliche Schultern. Sie wirft die Zigarette auf den Boden und tritt sie übertrieben kraftvoll aus.

Es ist Dorota.

Im Laden. Der Chefarzt prüft die Brötchen lange durch ein Stück Packpapier.

In den Korb legt er ein Brot, das ihn auch nicht zufrieden stellt; ein Stück Käse, zwei Flaschen Milch.

Er kommt zur Kasse, lächelt.

– Wieder gibt es keine frischen Brötchen.

– Wollen Sie eine Eintragung machen?

– Natürlich.

In dem Laden gibt es nicht viele Menschen um diese Zeit.

Die Kassiererin holt ein »Buch der Wünsche und Beschwerden« hervor, und der Arzt schreibt seine Beschwerde sorgfältig ein.

Viele Seiten des Buches sind mit seiner Handschrift bedeckt.

Inzwischen holt die Kassiererin aus dem Korb die leeren Flaschen und stellt sie in den Kasten.

Der Arzt gibt ihr das Buch zurück.

– Danke, Herr Doktor. Zwei Milchflaschen und zwei Wasserflaschen.

– Ja, stimmt.

Er zieht einen alten geflickten Geldbeutel heraus.

Als er zurückkommt, steht Dorota immer noch am Fenster, mit einer neuen Zigarette.

Er geht an ihr vorbei; das Ritual mit den vielen Schlössern wiederholt sich – zuerst von außen, dann von innen.

Er stellt seinen Korb auf den Küchentisch, und leise, auf Zehenspitzen, geht er zur Tür und schaut durch das Guckloch.

Dorota steht vor der Tür und kann sich nicht entschließen, auf die Klingel zu drücken.

Er macht die Tür auf.

– Sie wollen etwas von mir.

– Ja.

– Ich höre.

– Ich wohne im obersten Stock. Ich hoffe, daß Sie sich an mich erinnern.

– Ja. Vor zwei Jahren haben Sie meinen Hund überfahren.

Er macht die Tür auf, und sie kommt in den Flur.

Dorota kommentiert dieses Ereignis nicht. Er hat ernst gesprochen, sicherlich hat er recht.

– Ich heiße Dorota Geller. Mein Mann liegt auf Ihrer Station.

– Kann sein. Ich kenne nicht alle Namen. Es geht um seinen Zustand?

– Ja.

– Sprechstunden für die Familien meiner Patienten sind mittwochs von drei bis fünf. Kommen Sie bitte ins Krankenhaus.

– Das ist in zwei Tagen.

– Ja. Heute ist Montag.

Er öffnet die Tür. Sie zögert noch einen Augenblick, schaut ihn von der Türschwelle aus an und geht hinaus.

Die Tür schlägt zu; das Geräusch der Riegel wiederholt sich.

Dorota dreht sich zur Tür um.

– Schade, daß ich dich nicht überfahren habe.

Er ist mit seinem Frühstück fertig. Aufmerksam schaut er die Kleinanzeigen in der Tageszeitung durch. An manche Anzeigen macht er unverständliche Zeichen.

Die Türklingel – ein Läuten, zweimal kurz, zweimal lang – unterbricht ihn. Der Arzt lächelt und macht die Tür auf.

Vor ihm steht Frau Basia.

– Guten Tag.

– Guten Tag, Herr Doktor. Kalt.

– Ja, kalt.

Frau Basia ist gut Mitte Fünfzig. Während dieser Worte ist sie schon umgezogen und bereits in der Schürze. Sie zieht mehrere Paar Socken aus und schlüpft in die Hausschuhe, die sie in einem Sack mitgebracht hat. Dann holt sie ein Bündel Lappen aus dem Sack, das sehr ordentlich in schmutzige und saubere geteilt ist.

Der Arzt führt sie in den Wintergarten. Er zeigt ihr den Kaktus, den er morgens betrachtet hat.

– Irgendwie kränkelt er.

Mit einem traurigen Gesicht beugt sie sich über die Pflanze.

– Wird eingehen …

– Glauben Sie?

Frau Basia nickt ernst.

In der Küche nimmt der Arzt den Kessel mit kochendem

Wasser vom Gasherd. Dann schüttet er Kaffee in zwei Gläser und gießt das kochende Wasser darauf.

Frau Basia setzt sich an den Tisch. Man sieht, daß die beiden diesen Moment genießen. Der Arzt beginnt zu erzählen:

... also, es war kein Schnupfen, wissen Sie ... er hat den ersten Zahn bekommen. Hat die ganze Nacht geweint, und als ich morgens meinen Finger in seinen Mund steckte, spürte ich eine scharfe Kante. Es war ein Zahn.

– Haben Sie nicht geschlafen?

– Er ist erst gegen Morgen eingeschlafen. Ich habe nicht geschlafen, habe die ganze Nacht bei ihm gesessen, und sie ... sie hat auch nicht geschlafen, weil sie sich Sorgen machte, daß wir nicht schlafen. In der Früh kam mein Vater aus seinem Zimmer und hat den Mund aufgemacht. Er sagte »oooo ...«, hat gelacht und eine Zahnlücke gezeigt.

– War er beim Zahnarzt?

– Nein, er ist nie beim Zahnarzt gewesen. Er war schon über fünfzig, und alle seine Zähne waren gesund. Nur der eine ... den hat er selbst gezogen. Ich sagte ihm, daß der Kleine seinen ersten Zahn bekommen habe. Mein Vater lachte kurz und sagte: »Es stimmt, es stimmt alles.«

Frau Basia lächelt, und man sieht, daß ihr Vorderzähne fehlen. Sie macht sich nichts daraus. Ihr Lächeln ist warm und einnehmend.

Der Arzt erzählt weiter:

– Der Vater hat den in ein Taschentuch eingewickelten Zahn hervorgeholt und gezeigt; ein weißer, sauberer Zahn. Dann hat er die Kleine auf den Schoß genommen und ihr den Zahn gezeigt. Also, das war ... Ich nehme meinen Schal, der Kleine schläft jetzt ruhig, ich sehe ihn durch die angelehnte Tür. Im Zimmer sitzt Vater, bei ihm die vor Glück strahlende Enkelin, die versucht, den gezogenen

Zahn »anzuprobieren«. Meine Frau steht im Flur, groß und aufrecht, mit Ringen unter den Augen, weil sie nicht ausgeschlafen ist, und sie sagt: »Das alles gefällt mir nicht. Zu viele Zähne in diesem Haus. Paß auf.« Ich sagte noch: »Schlafe ein bißchen. Vater geht heute nicht aus.« Sie nickt ernst: »Ja, gut.«

Der Arzt hat die Augen halb geschlossen, aber sein Ton verrät, daß er mit seiner Erzählung zu Ende ist. Frau Basia trinkt den letzten Schluck Kaffee.

Ein Moment Stille.

Sie begreift, daß es für heute alles ist.

– Ich bin fertig, Herr Doktor ... darf ich?

Sie räumt die Gläser weg, stellt sie in die Spüle. Aus ihrem Bündel nimmt sie einen Lappen und fängt sofort an, die Regale im Zimmer zu putzen.

Der Arzt zieht im Flur seinen Mantel mit dem Pelzkragen an. Er erinnert sich noch an die unterstrichenen Anzeigen und gibt ihr die Zeitung.

– Heute sind es drei.

Frau Basia wirft einen Blick auf die Anzeigen.

– Gut ... kann ich später telefonieren?

– Ja, sicher ... Machen Sie gut die Tür zu!

Er geht hinaus. Am Ende des Flurs bemerkt er Dorota, die sich nicht vom Fleck gerührt hat.

Als sie ihn kommen sieht, kehrt sie ihm den Rücken zu. Er kommt näher.

– Entschuldigen Sie ...

Dorota dreht sich nicht um.

– Ja.

– Wenn das für Sie so wichtig ist, dann kommen Sie heute nachmittag.

Er wendet sich ab und nimmt den Aufzug.

Dorota ist eine gutaussehende Frau, um die dreißig, und gehört zu dem Typ, den man kurz als Mädchen bezeichnen könnte.

Sie geht zum Tisch, auf dem ein angefangener Brief liegt. Die ersten Worte kann man lesen: »Liebster. Hier ist Winter und Kälte. Ich kann nicht vergessen ...«

Man könnte diesen Brief weiterlesen, wenn nicht ihre Hand das Blatt langsam und überlegen zusammenknüllen und in kleine Stücke zerreißen würde.

Sie hört den Anrufbeantworter ab. Das Gerät spricht mit einer Tonbandstimme.

– »Dorota, bist du da? ... nimm ab, wenn du da bist ... Hier Anka. Ich bin weg, Ski fahren, eine Woche. Tschüs.«

Eine Weile nichts und nach einem Bip eine andere Stimme.

– »Janek Wierzbicki. Hab was für dich. Vielleicht komme ich heute abend vorbei.«

Dann ist es still, und sie schaltet das Gerät wieder auf Aufnahme. Sie macht den Plattenspieler an – die Schallplatte liegt drauf. Es ist eine gute, intensive Interpretation eines Klavierstückes.

Dorota geht zum Fenster und sieht – von dort aus ganz klein – den Arzt, der über einen Platz zwischen den Häusern geht und schließlich einen Kindergarten betritt.

Auf dem Fensterbrett steht ein Blumentopf mit einer Pflanze, deren Blätter wie lange Zapfen herunterhängen.

Mit einer Bewegung, die der ähnlich ist, mit welcher sie den Brief zerrissen hat, beginnt sie, die Blätter abzureißen. Es sieht so aus, als ob sie »er liebt mich, er liebt mich nicht« spiele. Nur, daß es ein sehr langes Spiel ist.

Die Musik ist laut.

Systematisch reißt sie alle Blätter ab, und dann bricht sie den Pflanzenstiel.

Dorota setzt sich an den Tisch und versucht einen neuen Brief zu schreiben. Sie hält den Füller, aber es kommt kein Wort.

Als sie das Klingeln an der Tür hört, steht sie auf und macht die Musik leiser.

Der Briefträger ist eine kuriose Gestalt; klein, mit einem riesigen Kopf und einem Hörgerät, das offensichtlich nicht sehr gut funktioniert, denn er fängt sofort zu schreien an.

– Frau Geller? Geld für Sie. Krankengeld Ihres Mannes.

Dorota läßt ihn herein und will die Überweisung quittieren.

– Ihren Personalausweis, bitte.

– Ich habe nur einen Paß. Geht das?

– Wie bitte?

Er hält sein Ohr mit dem Hörgerät hin.

– Ich habe nur einen Paß.

– Auch gut.

Dorota gibt ihm den Paß. Er notiert etwas und zahlt ihr das Geld aus.

– Haben Sie sonst nichts für mich?

Der Briefträger wühlt in seiner großen Tasche. Er schüttelt den Kopf.

Der Chefarzt untersucht einen Jungen im Büro des Kindergartens, das zu diesem Zweck zu einem Arztzimmer umfunktioniert worden ist. Er schickt ihn weg mit einem Klaps auf den Po und macht eine Notiz in seinen Unterlagen. Dann untersucht er ein Mädchen.

– Gehst du nicht zum Zahnarzt?

Die Kleine schüttelt den Kopf.

Genauso wie der Junge bekommt sie einen Klaps zum Abschied.

Während er weitere Notizen macht, betritt die Leiterin des Kindergartens das Zimmer.

– Das waren schon alle, Herr Doktor.

– Nicht viele.

– Die Grippe.

Er gibt ihr den weißen Kittel.

– Sie haben schlechte Zähne.

– Sie essen nicht, was sie essen sollten.

– Ja.

– Also dann, am ersten Montag des Monats wieder?

– Ja, wie immer.

Der Arzt betritt das Krankenhaus. Der Portier am Eingang legt seine Hand an den Schirm der Mütze.

Die Krankenschwestern und Ärzte begrüßen den durch die Gänge schreitenden Chefarzt.

Auf seiner Station hält er einen jungen Arzt an.

– Wo liegt Herr Geller, Herr Kollege?

Der überlegt einen Augenblick.

– Geller? Nach der Operation? ... Zimmer 12.

– Bringen Sie mir seine Unterlagen.

Der Chefarzt geht zum Zimmer 12; er will schon eintreten, als er durch das Türglas die am Bett sitzende Dorota bemerkt.

Er betrachtet die beiden und geht.

Andrzej, Dorotas Mann, ist ein paar Jahre älter als sie.

Mit schmerzvoller Verwunderung, die uns immer beim Anblick eines uns nahestehenden Menschen befällt, der das Leben verläßt, schaut sie ihn an.

Dorota hat ein Glas mit Kompott mitgebracht, und jetzt – wo sie die Absurdität dieses Geschenks erkennt – packt sie es wieder in die Tasche.

Sie versucht, sein Kopfkissen zurechtzurücken, die Bettdecke zu glätten.

Nach einiger Zeit geht sie aus dem Zimmer – kurz vor der Tür dreht sie sich nochmals um.

Als sie verschwunden ist, hebt Andrzej etwas schwer seine Augenlider. Hat er die ganze Zeit nicht geschlafen, oder wollte er nicht mit Dorota sprechen?

Sein Gesicht verzerrt sich zu einer Schmerzgrimasse.

Durch die halboffenen Augen sieht er die Gegenstände um sich herum. Von dem weißen Rahmen des Bettes blättert die Farbe ab. Auf diesem Rahmen zerspringen Wassertropfen, die von irgendwoher kommen. Zuerst langsam, mit langen Pausen; dann ebenso langsam, aber zwei oder drei auf einmal. An der Deckenkante sieht er auch Wassertropfen, die aus dem Gemäuer sickern und herunterschleichen. Auf dem Fensterbrett liegen verstreute Blätter.

Andrzej macht die Augen zu. Er will diese Bilder nicht.

Auch von dem Heizkörper tropft in den darunter stehenden Eimer Wasser; in dem gleichen Rhythmus wie vorher.

Schmerz verzerrt wieder sein Gesicht.

Die Sekretärin betritt das Zimmer des Chefarztes.

Es ist sehr einfach eingerichtet: Schreibtisch, Besprechungstisch und einige Stühle.

– Eine Frau will zu Ihnen. Geller.

– Ist schon Nachmittag?

– Drei nach zwölf.

Er nimmt die Unterlagen des Kranken in die Hand. Die Sekretärin geht, und gleich danach öffnet sich die Tür wieder.

Der Arzt blickt hoch.

– Nehmen Sie Platz.

Dorota setzt sich und holt Zigaretten und Streichhölzer aus ihrer Tasche.

– Darf ich? ...

– Ich rauche nicht, aber wenn Sie müssen ...

Sie steckt die Zigaretten und Streichhölzer wieder ein.

Der Arzt geht zum Fenster und schaut sich eine Röntgenaufnahme an, die in den Unterlagen war.

– Die Diagnose, die Therapie und der Eingriff ... das alles ist etwas zu spät..

– Was heißt das?

Der Arzt dreht sich um und sagt kurz:

– Schlecht.

Er ordnet die Papiere und hält das Gespräch für beendet. Verwundert schaut er sie an – normalerweise genügt das, was er sagt.

Dorota hält seinen Blick aus und fragt ruhig.

– Wird er leben?

– Ich weiß es nicht.

Sie steht auf, geht zum Schreibtisch und stellt sich neben ihn.

– Ich muß es wissen. Und Sie müssen ...

– Ich muß nur eins, Ihren Mann betreuen, so gut ich kann. Und ich weiß – daß ich es nicht weiß.

Der Arzt nimmt den Hörer und wählt eine Nummer.

Sie bleibt noch eine Weile stehen, und während er auf die

Verbindung wartet und sie nicht mehr beachtet, geht sie hinaus.

Die Tür fällt vielleicht etwas zu laut ins Schloß.

Abenddämmerung. Dorota wartet in ihrem VW vor dem Krankenhaus.

Der Arzt verläßt das Krankenhaus, der Portier verabschiedet ihn. Wieder hebt er die Hand an seine Mütze. Der Arzt lüftet seinen Hut. Dorota fährt vor und kurbelt die Scheibe herunter.

– Ich kann Sie mitnehmen.

– Danke, ich gehe zu Fuß.

Er geht ruhig weiter.

Sie wartet, bis er sich etwas entfernt hat, und folgt ihm langsam.

Das Auto fährt in sicherer Entfernung hinter dem Arzt in die Siedlung.

Der Arzt biegt um ein Haus. Sie fährt schneller, aber er ist verschwunden.

Dorota fährt zurück und parkt vor dem Haus, wo sie beide wohnen. Sie hat das Auto ziemlich »wild« vor das Haus gestellt, aber so, daß er ihr nicht entwischen kann.

Der Arzt sitzt in einem großen Zimmer. Überall stehen provisorische Regale und liegen verschiedene Pakete herum. Die Regalbretter sind voll mit Medikamentenfläschchen und bunten Schachteln.

Dem Arzt, der in aufgeschlagenen Büchern die Namen

der Medikamente prüft und sie mit den polnischen Bezeichnungen vergleicht, helfen zwei Jungen.

Immer wieder setzt er die Brille auf und ab und liest die Verfalldaten. Einige der Medikamente wirft er in den auf dem Boden stehenden Karton. Oder er gibt einem der Jungen das Medikament und sagt den polnischen Namen dafür. Die Jungen stellen die Fläschchen und Packungen auf ihren Platz in den Regalen.

Ins Zimmer kommt ein junger, schwarz gekleideter Mann – der Priester, den wir vielleicht schon kennen.

Der Arzt nimmt seine Brille ab.

– Arbeit für eine Woche. .

– Entschuldigung … aber hier findet gleich der Unterricht statt.

– … dann für einen Monat.

Dorota friert im Auto. Sie macht den Motor an und wärmt ihre Hände vor dem Gebläse. Dann beugt sie sich nach vorn, damit ihre rote Nase auch den warmen Luftstrom erreichen kann.

Als der Arzt einige Meter von seinem Haus entfernt ist, sieht er, daß Dorota auf ihn wartet.

Er dreht sich um und geht in einen anderen Hauseingang.

Dort nimmt er den Aufzug und drückt den obersten Knopf.

Oben steigt er aus, und durch den Gang, der sich über die ganze Hauslänge erstreckt, erreicht er sein Treppenhaus.

Wieder nimmt er den Aufzug, drückt den Knopf seines Stockwerkes und fährt hinunter.

Vor seiner Haustüre zieht er einen dicken Schlüsselbund heraus. Das Ritual mit den Türschlössern beginnt.

Überrascht bemerkt Dorota das brennende Licht im Wintergarten.

Der Arzt, noch im Mantel, liest den von Frau Basia hinterlassenen Zettel: »Die Suppe ist im Kühlschrank. Den Kaktus habe ich umgepflanzt und gestützt. Fassen Sie ihn nicht an. Bei den Anzeigen habe ich angerufen. Komme am Mittwoch, dann berichte ich. Barbara.« Er liest es leise vor sich hin und lächelt dabei.

Als er seinen Mantel auszieht, klingelt es.

Er seufzt – er weiß, wer es ist.

Sehr sorgfältig hängt er seinen Mantel auf und faltet den Schal zusammen. Das Klingeln wiederholt sich aufdringlich.

– Gleich!

Dann geht er in die Küche und zündet den Gasherd an. Die offensichtlich von Frau Basia vorbereiteten vier Töpfe mit Wasser stellt er auf den Herd. Erst dann geht er zur Tür. Dorota steht draußen im aufgeknöpften Mantel, verzweifelt.

Einen Augenblick lang schauen sie einander an, dann tritt er zur Seite.

Ohne ihren Mantel auszuziehen, geht sie ins Zimmer und setzt sich auf ein großes, altes Sofa.

Der Arzt bleibt in der Tür stehen.

– Ich bin durch ein anderes Treppenhaus gegangen. Sie dürfen rauchen.

Ihre Hände zittern, als sie die Zigarette anzündet.

Sie steht auf und sucht nach einem Aschenbecher.

Auf dem Schreibtisch findet sie keinen – sieht dafür gerahmte Fotos. Eine Gruppe von Männern steht neben einem alten Propellerflugzeug.

Ohne Aschenbecher setzt sie sich wieder auf das Sofa. Der Arzt erscheint in der Tür.

– Wie baden Sie?

– Ich mache das Wasser auf dem Herd warm.

Er setzt sich ihr gegenüber, schaut sie an, und dann sagt er ernst:

– Hören Sie, ich weiß es wirklich nicht.

Sie zieht an ihrer Zigarette und schüttet die Asche in ihre Hand.

– Ich ... mein Mann und ich ... Ich liebe ihn.

– Ich habe Sie ein paarmal zusammen gesehen. Es sah so aus.

Dorota schaut den Arzt nicht an. Sie betrachtet das kleine Aschehäufchen in ihrer Hand.

– Versuchen Sie mich zu verstehen ... Medizin weiß nichts über Ursachen ... etwas über Folgen ... über Prognosen – sehr wenig.

Sie unterbricht.

– Die Amerikaner sagen es den Kranken.

– Ja, sie sagen es. Die schlechte Prognose wird meistens Wirklichkeit; die gute seltener.

Dorota schaut ihn hart an.

– Ich kann die schlechte Prognose ertragen.

Die Asche der brennenden Zigarette fällt auf den Boden, aber sie beachtet es nicht.

Der Arzt schweigt.

– Sagen Sie mir: »Er stirbt.« Damit ich es nur weiß. Ich will für ihn alles tun, was ich kann, aber ...

– Nichts können Sie tun. Nur warten.

Dorota holt Luft. Die kurzen, rationalen Antworten des Arztes verwirren sie, aber sie weiß, daß sie dieses Gespräch zu Ende führen muß.

Diesmal gelingt es ihr, die Asche in die Hand zu schütten. Sie beruhigt sich.

– Wenn Sie mir noch eine Minute geben, dann sage ich Ihnen, warum ich es wissen muß.

– Ja.

– Bis jetzt konnte ich kein Kind bekommen. Jetzt bin ich im dritten Monat schwanger ... aber nicht von meinem Mann. Wenn ich es wegmachen lasse, habe ich keine Chance mehr, das weiß ich. Aber wenn mein Mann leben wird, kann ich das Kind nicht behalten. Der Mann, von dem ich spreche, steht mir nah. Ich weiß nicht, ob Sie es wissen ... man kann zwei Menschen gleichzeitig lieben ... man kann ... Verstehen Sie?

– Ich glaube, ja. Die Chancen auf volle Genesung sind sehr gering, auf Überleben und Vegetieren größer. Vielleicht fünfzehn Prozent. So sagt die Medizin. Aber ich ... zu viele Menschen habe ich in meinem Leben gesehen, die gelebt haben, obwohl sie nicht mehr sollten, und zu viele, die ohne Grund gestorben sind. Ich kann nicht ... wirklich, ich kann kein Urteil aussprechen.

Dorota hört ihm schweigend zu. Lange, systematisch drückt sie ihre Zigarette in der Streichholzschachtel aus.

Einige Streichhölzer brennen stark und hell auf.

– Wird er wissen, daß es nicht sein Kind ist?

Dorota lächelt hämisch:

– Natürlich ... ich hatte recht. Sie können nur schwindeln. Nur das. Auch Sie.

– Ich weiß nur, daß Menschen manchmal einverstanden ...

– Es geht nicht darum. Es gibt Dinge, die man einem Menschen nicht antun kann ... den man liebt und der stirbt. Glauben Sie an Gott?

– Ja.

– Ich habe niemanden, den ich fragen kann, was ich tun soll.

Sie steht auf und geht ohne Abschied hinaus.

Der Arzt bleibt im Sessel sitzen. Er hebt seinen Kopf – von einem Foto schauen ihn seine Enkelkinder mit Eiscremetüten an. Er steht auf und deckt den Käfig mit dem Kanarienvogel, der gerade anfängt zu singen, zu.

Vor Dorotas Haustür, auf einem großen, vollgestopften Rucksack, sitzt ein Mann. Als er sie sieht, steht er auf.

– Janek ...

– Ich habe angerufen ... Hast du es gehört?

– Ja.

Sie macht die Tür auf und schaut sich den Rucksack an.

– Es ist seiner.

– Wir fahren los. In einer Woche. Direkt nach Delhi, und dann gehen wir mit Trägern zum ersten Lager.

Sie treten in die Wohnung. Janek stellt den schweren Rucksack im Flur ab.

– Warum hast du das gebracht?

– Warum soll jemand darin schnüffeln, wenn alle weg sind.

Sie wird blaß.

– Hör mal Janek ... ist es nicht zu früh für eine Beerdigung?

Er zieht eine Postkarte aus der Jackentasche.

– Ich habe ihm geschrieben ... Er wird uns dort fehlen.

– Nimm das! Nimm das weg!!!

Sie reißt die Tür auf, und als sie sieht, daß er überrascht und bewegungslos dasteht, versucht sie selber den Rucksack hinauszutragen.

Sie schreit mit dem Gewicht in den Armen.

– Ist er ein Mitglied des Klubs?!

– Ja …

– Hat er das Recht, seine Sachen dort zu lagern?!

– Ja, aber …

– Dann sollen seine Sachen zum Teufel dort liegen bleiben! Solange er nicht gestorben ist!

Sie wirft den Rucksack über die Türschwelle und schlägt die Tür zu. Janek bleibt im Flur. Er weiß nicht, wie er sich verhalten soll, und stottert hilflos.

– Entschuldigung … wir wollten nicht, ich dachte nicht, daß …

Dorota hat ihre Wut im Kampf mit dem Rucksack und der Tür abreagiert. Sie ist etwas beschämt über ihren Ausbruch.

– Nein, nein. Das war gar nicht so dumm.

– Was denn?

– Dieser idiotische Rucksack.

– Und er, wie geht's ihm?

Dorota schweigt.

Sie sitzt in der Küche. Nach hinten gelehnt schaut sie dumpf auf ein Glas mit dampfendem Tee. Sie faßt das Glas mit einem Finger an und schiebt es ganz langsam, Millimeter um Millimeter in Richtung Tischkante. Nach einiger Zeit erreicht das Glas das Ende des Tisches. Als es schon sehr nah an der Kante steht, schiebt sie immer noch weiter, und das Glas knallt auf den Boden. Sie tut so, als ob sie nichts bemerkt. Erst nach einer Weile lacht sie hämisch – wie zuvor beim Arzt.

Das Telefon klingelt. Dorota wartet und nimmt nicht ab. Nach dem zweiten Klingelzeichen hört man Dorotas Ansage:

– »Hier ist die Wohnung von Andrzej und Dorota Geller. Nach dem Bip-Ton hinterlassen Sie bitte eine kurze Nachricht. Sie haben dreißig Sekunden Zeit.«

Ein kurzes, elektronisches Zeichen und eine deutliche Stimme eines Mannes.

– »Ich bin es, Dorota. Hier ist erst Mittag und bei dir schon Abend. Ich bin von der Probe zurück. Viele Menschen, Bekannte, aber ich fühle mich einsam. Ich warte jeden Tag auf dich. Ich rufe morgen abend an – bei dir in der Nacht ... Ich will dir sagen, obwohl die Zeit ist sicher zu En...«

Das Gerät schaltet ab.

Dorota dreht langsam die Musik lauter – bis sie dröhnt.

Als die Lautstärke unerträglich wird, nimmt sie die Kopfhörer – jetzt ist nur ein leises Summen zu hören.

In einem leeren Labor – es ist noch früh – schaut sich der Chefarzt etwas unter dem Mikroskop an.

Er blickt von dem Okular auf.

– Die frühere Gewebeprobe, bitte.

Ein junger Arzt wechselt das Präparat unter dem herausgezogenen Objektiv.

Der Chefarzt steht bewegungslos über das Mikroskop gebeugt.

– Eine noch frühere, bitte.

Alles wiederholt sich.

– Und die neueste.

Der junge Arzt wechselt das Präparat wieder.

Nach einiger Zeit tritt der Chefarzt zur Seite.

– Schauen Sie sich das an.

Diesmal beugt sich der junge Arzt nach vorn, und der Chefarzt wechselt die Proben.

– Die älteste, vor zwei Wochen; vor einer Woche; und die neueste.

Der junge Arzt schaut ihn an. Um sein Auge hat sich der Ring des Okulars eingedrückt.

– Sie haben uns immer gesagt, Herr Doktor …

– Lassen wir das. Was meinen Sie?. …

– Progression.

Der Chefarzt nickt.

Dorota liegt da, mit dem Gesicht nach oben.

Der Gynäkologe, der sie untersuchte, macht den Eindruck eines Mannes, der viele Frauen in seinem Leben gesehen hat; nicht unbedingt beruflich.

Er ist fertig und schaut Dorota an.

– In Ordnung. Ein Meisterstück. Sie können sich anziehen.

Dorota bewegt sich nicht.

– Ich muß es wegmachen lassen … ich kam, um einen Termin auszumachen.

– So ein Meisterstück?

– Ja, so ein Meisterstück.

Dem Arzt ist das gleichgültig. Er schlägt seinen Kalender auf und sucht nach einem freien Termin.

– Gut, es ist höchste Zeit. Sind Sie schon einmal bei mir gewesen?

– Nein, zum ersten Mal.

Er setzt sich.

– Übermorgen. Wie heißen Sie?
– Dorota Geller.
– Dorota. Schöner Name.
Er schlägt das Notizbuch zu.

Dorota schaut sich in der Eingangshalle des »Europäischen Hotels« um.

Ein Mann, etwas über dreißig, mit Brille, steht von seinem Tisch auf. Sie geht auf ihn zu.

– Sind Sie es?

– Ja ... guten Tag.

Er küßt ihre Hand, schaut sie an – sie setzen sich.

– Witek hat mir von Ihnen erzählt ... ja.

Er reicht ihr einen Briefumschlag und ein bunt verpacktes Paket.

– Wann sind Sie gekommen?

– Gestern nacht. Witek bat mich, daß ich Ihnen von ihm erzähle.

– Nun, erzählen Sie.

– Er gab ein Konzert. Er hoffte, daß Sie schon dort sein würden ... er kann Sie nicht erreichen und hat mich gebeten, Ihnen zu sagen, daß er heute nacht anrufen wird ... Viele Menschen waren bei diesem Konzert ...

– Ich weiß.

Das Gespräch stockt, der Mann merkt es.

– Das ist alles.

Dorota will aufstehen.

– Sie haben seine Wohnungsschlüssel.

– Ja.

– Er bat Sie, die Noten mitzunehmen. Sie liegen auf dem Klavier, ein paar Blätter in einem grünen Umschlag.

Sie steht auf. Der Mann lächelt sie an und zeigt auf den Kaffee auf seinem Tisch.

– Der Kaffee war für Sie. Er ist kalt geworden.

– Ja, kalt.

Sie geht zum Ausgang.

Dorota klappt in Witeks Wohnung den Klavierdeckel auf und schlägt sanft einige Tasten an: die ersten Takte der Musik, die sie so oft gehört hat. Man merkt, daß sie spielen kann.

Die Wohnung besteht nur aus einem großen Zimmer. Man hat die Wände eingerissen.

Witek hat vor der eiligen Abreise nicht aufgeräumt. Das Bett ist zerwühlt, und überall liegen Sachen, die er nicht mitgenommen hat. Dorota geht zu seiner Jacke, die auf einem Kleiderbügel hängt. Sie schiebt ihre Hand in den Ärmel und schmiegt sich an den Stoff. Dann geht sie ins Badezimmer, macht das Licht an.

Auf dem Spiegel steht mit Lippenstift geschrieben: »Bin früher aufgestanden. Um neun vor der Philharmonie. Denkst du dran? Dorota.«

In den Buchstaben »a« bei »Dorota« ist eine lachende Sonne gemalt. Sie lächelt.

Sie geht zum Klavier und legt den Brief und das bunt verpackte Paket auf den grünen Umschlag mit Noten.

Eine Weile schaut sie sich noch in der Wohnung um. Dann geht sie hinaus.

Der Arzt macht die Tür auf. Frau Basias Lächeln wirkt anders als sonst.

– Guten Tag, Frau Basia.

Er schaut sie aufmerksam an.

– Ist was passiert?

– Ich hab's gekauft.

– Wirklich?!

– Ja, von der Anzeige, die Herr Doktor mir gegeben hat ...

– Warum haben Sie es dann nicht angezogen, um es zu zeigen?

– Wunderschön ist es ... Ich glaube, ich ziehe es nie an. Schade ... Sie wissen doch, wie die Menschen heute sind. Sie können einem etwas wegnehmen, und man weiß nicht mal, wann.

– Erzählen Sie.

Frau Basia beschreibt:

– Lang, schwarz ... kleine Rüschen ... wie maßgeschneidert ... mit so 'nem Kragen. Persianer ... wie ich es mir erträumt habe.

– Was haben Sie bezahlt? Sagen Sie es mir?

Jetzt lacht sie offen und glücklich.

– Die ganzen Ersparnisse, Herr Doktor. Alles, was ich in dreißig Jahren erspart habe. Alles.

Der Arzt lächelt.

Sie hat sich dabei wieder umgezogen, hat einen Schraubenzieher aus ihrer Tasche herausgeholt, steht jetzt an der Balkontür und versucht, die Rahmen auseinanderzuschrauben. In eines der Fenster hat der Arzt Röntgenaufnahmen gesteckt. Er geht hin und betrachtet die Aufnahmen genau.

Als Frau Basia sich mit ihrem Schraubenzieher nähert, hängt er sie woanders hin, damit sie nicht stören.

– Sogar hier arbeiten Sie, Herr Doktor?

– Ja ... die Leute fragen ständig, wieviel Zeit ihnen noch bleibt.

– Und sagen Sie ihnen das?

– Ich sage es ihnen nicht ... ich weiß es doch selbst nicht.

Frau Basia unterbricht ihre Arbeit und spricht halblaut, als ob sie ihr größtes Geheimnis verraten würde:

– Ich möchte einen plötzlichen Tod.

Der Arzt übernimmt ihren ernsten, konspirativen Ton.

– Haben Sie Angst?

– Jeder hat Angst. Aber ich ... Solange ich da bin, werden die Fenster immer blitzblank sein, Herr Doktor.

Er steckt die Röntgenbilder in seine Tasche.

In der Küche bereitet er zwei Gläser Kaffee vor.

Frau Basia stellt sich an die Tür und wischt ihre Hände an der Küchenschürze ab. Beide setzen sich und trinken.

Nach einem Augenblick Schweigen erinnert sie ihn.

– Sie sind hinausgegangen, mit dem Schal ...

– Mit dem Schal ... ja. Heute wird es keine lange Geschichte, Frau Basia ... Ich ging zur Arbeit ins Krankenhaus. Da kam ein Mann und sagte, es gäbe einen Befehl, daß ich noch heute nacht nach England müsse. Ich habe zu Hause angerufen – meine Frau schlief. Der Vater nahm ab und sagte: »Sie schläft, deshalb spreche ich leise.« Ich habe gefragt: »Und die Kinder?« »In Ordnung. Ich habe die ganze Zeit mit ihnen gespielt, und die Kleine hat in das Höschen gemacht vor Lachen. Der Kleine war hungrig aufgewacht, also habe ich ihm etwas zu Essen gegeben, und jetzt erzählt er vor sich hin.« Ich habe gelacht – »Was erzählt er?« Er hat dem Kleinen den Hörer gegeben und ich hörte: »guu guuo ...« Das war um elf. Um zwölf habe ich frei genommen. Ich bin nach Hause gefahren, und das Haus war nicht mehr da.

Frau Basia sitzt wie versteinert da, mit dem Kaffeeglas an ihrem Mund.

– Das war also damals?

– Ja. Dort, wo unser Haus gestanden hatte, war nur ein Loch. Das war damals … an jenem Tag, ein paar Minuten nach zwölf.

Im dunklen Zimmer klingelt das Telefon. Dorota macht nach einiger Zeit die kleine Lampe an. Sie hatte geschlafen und schaut jetzt auf den Anrufbeantworter, der ihre Ansage wiederholt. Dann das übliche elektronische Zeichen.

Witeks Stimme ist deutlich und – obwohl von so weit her – ganz nah.

– Dorota, nimm ab. Du bist doch da, oder? …

Sie nimmt ab.

– Ja, ich bin hier.

– Dorota … endlich. Ich rufe schon seit einigen Tagen.

– Ich war weg. Entschuldige …

– Hast du deinen Paß bekommen?

– Ja … aber das ist jetzt unwichtig.

– Warum?

Dorota schweigt.

– Dorota! Warum! Wie geht's Andrzej?

– Schlecht. Sehr schlecht.

– Warum hat das keine Bedeutung? Was hast du von dem Paß gesagt?

Sie schweigt wieder, da sie nicht imstande ist, das zu sagen, was sie sagen muß. Sie entschließt sich.

– Morgen gehe ich zum Arzt.
– Was hast du gesagt?
– Morgen lasse ich es wegmachen.
Jetzt schweigt er.
– Hast du verstanden?
– Ja, ich habe verstanden ... Dorota, wenn du das machst und Andrzej stirbt ... können wir nicht zusammenbleiben.
– Ich weiß.
Es ist wieder still.
– Dieses Gespräch wird dich ein Vermögen kosten.
– Wir können nicht zusammensein, verstehst du?
– Ich verstehe. Ich verstehe alles.
– Ich will nur mit dir sein. Ich will es sehr.
– Du mußt jemanden bitten, deine Noten mitzubringen ...
– Ja. Dorota ... ich liebe dich. Ich will.
Er wartet jetzt, damit sie etwas sagt, aber Dorota – nach einer Weile des Schweigens – legt auf.
Dann zieht sie das Telefonkabel aus dem Stecker.
Sie preßt ihr Gesicht in das Kopfkissen, das sie fest umarmt.

Dorota betritt ein nicht sehr großes Zimmer, das mit Ordnern vollgestopft ist. Die dort sitzende Beamtin ist mittleren Alters und blond.
Dorota hält ihren Paß in der Hand.
– Ich wollte meinen Paß zurückgeben.
– Ihr Name?
– Dorota Geller.
Die Beamtin zieht eine große Schublade – prallvoll mit Personalausweisen – heraus. Sie findet mühelos den richti-

gen Ausweis. Etwas verwundert liest sie den beiliegenden Zettel.

– Erst vor einigen Tagen haben Sie Ihren Paß geholt. Nach USA.

– Ja.

– Sie müssen ihn jetzt nicht abgeben. Auch wenn sich die Reise verschoben hat.

– Ich habe auf die Reise verzichtet.

Sie reicht ihr den Paß.

Die Beamtin macht ein Gesicht »nicht meine Sache«, nimmt den Paß und notiert etwas.

Der Chefarzt spricht mit einigen Ärzten und Schwestern in seinem Arbeitszimmer.

– ... was das anbetrifft, habe ich auch keine guten Nachrichten. Um die Kakerlaken auszurotten, müßten alle Räume mindestens ein paar Tage leer sein, und wie Sie wissen, geht das nicht. Mindestens noch ein Jahr werden wir hier ...

In der Tür erscheint die Sekretärin, geht zu dem Chefarzt und flüstert ihm ins Ohr. Er unterbricht.

– Diese Frau, die bei Ihnen gewesen ist ... Frau Geller, sie will ihren Mann besuchen. Sie hat sich auf Sie berufen.

– Lassen Sie sie herein.

Die Sekretärin geht zu einer verglasten Tür, die zum Treppenaufgang führt. Hinter dieser Tür steht Dorota. Die Sekretärin drückt einen Knopf, und Dorota kommt herein.

– Der Chefarzt sagt, nur ausnahmsweise ...

– Gut.

Sie geht direkt zum Zimmer 12.

Die Türe ist in dem oberen Teil verglast. Dorota schaut zuerst durch das Glas.

Andrzej hat von Schweiß verklebte Haare, seine Wangen sind noch mehr eingefallen. Bartstoppeln stehen von seinem spitzen Kinn ab. Viele Infusionsschläuche sind zu sehen. Neben seinem Kopf liegt ein kleines Gefäß, in das er immer wieder spuckt, ohne die Augen zu öffnen. Dorota schaut ihn an – schluckt.

Nicht weit von ihr – unbemerkt – steht ein junger Mann in weißer Kleidung, ähnlich wie sie die Ärzte tragen.

Aufmerksam beobachtet er Dorota und Andrzej. Sein Gesicht hat man, wahrscheinlich vor kurzem, schon gesehen – und überhaupt –, jeder hat schon einmal dieses Gesicht gesehen.

Dorota tritt ein und setzt sich neben Andrzej. Man sieht, daß er Schmerzen hat. Sie beugt sich über ihn und spricht leise.

– Andrzej, hörst du mich?

Sein Gesicht beruhigt sich, sonst deutet nichts darauf hin, daß er sie hört.

– Hörst du mich?

Sie spricht leise, aber sehr deutlich und prononciert.

– Ich liebe dich sehr.

Man weiß nicht, ob er sie versteht. Angespannt sieht sie in sein Gesicht, das sich wieder zu einer Grimasse verzerrt.

Oder ist es ein Lächeln?

Langsam und zärtlich streichelt sie sein unrasiertes Gesicht, seine nassen Haare. Sie will, daß er sie und ihr Gefühl aufnimmt, auch wenn er sie nicht verstanden hat.

Der Mann in weißer Kleidung beobachtet beide durch das Glas in der Tür. Wenn man allerdings genau hinsieht, merkt man, daß er nur Andrzej anschaut, dessen Gesicht deutlich zeigt, daß er sich zwischen HIER und DORT befindet.

Dorota schiebt eine Haarsträhne von Andrzejs Stirn weg. Sie beobachtet ihn noch eine Weile und geht dann aus dem Zimmer – und Andrzej betrachtet seine Welt: den Bettrahmen mit der alten Farbe, auf die – unklar woher – das Wasser tropft. Jetzt ist sie dick, wie durchsichtiges Quecksilber. Die Tropfen zerspringen mit überraschender Kraft.

Dorota geht den Gang entlang.

Sie kommt zu der Tür, die zum Zimmer des Chefarztes führt. Ohne Zögern und ohne anzuklopfen, macht sie die Tür auf.

Ungeniert geht sie durch das Vorzimmer, ohne Rücksicht auf die Sekretärin, und öffnet die nächste Tür.

Da sie die Tür heftig aufgemacht hat, unterbricht der Chefarzt mitten im Satz.

Als er ihr Gesicht sieht, steht er auf und geht mit ihr ins Vorzimmer.

Die Sekretärin ist aufgestanden mit dem schlechten Gewissen, nicht aufgepaßt zu haben.

Der Chefarzt spricht erst zu ihr.

– Lassen Sie uns allein.

– Nicht nötig, es dauert eine Sekunde.

Die Sekretärin weiß nicht, was sie tun soll – sie bleibt.

Dorota schaut dem Arzt in die Augen.

– Sie wollten kein Urteil über meinen Mann aussprechen. Aber ich will nicht, daß Sie ein ruhiges Gewissen haben. Denn Sie haben ein Urteil über mein Kind ausgesprochen.

Der Arzt wendet sich der Sekretärin zu.

– Ich habe Sie gebeten, uns alleine zu lassen.

Sie geht hinaus.

Dorota wartet, bis sie verschwunden ist, und, auf dem Weg zur Tür, sagt sie trocken:

– In einer Stunde gehe ich zur Abtreibung.

– Tun Sie das nicht.

Dorota hält an.

– Ich verstehe nicht.

– Machen Sie das nicht.

– Warum?

Obwohl er sich entschlossen hat, ihr alles zu sagen, fällt es ihm schwer zu sprechen. In der Stille wächst die Spannung. Schließlich sagt er leise.

– Er wird sterben.

– Woher wissen Sie das?

– Die Metastasen sind jetzt schneller und gefährlicher als vorher. Er hat keine Chance.

Sie kommt ganz nah zu ihm.

– Schwören Sie.

Er schweigt. Sie wiederholt.

– Schwören Sie.

– Ich schwöre. Gott ist mein Zeuge. Er stirbt.

Die Spannung verläßt sie. Ihr Gesicht wird fast ruhig. Mit langsamen Schritten geht sie in Richtung Tür, ohne eine Spur der bisherigen Verzweiflung.

Sie ist schon an der Tür, da hält er sie auf.

– Sagen Sie ...

Sie dreht sich um.

– Sie spielen in der Philharmonie?

– Ja.

– Ich würde Sie gerne einmal hören ...

Sie fixiert ihn genau, und langsam schließt sie die Tür hinter sich zu.

Dorota steht in der Dämmerung am Fenster ihrer Wohnung. Sie starrt vor sich hin ins Leere. Hinter ihr die Dunkelheit der unbeleuchteten Wohnung.

Durch das Fenster seines Wintergartens – die Wände sind von der brennenden, kleinen Kochplatte rot gefärbt – starrt der Arzt, genauso wie Dorota, vor sich hin.

Andrzej, ganz blaß, liegt bewegungslos im Bett. Man hört ein sanftes Rasseln? Summen? Schwirren?

Er macht die Augen auf.

In einem Glas, das bis zur Hälfte mit Kompott gefüllt ist, dreht eine Biene kleine Kreise.

Irgendwann hört das Schwirren auf.

Die Biene schleppt sich langsam an den Rand des Glases, bleibt dort kurz stehen und flattert mit ihren Flügeln.

Sie fliegt fort.

Während eines Konzerts in der Philharmonie.

Zwischen Musikern sitzt Dorota. Sie spielt Geige.

Dorota ist in ihr Spiel vertieft.

Im Publikum – der Chefarzt.

Er lauscht der schönen, harmonischen und hell klingenden Musik und schaut Dorota an.

Es passiert nichts mehr – die Musik erfüllt den Raum, dann hört sie einfach auf.

Dorota nimmt den Geigenbogen von den Saiten.

In der Nacht verliert das Zimmer des Chefarztes seine amtliche Nüchternheit. Das kleine Licht auf dem Schreibtisch holt aus der Dunkelheit nur die nächstgelegenen Gegenstände. Mit nach hinten geneigtem Kopf schläft der Arzt im Sessel.

Ausgebreitete Papiere, Untersuchungsergebnisse, Krankheitsberichte deuten darauf hin, daß er über der Arbeit eingeschlafen ist. Ein leises Klopfen weckt ihn. Er macht die Augen auf und weiß nicht, ob er nicht geträumt hat.

Das Klopfen wiederholt sich.

– Bitte.

Die Tür geht auf. Andrzej.

Er ist noch immer sehr dünn und blaß, aber er steht da, er ist lebendig.

Er spricht leise. Zum ersten Mal hört man seine angenehme, tiefe Stimme.

– Darf ich?

Der Arzt lächelt.

– Kommen Sie herein.

– Sie haben geschlafen ...

– Nein, ich bin nur eingenickt; bitte ...

Andrzej kommt herein. Er fühlt sich noch nicht ganz sicher auf den Beinen – geht vorsichtig – und stützt sich auf die Armlehne des Sessels.

– Ich kann nicht schlafen ...

– Setzen Sie sich.

– Ich wollte Ihnen danken.

– Es gibt keinen Grund zu danken. Wirklich, in dem Fall gibt's keinen Grund.

Andrzej setzt sich.

– Ich habe nicht geglaubt ...

– Ich auch nicht. Die Ergebnisse, Analysen, die Röntgenbilder führten direkt ... Sehen Sie, noch einmal hat sich gezeigt, daß wir keine Röntgenaufnahmen heilen ...

– Ich komme von dort ...

– Ja.

– Das kann man mit nichts vergleichen. Ich dachte, daß die Welt auseinanderfällt ... Alles wurde häßlich, entstellt ... Als ob mir jemand absichtlich das alles verekeln wollte; damit ich nicht bereue ... und jetzt.

Er lächelt leicht, etwas abwesend und hell.

– Und jetzt?

– Das ist sehr viel wert ... Ich kann diesen Tisch anfassen. Er ist fester, was weiß ich ... schöner als vorher.

Andrzej faßt den Tisch an. Der Tisch hat schon einiges erlebt. Er ist gesprungen, mit vielen Ritzen und abgeriebenen Kanten. Man muß in einer ganz besonderen Stimmung sein, um ihn schön zu finden. Als ob er sich seiner Worte schämte, preßt er die Hände aneinander, bewegt seine Finger und schaut sie an.

Er lächelt wieder.

– Und zu alledem, wissen Sie ...

Der Arzt wartet geduldig.

– ... wir bekommen ein Kind.

Andrzej lächelt ihn glücklich an.

Der Arzt übernimmt seine Freude.

– Ich freue mich.

III.

Ein kalter, winterlicher, verschneiter Abend. Auf der Fichte vor dem Haus brennen bunte Lämpchen. Von weitem hört man – aus den Radios und Fernsehapparaten – Weihnachtslieder. In den Wohnungen und auf den Balkons sieht man geschmückte Weihnachtsbäume. Ein Betrunkener schleppt in letzter Minute einen Weihnachtsbaum durch den Schnee – man sieht ihm an, daß er diese Aufgabe sehr ernst nimmt.

Er torkelt an einem Auto vorbei, einem weißen Fiat mit Taxi-Emblemen. In dem Wagen sitzt Janusz, ein vierzigjähriger Mann, der sich gerade einen weißen Bart aus Watte anklebt.

Er steigt aus und wendet seinen Fellmantel um, den er dann mit einem roten Stoffgürtel bindet. Auf den Kopf setzt er sich eine rote Mütze. Nachdem er das Auto abgeschlossen hat, zieht er aus dem Kofferraum einen großen Sack – sicherlich voller Geschenke. Er wirft ihn über die Schulter und geht in Richtung des großen langen Hauses, in dem alle unsere bisherigen und zukünftigen Bekannten wohnen.

In seiner Nikolausverkleidung hat Janusz einige Schwierigkeiten, auf den Knopf zu drücken. Der Aufzug kommt sofort, und Krzysztof – den wir aus der ersten Erzählung kennen – steigt aus. Er hält Janusz die Tür auf.

– Frohe Weihnachten.

– Gleichfalls. Ich habe Sie nicht erkannt.

Janusz steigt in den Aufzug, gefolgt von Krzysztofs langem Blick, dessen Bedeutung alle verstehen, die sich an die Tragödie auf dem See erinnern.

Auf seinem Stockwerk steigt Janusz aus, prüft noch einmal seinen Bart und klingelt an der Tür seiner Wohnung. Auf die ewige Frage »Wer ist da?« antwortet er mit einer ganz tiefen Stimme.

– Der Nikolaus.

Die Kinder, begeistert und erschreckt, verstecken sich hinter der Mutter.

Janusz' Schwiegermutter, eine gepflegte Frau über sechzig, beobachtet etwas skeptisch die Szene. Janusz' Frau ist vielleicht fünfunddreißig; sie hat helles, blondes Haar und wirkt ein wenig müde – vielleicht hat das auch mit ihrem Mann zu tun.

– Wohnen hier Kinder? Man hat mir gesagt, daß ich hier das Mädchen Kasia treffe und den Jungen Antoś. Kasia ist angeblich jünger? Janusz spricht mit tiefer künstlicher Stimme.

Die Kinder kämpfen mit der Angst, aber schließlich stellt sich das mutigere, dreijährige Mädchen vor die Mutter.

– Du bist Kasia, nicht wahr?

Die Kleine nickt. Er gibt ihr ein Zeichen mit der Hand, und sie kommt näher.

– Du hast angeblich ein Gedicht für den Nikolaus?

– Nikolaus, Nikolaus, ich bin eine Maus.

Alle lachen. Auch der Nikolaus brummt gütig.

– Und Antoś?

Der Kleine macht einen Schritt nach vorne.

– Hast du heute eine gute Tat getan?

Die Mutter beugt sich über den Jungen und flüstert ihm etwas ins Ohr. Antoś hört ihr zu, starrt aber gleichzeitig mit sehr großer Aufmerksamkeit auf die Uhr, die er gut kennt und jetzt unter dem Nikolausärmel entdeckt.

Endlich, ohne seinen Blick von der Uhr zu wenden, sagt er kurz.

– Ich habe den Mohn gemahlen.

Janusz macht den Sack auf und zieht die Geschenke heraus.

Er zelebriert diesen Moment und liest langsam die Namen auf den Zetteln, die an den Geschenken befestigt sind. Er holt auch ein langes Paket hervor und gibt es seiner Frau. Die Kinder fangen sofort an, die Geschenke auszupacken.

Diesen Wirrwarr nutzend, bewegt sich Janusz in Richtung Bad. Als er schließlich dort angelangt ist, nimmt er seinen Wattebart ab. Erst jetzt sieht man, wie er wirklich aussieht – verschwitzt, nachdenklich und traurig, ohne jede Freude –, wie ein Clown, der seine Maske abgeschminkt hat.

Ein leises Klopfen, und seine Frau erscheint in der Tür. Sie lächelt ungläubig und hält in ihren Händen neue, sehr gute Skistöcke.

– Danke. Denkst du wirklich, daß wir fahren?

– Wir versuchen es.

Sie geht ins Bad, und sie stellt sich, unter dem Vorwand, von seinem Gesicht die Watterreste abstreifen zu wollen, ganz nah an ihn.

– Du bist gut, wirklich.

Er erwidert die Zärtlichkeit nicht – weder geht er weg von ihr, noch geht er auf sie zu.

Sie bleibt noch eine Weile stehen.

– Danke.

Janusz ist allein. Er schaut in den Spiegel – das Gesicht eines Menschen, der einiges erlebt hat.

Zwischen den ausgepackten Geschenken spielen die Kinder und versuchen, mit der Mutter und Janusz' Schwiegermutter die Weihnachtslieder mitzusingen, die man im Radio hört. Die Mutter zündet die Wunderkerzen am Weihnachtsbaum an.

Aus der Küche versucht Janusz, in den Familienchor einzufallen.

Der Geschirrberg, den er sich zum Abwaschen vorbereitet hat, wird langsam kleiner.

Seine Frau kommt in die Küche.

– Kasia schläft fast ein.

Janusz dreht sich um.

– Wir haben uns verabredet ...

– Sie ist doch klein ...

Er läßt das Geschirr stehen, geht ins Zimmer und beugt sich über die Tochter. Vorsichtig legt er seine Hand auf ihre Wange.

Die Kleine macht die Augen auf.

– Schläfst du?

– Nein. Wir wollten doch zur Mitternachtsmesse gehen, oder?

– Ja.

– Nimmst du mich hoch?

– Komm, wir waschen noch ab.

Mit großer Mühe steht sie auf und klettert an ihm hoch. Sie flüstert ihm ins Ohr.

– Weißt du, ich kann gar nicht singen.

Beide verschwinden in der Küche.

Dort gibt Janusz ihr ein Geschirrtuch, ein paar nasse Löffel und zeigt ihr, wie man das große silberne, nur zu feierlichen Anlässen benutzte Besteck abtrocknet.

Die Mitternachtsmesse – eine große Menschenmenge in der Kathedrale. Weihnachtskrippe, geschmückte Bäumchen, Lampen und ruhige, feierliche Gesichter.

In der Menge stehen Janusz mit Kasia auf dem Arm, seine Frau, ihre Mutter und der kleine Antos'.

Man hört die Stimme des Priesters.

– »... diese fröhlichen Tage, die ihr mit euren Nächsten verbringt, sollen Tage des Familienglücks werden. Heute ist das Glück im öffentlichen Leben schwer zu finden; um so mehr muß man die Liebe und das Glück unter den Nächsten suchen ...« Irgend etwas hindert Janusz, sich auf die Worte des Priesters zu konzentrieren.

Einige Schritte vor ihm – im Halbprofil – bemerkt er die Silhouette und das Gesicht einer dunklen Frau.

Vielleicht, weil sie den Blick spürt, oder auch nur zufällig, wendet sie sich ab.

– »... Jeden Tag, aber heute besonders, sollen wir an andere in Liebe und mit Verantwortung denken. Das leere Gedeck auf unseren Tischen sollte nicht nur eine symbolische Geste sein. Heute sollen wir uns in Gemeinschaft freuen. In unseren Herzen sollten wir einen Platz für Leidende, Verlassene und Einsame finden.«

Immer noch starrt Janusz auf die Stelle, wo er gerade –

wie er glaubte – das Gesicht der dunklen Frau sah. Jetzt ist sie nicht mehr da.

Daneben ist eine Säule; vielleicht steht sie hinter dieser Säule.

Unruhig versucht er, sich darüber klarzuwerden, ob er sie kannte, oder ob er sich getäuscht hatte.

Zwischen den Menschen, die von der Messe heimkehren, geht Janusz mit seiner Familie. Auf dem Arm trägt er die schlafende Kasia. Der aufgeregte Antoś nimmt Anlauf und rutscht auf einer gefrorenen Pfütze.

– Vater!

Janusz macht es ihm nach, und es gelingt ihm – trotz des schlafenden Kindes in seinen Armen –, noch weiter zu rutschen.

Seine Frau führt ihre Mutter ganz vorsichtig auf dem vereisten Weg. Als sie schon vor dem Haus stehen, erinnert sich Janusz an etwas.

– Sekt! Halte sie.

Er gibt Kasia seiner Frau und läuft zu dem weißen Taxi. Dort macht er den Kofferraum auf und holt eine Flasche heraus.

– Gefroren!

Mit der Flasche kommt er zurück, und alle verschwinden im Treppenhaus.

Sie warten auf den Aufzug.

Als er kommt, lädt Antoś – mit dem Gehabe eines Portiers – alle ein. Als Janusz zuletzt in den Aufzug steigt, erstarrt er plötzlich. Hinter der Glastür des Hauses hat er die Gestalt der dunkel gekleideten Frau aus der Kirche gesehen.

Janusz stellt die hohen Gläser auf ein Tablett und fängt an, die Sektflasche aufzumachen, wobei er angestrengt auf die Geräusche aus dem Zimmer lauscht.

Als er hört, daß eine Türe geschlossen wird – worauf er gewartet hatte –, geht er schnell ins Wohnzimmer und zieht das Telefonkabel aus dem Stecker. Das gleiche macht er in der Küche mit dem zweiten Apparat. Dann, die Flasche schräg haltend, öffnet er sie und trägt das Tablett mit vollen Gläsern hinein.

Seine Frau und ihre Mutter kommen gerade lachend aus dem Kinderzimmer.

– Schlafen sie?

– Kasia hat ihre Puppe mit ganzer Kraft umarmt und ist sofort eingeschlafen. Schau sie dir an. Antoś schläft noch nicht.

Janusz macht die Tür zum Kinderzimmer einen Spalt auf.

Kasia sieht komisch aus, wie sie angestrengt ihre neue Barbie-Puppe festhält.

Er lächelt zärtlich und flüstert:

– Wovor hat sie Angst?

Seine Frau steht hinter ihm und lehnt sich an ihn.

– Sie will sie lieber bei sich haben.

Sie schließen die Tür.

Janusz verteilt die Gläser und küßt die Schwiegermutter und seine Frau.

– Frohe Weihnachten, noch einmal.

– Ja, es war wie früher.

Dieses kleine familiäre Gespräch wird durch einen unangenehmen, schrillen Klingelton der Haussprechanlage unterbrochen.

Janusz erstarrt, dann macht er aber sofort ein »Wer kann das sein«-Gesicht, geht in den Flur und nimmt den Hörer auf.

– Ja, bitte?

Seine Frau stellt sich unruhig in die Tür.

– Ja.

Janusz hängt auf. Er schweigt und versucht, die Gedanken zusammenzufassen.

– Ich weiß nicht ... undeutlich, ich konnte nicht verstehen. Ich glaube, da ist jemand bei den Autos. Gleich ...

Er rennt aus der Wohnung.

Janusz geht schnell aus dem Haus und blickt sich suchend um. Kein Mensch.

Vor Kälte zitternd will er gerade ins Haus zurück, als er plötzlich das Knistern eines aufflammenden Streichholzes hört. Er dreht sich um. Vor ihm steht Ewa – sie hat dunkle Haare, schwarze, ausdrucksvolle Augen und einen großen, sinnlichen Mund. Im Licht des brennenden Streichholzes erscheinen ihre Gesichtszüge scharf.

Sie schauen einander an, bis das Streichholz erlischt.

– Du hast schon wieder nicht an mich gedacht ...

Janusz unterdrückt seine Wut.

– Was willst du?

Ewa schweigt, ihr Gesicht ist bewegungslos, nur die Augen glänzen – sie schaut ihn an, ohne die Augenlider zu bewegen.

– Es ist Heiligabend. Sag, was du willst.

Langsam fließen aus ihren Augen Tränen. Sie versteckt

ihr Gesicht nicht, sie schluchzt nicht – sie läßt die Tränen einfach über ihr Gesicht fließen.

– Du erpreßt mich ...

Ewa schüttelt ihren Kopf, während sie ihm unverwandt in die Augen schaut.

– Edward ist verschwunden.

– Edward?

Sie nickt.

– Weine doch nicht ... Ewa.

Er versucht, ihr Gesicht in seine Hände zu nehmen, aber sie weicht ihm aus. Sie will keine Sentimentalität. Sie schließt die Augen und spricht schnell.

– Heute morgen ist er weggegangen und kam nicht zurück. Man muß ihn suchen.

– Am Heiligabend ...

– Entschuldigung.

Vorsichtig befreit sie ihr Gesicht aus seiner Umarmung und geht weg.

– Ewa!

Sie hält an. Janusz kommt zu ihr.

– Ich fahre mit dir.

– Was hast du zu Hause gesagt?

– Daß jemand um die Autos herumschleicht.

– Gib mir die Schlüssel.

Ewa weint nicht mehr. Er gibt ihr die Schlüssel.

– Ich warte um die Ecke.

Sie steigt in das weiße Taxi und fährt los.

Vor der Wohnungstür hält Janusz eine Sekunde lang an. Kurz bereitet er seinen Auftritt vor – er will aussehen wie jemand, dessen Auto gestohlen worden ist.

Er macht die Tür laut auf und betritt energisch die Wohnung.

– Es ist gestohlen. Angeblich hat man es Richtung Schnellstraße fahren sehen.

Seine Frau und ihre Mutter sitzen am Tisch und schauen ihn an.

– Vielleicht finde ich ein Taxi. Ihr ruft die Polizei.

Im Flur nimmt er die Jacke.

Seine Frau kommt aus dem Zimmer.

– Mußt du wirklich weg ... Vielleicht finden sie es ja.

– Wir leben davon.

Sie küßt ihn auf die Wange.

– Komm zurück.

Er geht hinaus.

Janusz rennt quer über den Platz vor seinem Haus. Erst hinter der Kurve wartet das Auto. Es spuckt Rauchschwaden in die kalte, frostige Nachtluft.

Als er einsteigt, ist Ewa schon auf den Beifahrersitz gerutscht. Ein kleines, flimmerndes Lämpchen auf dem Armaturenbrett beleuchtet ihre Gesichter gelb.

Janusz atmet schnell nach dem Laufen. Ewa ist ganz ruhig.

– Bist du in der Messe gewesen?

– Nein.

– Ich habe dich gesehen.

Wieder schüttelt sie trotzig ihren Kopf.

– Na gut, lassen wir das.

– Ich habe ihn gesucht. Bei Bekannten, bei der Polizei.

Er streckt seinen Arm aus und will ihr Gesicht streicheln, aber sie weicht aus.

– Faß mich nicht an. Ich brauche Hilfe und kein Mitleid.

– Wohin soll ich fahren?

– Wo würdest du hinfahren, wenn deine Frau verschwunden wäre?

– Weiß nicht. Ins Krankenhaus oder zur Notaufnahme.

– Stadtmitte hat heute Dienst.

Das Auto fährt los.

Sie fahren über die Kreuzung. Janusz muß bremsen, ein Schlittengespann überquert die Straße.

An ein Auto sind kleine Schlitten angebunden, auf denen Menschen mit Fackeln und Luftballons sitzen. Sie winken und rufen dem wartenden Auto zu.

– Ich habe Sekt getrunken.

Ewa holt aus ihrer Tasche ein paar Kaffeebohnen.

– Nimm das, dann merkt man nichts.

Janusz zerbeißt laut die Bohnen.

– Fahr doch; das kannst du auch während der Fahrt machen.

An der Pforte des Krankenhauses ist niemand.

Die Gänge sind schwach beleuchtet, und alle Türen sind verschlossen. Janusz drückt ohne Erfolg mehrere Türklinken.

– Soll das Bereitschaftsdienst sein?

– Wenn du mir helfen willst, dann störe mich nicht. Oder fahr zurück und schlaf ruhig.

Sie geht an ihm vorbei und steigt die Treppen hinauf. Janusz folgt ihr. Im ersten Stock fällt ein breiter Lichtstrahl aus einem Zimmer.

Ewa kommt als erste an. Im Zimmer steht ein kleiner Weihnachtsbaum auf dem Arzttisch, das Radio spielt, und der Arzt schläft mit zurückgelegtem Kopf.

Janusz klopft an den Türrahmen.

– Haben Sie Dienst?

Der Arzt macht die Augen auf, ändert aber seine Haltung nicht.

– Das war gestern.

– Oh, ich habe etwas durcheinandergebracht.

Der Arzt macht wieder die Augen zu, aber die beiden bleiben stehen.

– Und heute?

Janusz geht ins Zimmer und baut sich vor dem schlafenden Arzt auf.

– Wer hat heute Bereitschaftsdienst?

Wortlos nimmt der Arzt den Hörer und wählt eine Nummer.

Während er auf den Anschluß wartet, mustert er Janusz.

– Wer ist verschwunden?

– Der Ehemann.

– Ihrer?

Jetzt kommt Ewa ins Zimmer.

– Nein, meiner.

– Ja, sie verschwinden. Besonders an Weihnachten. Jurek? ... hallo. Habt ihr vielleicht einen ... Wie ist der Name?

– Garus.

– Garus, ja ... Alter?

– Achtunddreißig.

– Garus, achtunddreißig ... Nein, ich hab' hier eine Frau, die ihren Mann sucht. Seit wann habt ihr ihn? ... Wann ist er weggegangen?

– Mittags.

– Nein, das ist er wahrscheinlich nicht. Der ist mittags erst verschwunden.

Er legt auf.

– Dort ist jemand nach einem Unfall eingeliefert worden – ohne Beine, ohne Dokumente. Vor elf.

Ewa wendet sich Janusz zu.

– Komm.

Schon in der Tür, dreht sich Janusz zum Arzt um.

– Soll ich das Licht ausmachen?

Der antwortet nicht; er schläft wie vorher, mit dem Kopf nach hinten geneigt. Ewa und Janusz gehen durch die halbdunklen Gänge.

– Weihnachten ... Alle betrunken.

– Er war müde.

– Müde ...

– Bist du sicher, daß er mittags weggegangen ist?

– Ich wollte was kaufen. Als ich mittags zurückkam, war er nicht da.

– Laß uns hinfahren.

Das Auto biegt in eine Allee ein. Als sie am Schauspieler-Club vorbeifahren, bemerkt Ewa etwas auf der Straße.

– Halte an.

Beide steigen aus, und Ewa führt Janusz zu einem kleinen Fiat, der vor dem Club geparkt ist.

– Das ist sein Auto.

– Hast du einen zweiten Schlüssel?

Sie zieht ihre Schlüssel heraus und macht das Auto auf.

Auf dem Sitz findet Ewa einen Schal.

– Sein Schal.

Er nimmt ihr den Schal ab und wirft ihn zurück ins Auto.

– Laß das hier. Vielleicht wird ihm kalt, wenn er wiederkommt.

Ewa lacht unangenehm.

– Ohne Beine wird das schwierig sein.

Mit ganzer Kraft schlägt Janusz die Autotür zu.

– Wolltest du etwas sagen?

– Schließ das Auto ab.

– Du hast recht. Laß ihm noch ein belegtes Brot. Vielleicht hat er Hunger, wenn er zurückkommt.

– Sehr witzig.

– Es kann noch witziger sein. Vielleicht legen wir uns ins Bett in irgendeinem Hotel, und du rufst ihn an, um ihm zu sagen, in welchem Zimmer wir sind.

– Ich habe ihn nicht angerufen.

– Doch. Du wolltest es beenden, wieder zu Hause sein und Ruhe haben. Du hast angerufen.

– Ich habe nicht angerufen!!!

– Er hat es mir gesagt. Du hast dich am Telefon nicht vorgestellt, das ist wahr.

– Ewa, verflucht, ich habe nicht angerufen!

– Nein? Na dann nicht. Zur Notaufnahme, bitte sehr.

Ein weißes Fiat-Taxi fährt am Eingang des Krankenhauses vor.

Ein Arzt führt sie durch einen langen, leeren, halbrunden Korridor. Sie halten vor einem kleinen Fenster. Der Arzt klopft an die Glasscheibe, und aus dem Fenster lehnt sich ein älterer Mann.

– Der ohne Beine.

Ewa schaut Janusz an.

– Sieh du nach. Ich kann nicht.

Janusz geht durch die Tür und folgt dem alten Mann zu einem Metalltisch.

Der Alte zieht das Laken vom Kopf des Toten. Das Gesicht ist verunstaltet; aus einer merkwürdigen Fratze stehen seine Zähne hervor. Janusz schweigt.

– Ist er es, Herr Redakteur?

– Ich weiß nicht.

– Sie haben bei uns eine Reportage gemacht ... als ich noch bei der Bahn gearbeitet habe. Ich habe Sie lange nicht gesehen, nicht gelesen ...

– Das ist wahr.

– Was ist alles passiert ...

Janusz geht zurück zu Ewa. Sie wartet abgewandt – der Arzt sitzt auf einer Bank.

– Ich kann ihn nicht erkennen. Ich habe ihn nur einmal gesehen ... du mußt selber ...

Sie gehen zusammen in das Zimmer mit den Metalltischen. Der alte Mann deckt wie zuvor den Kopf des Toten auf.

Ewa schaut sich wie hypnotisiert das Gesicht an und macht ein paar Schritte auf den Tisch zu.

Janusz stellt sich hinter sie und tauscht einen Blick mit dem Alten. Plötzlich dreht sie sich um und versteckt ihr Gesicht in Janusz' Jacke. Er streichelt vorsichtig ihr Haar und drückt sie an sich.

– Ewa ... Ewa ... naaa ...

Der alte Mann geht diskret aus dem Zimmer.

Janusz versucht einen Schritt zum Tisch zu machen, um die Leiche zuzudecken. Ewa spricht, ohne ihren Kopf zu heben.

– Deck ihn nicht zu. Er ist es nicht.

Er hört auf, ihr Haar zu streicheln, und zwingt sie, ihm in die Augen zu sehen. Ihr Gesicht ist ganz trocken, und ihre Augen sind wieder wach und scharf.

– Ich hätte es gern, daß er es wäre. Oder du. Ich hätte es gern, daß es dein Gesicht wäre und deine Zähne.

Janusz läßt seine Hände fallen.

Ewa holt eine Zigarette und zündet sie an.

– Einmal habe ich von dir geträumt ... mit gebrochenem Hals ... mit rausgestreckter Zunge ... Ein wunderbarer Traum.

Sie schaut den Mann auf dem Tisch an.

– Möchte wissen, wem er etwas angetan hat und wer sich freuen wird ...

Janusz deckt die Leiche zu.

– Willst du weitersuchen?

– Ja.

– Vielleicht ist er zurückgekommen?

– Vielleicht.

Sie fahren. Von weitem sieht man Polizei, die Autos kontrolliert.

– Polizei.

– Na und?

– Du hast einen gestohlenen Wagen. Du hast doch angerufen. Oder, damit es besser aussieht, hast du deine Frau darum gebeten. Fahre langsamer.

Janusz bremst etwas, und als sie an der Polizei vorbeigefahren sind, beschleunigt er.

– Halte dich fest.

Er blickt in den Rückspiegel und fährt noch schneller.

Weit hinten sieht man ein blaues, grell blinkendes Licht. Sein Auto schafft die Kurven nur schwer. Sie rauschen an einem beleuchteten Baum vorbei – hinter ihnen der Polizeiwagen mit Blaulicht. Janusz fährt rechts die Straße hinunter und dann auf die Stadtautobahn. Die Polizei auch.

– Hast du die Papiere? ... Langsamer.

Die Polizei erreicht sie in einem Tunnel. Janusz hält sein Auto um Haaresbreite vor der Polizei an.

Zwei Polizisten springen heraus und rennen von beiden Seiten auf das weiße Taxi zu.

– Aussteigen. Die Hände aufs Dach.

Janusz schleppt sich langsam aus dem Auto; Ewa legt ihre Hände lächelnd aufs Dach.

Polizisten durchsuchen die beiden schnell und geschickt, dann erlauben sie ihnen, die Hände herunterzunehmen.

– Ist das Ihr Auto?

Janusz holt seine Papiere hervor. Der Polizist liest, ab und zu blickt er zu Janusz – dann reicht er die Dokumente seinem Kollegen, der sie ebenfalls aufmerksam studiert.

– Wir hatten eine Meldung, daß es gestohlen worden sei.

– Wir haben es gefunden. Die haben's auf der Schnellstraße gelassen.

Der Polizist gibt Janusz seine Papiere wieder.

– Haben Sie getrunken?

– Ich bin nicht dazu gekommen.

– Sie fahren zu schnell. Frohe Weihnachten.

Beide Polizisten heben die Hände an die Mützen und fahren dann weg. Ewa lächelt Janusz an.

– Nur mit der Ruhe ... Versuchen wir's noch mal?

– Willst du?

Sie lächelt nicht mehr – ernsthaft nickt sie mit dem Kopf. Sie steigen ein.

– Wirst du dich anschnallen?

Ebenso ernst wie vorher schüttelt sie den Kopf.

– Nein.

Langsam fährt Janusz das Auto von der Betonkante herunter, auf die er gefahren war, als er vor den Polizisten bremste. Dann beschleunigt er.

Auf der Brücke kommt ihnen von der anderen Flußseite her eine Straßenbahn entgegen. Janusz lenkt den Wagen auf die Schienen, auf denen sich die Straßenbahn nähert. Der Motor heult auf vollen Touren – das Licht der Bahn wird schnell größer.

Ewa schaut stumm, mit aufgerissenen Augen, vor sich hin. Die Straßenbahn wird von einem jungen, blonden Wagenführer gelenkt. Sein Gesicht ist einfach in Erinnerung zu behalten. Beleuchtet von den Scheinwerfern des entgegenkommenden Autos, fährt er ruhig weiter. Das Auto kommt immer näher. Der junge Wagenführer – dessen Gesicht in den immer größer werdenden Scheinwerfern ganz hell wird – lächelt leicht.

In letzter Sekunde reißt Janusz das Steuer herum, das Auto berührt fast die Straßenbahn, gerät ins Schleudern, wobei es Schnee aufwirbelt, und kommt in der Nähe einer Haltestelle zum Stehen.

Ewa schaut geradeaus.

– Genügt das?

Sie schüttelt entschieden den Kopf. Es genügt nicht.

Ewa wohnt in einem der niedrigen Häuser einer kleinen Siedlung. Nach langem Suchen auf dem großen Parkplatz findet Janusz endlich eine Lücke, wo er hält. Er steigt zuerst aus und schaut sich um. Nach einer Weile beugt er sich zu der noch im Auto sitzenden Ewa.

– Euer Auto ist nicht da.

Sie steigt wortlos aus. Janusz schaut sich nochmals um, und plötzlich erinnert er sich an etwas.

– Er konnte sein Auto am Vormittag nicht vor dem Club gelassen haben.

– Warum?

– Nachmittags hat es geschneit, und sein Auto war sauber.

Ewa schaut ihn fragend an.

– Auf seinem Auto lag kein Schnee, und es hat gegen fünf geschneit.

– Vielleicht ist er später gekommen.

– Am Heiligabend ist der Club nur bis zwei auf.

– Ich weiß nicht. Wenn er zu Hause ist, wäre es nicht gut, wenn wir zusammen ankommen würden. Warte hier. Falls er nicht da ist, gehe ich auf den Balkon. Wenn ich in ein paar Minuten nicht rauskomme – fahr zurück.

Als sie sich entfernt, ruft er hinterher.

– Ewa!

Sie dreht sich um.

– Falls er da ist … auf Wiedersehen.

Ewa hebt ihre Hand hoch und bewegt leicht die Finger. Janusz steigt ins Auto und stützt seinen Kopf auf die Hände mit einer Geste: »Was mache ich hier?«

Sofort, nachdem sie die Wohnung betreten hat, geht sie zum Telefon. Sie bückt sich, damit Janusz sie durch das Fenster nicht sehen kann, und wählt eine kurze, dreistellige Nummer.

– »Rettungsdienst. Bitte?«

– Ein Unfall … Ein Mann hat einen Schwächeanfall, er liegt auf der Haltestelle.

– »Die Adresse bitte.«

– Ecke Schneiderstraße und Reiterallee, Haltestelle Richtung Stadtmitte.

– »Nicht betrunken?«

– Nein, nüchtern. Wir haben seine Papiere mitgenommen.

– »Name?«

– Edward Garus. Geboren 1949.

– »Wie ist Ihr Name?«

Ewa blickt auf die neben dem Telefon liegende Zeitung. Sie liest die Unterschrift unter irgendeinem Artikel.

– Anna Tatarkiewicz.

– »Ich habe es aufgenommen.«

Ewa legt auf, und erst dann macht sie das Licht im Zimmer an.

Der Tisch ist für zwei gedeckt; eine Flasche Wein und eine Vase mit einem Tannenzweig stehen auch da.

Ewa tritt auf den Balkon und beobachtet, wie Janusz aus dem Auto steigt.

Sie schaut sich in der Wohnung um, dann geht sie schnell zum Schrank, holt einen Koffer und nimmt einen Herrenmantel heraus, den sie im Flur auf den Ständer hängt.

Im Bad stellt sie in den Becher mit der Zahnbürste eine zweite dazu. Aus einer Kiste mit Medikamenten nimmt sie einen Rasierapparat und einen alten Pinsel, den sie naß macht – in dem Moment klingelt es. Sie macht die Tür auf – es ist Janusz.

Ohne seine Jacke auszuziehen, unsicher, kommt er in die Wohnung. Sie schaut ihn mit gewissem Interesse an.

– Willst du die Jacke nicht ausziehen?

– Mir ist kalt.

– Willst du einen Tee?

– Ja.

Ewa stellt den Wasserkessel auf den Herd und setzt sich Janusz gegenüber. Sie schaut ihn erwartungsvoll an, ihr Gesicht auf die Hände gestützt. Er weicht ihrem Blick aus.

– Ich habe nicht angerufen. Damals, vor drei Jahren. Ich war es nicht, so ein Quatsch.

Wenn Janusz sie anschauen würde, hätte er in ihren Mundwinkeln den Schatten eines zynischen Lächelns sehen können. Aber er schaut sie nicht an. Er spricht langsam, mit Unterbrechungen.

– Es war wichtig für mich ... du warst wichtig. Ich habe gedacht, alles zu ändern ...

Ihr Gesichtsausdruck bleibt gleich. Er fährt fort:

– Als wir dabei waren, uns anzuziehen, und er stand, mit dem Rücken zu uns ... das war nicht angenehm ... du hast mich nicht angeschaut ... ich habe deine Hand genommen, aber du hast sie weggerissen. Als er sagte, wenn ihr angezogen seid, kannst du wählen: entweder bleiben oder mitgehen ... und du bist ihm wortlos gefolgt.

– So war das? Wir sind gegangen?

– Nein, nicht so. Er sagte noch, daß du mit ihm gehen kannst, wenn wir uns nicht mehr sehen.

– War das so?

– Und du hast gesagt: »Ich habe nicht die Absicht.« Ich sagte: »Einverstanden.« So war das.

Ewa nimmt die Hände vom Kinn; sie streckt sie Janusz entgegen.

– Gib mir deine Hand, du armer ...

Janusz gibt ihr seine Hand, die sie sanft streichelt. Er erwidert die Zärtlichkeit.

– Nicht geliebt ... nicht verstanden ... wollte alles ändern...

Janusz spürt Spott und Bitterkeit in ihrer Stimme. Er will

seine Hand wegziehen, aber Ewa hält sie mit unerwarteter Kraft fest.

– Bist auf vier Pfoten gefallen. Jetzt liebst du deine Frau, nicht wahr?

– Ich liebe die Kinder.

– Du hast dir viel Mühe gegeben, um das alles in Ordnung zu bringen. Du bist jetzt so wie früher – gut, aufmerksam, fürsorglich. Denkst daran, die Wäsche abzuholen ...

Sie bohrt ihre Fingernägel in seine Hand.

– Laß es ...

– Du glaubst, wenn du Gas gibst, wirst du gleich ein Mann ... und wenn du mich nur anfaßt, dann fange ich an, die Vorhänge zuzuziehen und springe gleich ins Bett ...

Während dieses kurzen Monologs drückt sie noch stärker seine Hand. Janusz verzieht sein Gesicht.

– Laß ...

– Gern. Deine Hände stinken nach Benzin.

Janusz massiert seine von den Fingernägeln gezeichnete Hand. Mechanisch riecht er daran.

Er steht auf und geht ins Bad. Dort dreht er den Hahn auf und hält seine Hände unter den Wasserstrahl.

Sie läuft zur Badezimmertür.

– Hast du mal daran gedacht, was war, nachdem wir aus dem Hotel gegangen sind? Hast du daran gedacht, wie er mich immer angeschaut hat? Wie er mich im Bett behandelt hat?! Hast du daran gedacht?!

All das spricht sie durch die geschlossene Tür des Badezimmers. Janusz sieht vor sich auf der Ablage zwei Zahnbürsten im Becher, einen Pinsel und den Rasierapparat.

Spontan schraubt er den Apparat auf und findet eine alte, verrostete, seit Jahren unbenutzte Rasierklinge.

Ewa schreit weiter hinter der Tür.

– Im Bett! Hörst du?!

Janusz prüft die Rasierklinge. Sie ist stumpf, und selbst mit Gewalt würde sie die Haut nicht schneiden. Er schraubt alles wieder zusammen und legt den Apparat zurück.

Ewa klopft an die Tür, schweigt eine Weile und nimmt ihren Monolog mit ruhigerer, ausgeglichenerer Stimme wieder auf.

– Seitdem habe ich mit ihm nicht mehr geschlafen. Hörst du?

Janusz schweigt, ohne zu wissen, was er tun soll. Ewa wird auch still. Sie verharren einen Augenblick so – dann fragt sie, mit normaler, neutraler Stimme.

– Was machst du da drinnen?

Janusz schließt die Tür auf.

– Nichts. Ich habe die Hände gewaschen.

Ewa geht zurück ins Zimmer. Dort nimmt sie ein Stück Oblaten.

– Es ist Heiligabend. Man darf nicht lügen, entschuldige. Ich bin mit ihm ganz normal. Alles Gute …

Sie bricht ein Stückchen der Oblate ab und reicht es ihm – dann bricht sie von seiner Oblate ein noch kleineres Stück ab und nimmt es in den Mund. Janusz tut etwas unsicher dasselbe; dann erinnert er sich plötzlich an die Rasierklinge.

– Hat er jetzt einen Bart?

– Ach was, nein.

Sie schaut ihn aufmerksam an.

– Wir haben vergessen, warum wir hier sind … Wir fahren weiter.

– Wohin?

– Rettungsdienst, Polizei, Bahnhof …

Ewa zieht ihren Mantel an, wickelt ihren Schal um und lächelt entschuldigend.

– Noch eine Minute.

Sie geht ins Bad und kommt gleich zur Ablage, wo der Rasierapparat liegt – sie schraubt ihn auf, prüft die Klinge, genau wie Janusz. Dann schraubt sie ihn wieder zusammen und drückt auf die Toilettenspülung. Als das Geräusch vorbei ist, hört sie Janusz' Stimme, der am Telefon spricht. Sie kommt zur Tür.

– »Rettungsdienst? Ich wollte fragen, ob bei Ihnen jemand namens Garus eingeliefert worden ist. Edward Garus.«

In gewisser Spannung wartet sie auf das Ergebnis.

– »Achtunddreißig ... das heißt 1949 ...«

Janusz schweigt, und Ewa, um nichts zu überhören, hält ein Ohr an die Tür.

– und Sie haben Meldungen aus dem ganzen Warschauer Gebiet?«

Ewa merkt, daß Janusz nicht erfahren hat, was sie wollte. Sie will hinausgehen, als sie Janusz erneut sprechen hört.

– »Eine Meldung ... und?«

Jetzt wartet sie ruhig, und als er heftig an die Tür klopft, drückt sie nochmals die Spülung. Erst dann macht sie auf.

– Es gab eine Meldung. Ich habe den Rettungsdienst angerufen.

– Meldung?

– Er lag an der Haltestelle in der Schneiderstraße. Als die gekommen sind, war er nicht mehr da.

– Wie denn?

– Er war nicht da. Sie meinen, daß so etwas oft mit Betrunkenen vorkommt. Und sie sagten, daß man bei der Polizei in der Ausnüchterungszelle fragen soll.

Die schwache Batterie läßt den Motor nicht anspringen. Bei dem nahe gelegenen Taxistand bemerkt Janusz zwei junge Männer – er geht auf sie zu.

– Helfen Sie mir schieben?

– Fahren Sie uns dann? Auf die andere Flußseite?

– Kann ich nicht. Bin in Eile.

– Dann schieben Sie selber.

Janusz schiebt das Auto – es geht schwer, das Öl ist gefroren –, doch auf einer Schräge kommt das Auto etwas in Schwung. Jetzt läßt Ewa die Kupplung los, und das Auto springt an.

Janusz setzt sich schnell in den rollenden Wagen. Ewa will auf den Beifahrersitz, aber Janusz möchte nicht fahren.

– Fahr du. Warum hast du vom Bahnhof gesprochen?

– Er ging oft zum Bahnhof oder zum Flughafen. Dann rief er an und sagte, daß er verreise. Am nächsten Morgen kam er dann zurück.

Das Auto verläßt die kleine Siedlung.

Die Türen des Ausnüchterungszellentraktes sind verschlossen. Ewa und Janusz gehen um das Gebäude herum. Auf der hinteren Seite, durch ein kleines vergittertes Fenster, fällt Licht.

Sie schauen hinein – unter einem Wasserstrahl krümmen sich zwei Männer. Der Schlauch wird von einem kräftigen Typ im weißen Kittel festgehalten.

Janusz klopft ans Fenster – der Typ schaut in ihre Richtung, dreht den Wasserhahn zu und deutet zum Eingang. Er geht weg, um die Türe aufzumachen – die zwei Betrunkenen können etwas aufatmen. In seinem Dienstzimmer hat der Typ alles sehr ordentlich und genau sortiert.

Aus einer metallenen Kartei holt er einen Ordner mit dem Buchstaben »G« heraus. Geübt bewegt er seine Finger zwischen den Akten. Er hebt seinen Kopf.

– Jude?

– Nein ...

– In '79 gab es einen Garus. Jude.

Janusz beugt sich über die Kartei.

– Hat jeder eine solche Akte?

Der Typ lächelt – Janusz' Frage hat ihm geschmeichelt.

– Ordnung muß sein. Manche geben es nicht zu, aber wenn ich sie unter dem Schlauch habe, merke ich es mir. Vielleicht ist das einer von den zweien, die ich jetzt dahabe. Einer hat keine Papiere.

Der Typ führt sie in den Raum mit dem Schlauch.

An der Wand – vor Kälte zitternd – stehen die beiden nackten Männer. Einen der Männer kann man kaum sehen. Der Typ schüttelt unzufrieden seinen Kopf.

– Die sind mir eingeschlafen. Er nimmt den Schlauch, dreht das Wasser auf und richtet den Strahl direkt auf die zwei Männer. Sie schrecken auf und versuchen, sich vor der kalten schneidenden Dusche zu schützen.

– Oh, wie sie tanzen ... vielleicht ist es der? ... oder der?

Er richtet den Wasserstrahl so, daß die beiden Betrunkenen sich zu Janusz und Ewa umdrehen müssen.

– Hören Sie auf ... hören Sie auf!

Janusz geht zum Wasserhahn und dreht ihn zu. Der Typ schaut ihn an.

– Sie frieren, sehen Sie das nicht?

Der Typ macht einen Schritt nach vorn.

– Soll ich dich auch dorthin stellen, du kleiner Scheißer?

– Versuche, versuche es nur.

Janusz spricht ruhig, aber hart. Als er die Überlegenheit des anderen sieht – zieht er den Schlauch aus dem Hahn.

– Na komm, tanzen wir ein bißchen.

Der Typ schaut ihn noch einen Augenblick an und wirft den am Gitter stehenden Betrunkenen ihre Kleider zu.

– Anziehen, ihr Flaschen.

Um seine Wut auszulassen, tritt er einen Schuh, der das Gitter nicht erreicht hatte.

Früh morgens; Ewa und Janusz gehen zum Auto. Ewa nimmt seinen Arm und versucht, seinen Schritt etwas zu verlangsamen. Vielleicht würde sie sich gerne an ihn schmiegen, aber Janusz geht im gleichen Tempo weiter.

Sie steigen ein. Janusz steckt den Schlüssel in das Zündschloß.

– Ich fahre zurück. Es hat keinen Sinn.

Als er seine Hand auf den Schaltknüppel stützt, legt Ewa ihre Hand auf seine. Janusz reagiert nicht. Er legt den Gang ein und faßt das Lenkrad an. Ewas Hand folgt seiner Hand auch dorthin.

– Wo soll ich dich hinfahren?

Sie spricht nicht – ruhig und sanft schaut sie ihn an.

Janusz fährt los. Von der kleinen Straße, wo sie eben waren, biegt er in eine größere ein.

In diesem Moment packt Ewa plötzlich das Lenkrad und hält es so fest, daß Janusz das Auto nicht mehr unter Kontrolle hat. Er versucht zu bremsen und Ewa wegzustoßen, da sie aber mit aller Kraft festhält, gelingt es ihm nicht.

Das Auto nähert sich langsam, aber unaufhaltsam einer Laterne und fährt auf.

Janusz schlägt mit dem Kopf gegen den Rückspiegel. Aus seiner verletzten Stirn rinnt das Blut. Ewa läßt das Lenkrad los. Ein Scheinwerfer ist zerbrochen, Kotflügel und Stoßstange sind eingedrückt, aber der Motor läuft normal weiter.

Janusz steigt aus, nimmt etwas Schnee und versucht, die Blutung zu stillen. Der Schnee ist dreckig. Sein Gesicht ist mit Blut und Schnee verschmiert.

Ewa beobachtet das Ganze von ihrem Platz im Auto und steigt dann aus. Sie macht ihren weiten Mantel auf, holt aus dem Rock ihre Bluse heraus und reißt ein Stück Stoff ab. Sie wischt Janusz' Gesicht ab – den Dreck, die Schneereste und das Blut. Der Schnitt ist nicht tief, der kalte Schnee hat geholfen, und die Wunde blutet nicht mehr.

Ewa hält das provisorische Taschentuch an Janusz' Stirn.

– Ich habe dein Auto kaputtgefahren.

Janusz schweigt.

– Ich hab' dir den Feiertag verdorben.

– Ach was, es war sehr angenehm.

– Fahr mit mir zum Bahnhof.

In der Mitte der Bahnhofseingangshalle steht ein beleuchteter Weihnachtsbaum. Ewa geht voraus, hinter ihr Janusz. Plötzlich hält sie vor dem Baum an und faßt Janusz' Hand an.

Auf der anderen Seite des Baumes steht ein kleiner, etwa dreijähriger Junge. Außer ihm ist niemand in dieser riesigen Halle. Er schaut eine bunte, baumelnde Glaskugel an. Als er Janusz' und Ewas verwunderte Blicke bemerkt, läuft er weg, als ob er bei etwas Verbotenem ertappt worden wäre, und verschwindet in der Schalterhalle.

Ewa und Janusz durchqueren leere Warteräume, Korridore und Gleise. Hier und da, ganz selten, schläft jemand auf einer Bank.

Nachdem sie angeklopft und keine Antwort bekommen

haben, betreten beide einen Raum, auf dessen nicht verschlossener Tür »Eintritt verboten« steht. Auf den Monitoren sehen sie die Plätze und die schlafenden Menschen, die sie vorher schon gesehen haben.

Auf dem Tisch des Fahrdienstleiters steht – wie überall – ein kleiner Weihnachtsbaum mit brennenden Lämpchen. Sie schauen sich in dem Raum um. Auch in dem kleinen, anliegenden Zimmer mit einem Sofa ist niemand. Sie verlassen den Raum.

Ewa und Janusz hören plötzlich ein merkwürdiges Geräusch und gehen in die Richtung, woher es kommt. Schließlich erreichen sie einen langen, schrägen Gehsteig, der auf einem Gleis endet.

Eine junge, häßliche Frau in Eisenbahnerhosen fährt auf dem Skateboard die Schräge hinunter. Sie erwischen sie schon auf dem Gleis.

– Haben Sie hier Dienst? An den Bildschirmen?

– Ja.

– Wir suchen ... gab es heute irgendeinen Unfall?

– Nein. Ich fahre ein bißchen Skateboard, weil ich fast eingeschlafen wäre.

– Ein Mann kommt oft her ... in einer kurzen, weißen Felljacke ... er ist oft hier ... fährt nirgendwohin.

Die Frau versucht sich an so jemanden zu erinnern.

Ewa greift in ihre Tasche und holt ein Foto heraus, das sie der Frau zeigt.

Sie schaut das Bild lange an und gibt es Ewa wieder – sie weiß es nicht. Dann nimmt sie ihr Skateboard und geht die Schräge hinauf. Ewa betrachtet das Foto und hebt ihren Kopf. Die Bahnhofsuhr zeigt 7.03. Sie gibt Janusz das Bild.

Es zeigt einen Mann in einer weißen Felljacke, neben ihm eine Frau. Er trägt ein kleines Kind in einer Art Rucksack, ein zweites, etwas älteres, hält er auf dem Arm. Der Mann und die Frau lächeln in die Kamera.

– Wer ist das?

– Edward.

– Aber diese Frau? …

– Seine Frau. Und seine Kinder. Sie leben in Krakau, seit fast drei Jahren.

Janusz schaut Ewa an – er versteht nicht. Ewa ist ernst, so ernst wie sie heute nacht noch nie war.

– Seit drei Jahren?

– Fast. Ich habe heute ziemlich viel gelogen …

– Aber warum? … Wolltest du dich rächen?

– Nein … kennst du dieses Spiel: Wenn hinter einer Ecke ein Mann herauskommt, wirst du Glück haben, wenn es eine Frau ist – nicht.

– Ja, ich kenne das. Ich mache die Augen zu und stelle meinen Fuß auf den Gehsteig. Wenn ich die Mitte der Platte treffe – wird es ein guter Tag sein; wenn nicht – ein schlechter.

– Ich habe das heute gespielt. Ich habe mir gesagt, wenn es mir gelingt, mit dir diese Nacht zu verbringen, bis sieben Uhr früh, egal wie …

Auf dem Gleis kommt ein Zug an. Niemand steigt aus, es steigt auch keiner ein.

Der Schaffner, dessen Gesicht uns irgendwie bekannt vorkommt, hebt seine Hand und gibt das Zeichen zur Abfahrt.

– Dann was?

– Dann wird alles normal weitergehen.

– Und wenn nicht? …

Ewa hebt die Schultern. Der Schaffner schaut sie noch eine Weile an. – Vielleicht nur, weil sonst niemand da ist.

– Ich habe mich gut vorbereitet. Ich wohne allein …

Ewa holt ein kleines Fläschchen mit Tabletten aus der Tasche. Sie zeigt sie ihm nicht, aber die Geste ist eindeutig, und Janusz hat verstanden, wovon sie spricht. Er senkt seinen Blick, und Ewa steckt das Fläschchen wieder in die Tasche.

Der Schaffner, der die ganze Zeit die beiden beobachtet hatte, steigt ein – der Zug fährt weg.

Janusz schaut Ewa anders an als bisher.

– Es ist schwierig allein ... an so 'nem Tag. Menschen ...

Janusz nickt.

– Ziehen sich zurück ... ziehen die Vorhänge zu.

– Ja ...

Janusz geht irgendwie nachsichtiger mit Ewa um.

Er macht ihr die Tür auf und fährt langsam los. Die Wunde blutet noch – er wischt sich die Stirn wieder ab.

Sie fahren schon, als sie einen ca. achtzehnjährigen Jungen bemerken, der vor zwei anderen flüchtet. Es muß etwas Ernstes sein – alle rennen sehr schnell. Der Flüchtende ist den beiden etwa fünfzehn Meter voraus.

Wortlos beschleunigt Janusz, überholt die Verfolger, und als sie auf der Höhe des flüchtenden Jungen sind, beugt sich Ewa nach hinten und macht die Tür auf.

– Spring!

Der Junge ergreift die Tür, rutscht ein bißchen auf der vereisten Straße, und mit Mühe und Ewas Hilfe hievt er sich ins Auto. Er atmet schnell, aus einem Mundwinkel tropft der Speichel.

– Wohin?

Als die beiden Verfolger sehen, daß sie keine Chance haben, drehen sie um und laufen zurück zu ihrem Auto.

Der Junge schüttelt hilflos seinen Kopf.
– Sie schnappen mich sowieso.
– Warum läufst du denn weg?
– Ich weiß nicht. Es hat keinen Sinn.

Auf dem Platz, mitten in den Alleen, will der Junge aussteigen. Janusz sieht nach hinten – es ist schon fast hell –, das andere Auto ist nicht zu sehen. Sie halten an.

Der Junge springt heraus und verschwindet in der Unterführung. Janusz fährt um den Platz herum und hält vor dem Hotel »Metropol«. Er schaltet den Motor und die Lichter aus. Sie schauen auf den leeren Platz.

Aus der Richtung vom Bahnhof kommt das andere Auto – es bremst scharf und hält auf dem Trottoir. Die zwei Männer springen raus und, ohne das Auto abzuschließen, rennen sie in die Unterführung. Die Straße ist menschenleer. Aus der Unterführung kommt niemand heraus. Als es lange genug gedauert hat, macht Janusz eine Geste, als ob er aussteigen wolle.

– Du kannst nicht helfen. Er lehnt sich zurück.

– Ja.

Ewa lächelt leicht und bitter.

– Du hast schon deine gute Tat getan.

– Ja.

Ein weißes Fiat-Taxi, mit beschädigtem Vorderteil, nähert sich langsam dem Schauspieler-Club.

Janusz, ohne Rücksicht auf die gezogene Linie, dreht um und hält am Straßenrand.

– Ich weiß, daß du damals nicht angerufen hast.

Janusz nickt.

– Auf Wiedersehen.

Ewa steigt in ihr Auto um. Er hilft ihr einzusteigen, wartet, bis der Motor anspringt, und geht zurück zu seinem Taxi.

Ewa fährt vom Gehsteig, auf dem das Auto geparkt war, herunter – jetzt stehen sich die beiden Autos dicht gegenüber.

Plötzlich macht der kleine Fiat das Fernlicht an und blinkt ein paarmal – Janusz antwortet mit dem Scheinwerfer. Ewa wiederholt das Zeichen, und, vielleicht ist es ein Zufall, das kurze und lange Blinken fügen sich zu einem Dialog, einem Dialog, den keiner beenden kann. Endlich blinkt der kleine Fiat noch einmal lang – der große macht dasselbe, und der kleine fährt zuerst weg.

Leise macht Janusz die Tür auf. In der Küche ist niemand. Auf Zehenspitzen geht er ins Zimmer.

Im Sessel, auf die Armlehne gestützt, schläft seine Frau. Er schaut sie an – sie schläft ruhig, aber in einer unnatürlichen Haltung, so daß es fast rührend aussieht.

Sie wacht auf, als er neben ihr kniet.

– Alle schlafen?...

Sie nickt.

– Das Auto ist gefunden worden ...

– Ich weiß. Die Polizei hat nachts angerufen.

Schweigen.

– Ewa?

– Ja, Ewa.

– Wirst du wieder abends weggehen?

– Nein.

IV.

Frühlingsanfang. Die ersten kleinen hellgrünen Blätter auf den jungen Bäumen.

Eine riesige Dogge uriniert während des Morgenspaziergangs unglaublich lange unter einem dieser Bäume – sie ist in ihrer Pose erstarrt und gleicht einer Skulptur.

Tomek, den wir erst später kennenlernen werden, schließt das Schloß einer Kette auf, mit der sein »Milchmannwagen« gesichert ist. Die Sonne ist aufgegangen – die Fenster und die Balkontüren reflektieren ihr rotes Licht. Eines dieser roten Fenster öffnet sich. Ein Mädchen atmet tief die frische Luft ein.

Anka ist zwanzig, nicht sehr groß, hat vielleicht etwas zu große Brüste, ein wohlproportioniertes Gesicht und ein Lächeln, das die Oberlippe zu weit nach oben zieht, und kleine Grübchen in den Wangen.

Sie sieht aus wie jemand, zu dem man noch lange »ein Mädchen« sagen wird. Anka schließt die Fenster.

In der Mitte des Zimmers steht, zur Reise bereit, ein schwerer Rucksack, den sie auf die Seite schiebt.

Immer noch im Nachthemd, füllt sie in einen durchsichtigen Krug Wasser. Dann schleicht sie sich an die Tür ...

Im »Herrenzimmer« herrscht Chaos – ein Zeichenbrett, Skizzen auf dem Transparentpapier, ein Aschenbecher, der von Zigarettenkippen überquillt; auch ein Geldbeutel und ein Flugticket liegen da ... Anka stellt den Krug beiseite und nimmt Socken vom Kleiderstapel.

Es ist so, wie sie dachte – die Socken sind verschieden, der eine ist länger. Sie legt die Socken zurück und kommt mit dem Krug zum Bett.

Michał schläft ohne Schlafanzug bis zur Taille aufgedeckt. Unter der Decke schauen seine Füße heraus, sein Arm liegt unter dem Kopf. Sie ist gerührt von seinem Anblick.

Sie kniet am Bett nieder und beobachtet sein Gesicht. Sie hält den Krug hoch über dem Kopf des schlafenden Mannes.

Michał macht die Augen auf. Er schaut sie an, aber bevor er richtig wach wird, lächelt sie und kippt den Krug über ihn aus. Das Wasser stürzt direkt auf sein Gesicht.

Michał schreit, kriecht unter die Decke und steckt dann vorsichtig seinen Kopf heraus. Als er gerade aufstehen will, schüttet Anka den Rest des Wassers auf ihn.

Michał ist ganz naß, und Anka flüchtet ins Badezimmer.

In der Küche findet Michał einen Topf, füllt ihn mit Wasser und kommt zur Badezimmertür. Sie ist verschlossen.

Stille.

– Anka, ich hab's eilig.

– Vater, nein!

Er spricht ernst.

– Ich habe es eilig. Mach auf.

– Versprichst du?

– Mach doch auf!

Sie hört den Vorwurf in seiner Stimme und macht die

Türe langsam auf. Michał steht mit ernstem Gesicht vor ihr – schlank, hellhaarig, mit heiteren Augen, nichts von einem alternden Bonvivant. Er holt den Topf hervor, den er hinter seinem Rücken gehalten hat, und dringt in das Bad ein.

– Gießmontag.*

– Vater, nein.

– Wird gegossen?

– Ich werde nicht rechtzeitig trocken. Du schaffst es nicht zum Flugha…

Mit Schwung schüttet er das ganze Wasser über sie.

Anka schaltet ihren Haartrockner ein, der aber nicht funktioniert. Sie probiert am Lichtschalter – Licht gibt es. Also geht sie in die Küche, und auch dort funktioniert der Trockner nicht. Sie steht hilflos da, mit nassen Haaren und dem defekten Fön in der Hand.

– Wenn Adam kommt, gib ihm diese Zeichnungen.

– Ich bin naß …

– Dann fahre nicht mit.

Schon angezogen, versucht sie ihr Haar in Ordnung zu bringen. Sie trägt keinen BH.

– So gehst du weg?

– Vater. Alle gehen so. Niemand trägt heute einen BH mehr.

Michał nimmt seine Dokumente, steckt die Papiere ein und zieht die Schublade seines Sekretärs heraus.

Dort liegen Sachen herum, die eine Frau gar nicht interessieren können: alte, nicht mehr benutzte Uhren, Zirkel,

* Gießmontag – eine alte Tradition. Am Ostermontag begießt man sich gegenseitig mit Wasser.

zerbrochene Lineale, und unter alldem liegt ein gelber, ausgeblichener Briefumschlag mit einer Aufschrift.

Michał zögert einen Augenblick, dann läßt er den Briefumschlag doch in der Schublade liegen und verdeckt ihn mit dem Kram.

– Scheiße ... Vater!

– Du wolltest nicht fluchen, mindestens bis ...

– Aber wenn meine Schlüssel verschwunden sind?!

– Dann nimm meine. Gestern ... ich habe dir nicht aufgemacht, du bist alleine reingekommen?

– Alleine. Vielleicht habe ich sie im Schloß stecken gelassen, und jemand hat sie mitgenommen.

– Ja, vielleicht.

– Ich werde Angst haben ...

– Wo hast du dich ausgezogen?

In ihrem Zimmer verschiebt er den neben dem Bett stehenden Sessel, findet dort nur ihren BH, den er ihr zuwirft.

– Ich werde Angst haben!

– Ich suche doch. Außerdem wirst du hier nicht allein ...

– Was meinst du?

– Daß, wenn du mit jemandem hier bist ... mit Jarek oder jemand ... hast du keinen Grund, dich zu fürchten.

– Das weiß ich noch nicht.

Beide ziehen sich an.

– Was haben wir gestern gegessen? Es gab kein Brot ...

– Ich hatte Brötchen gebracht.

Michał, schon mit dem riesigen Rucksack, geht zurück in die Küche und holt zufrieden aus einem Brotbehälter den Schlüsselbund heraus.

Anka und Michał steigen vor dem Internationalen Flughafen aus einem Bus.

Abfertigung der Fluggäste vor dem Abflug.

– Wirst du keine Angst haben?

– Doch. Vielleicht gelingt es mir einzuschlafen.

Beide schweigen – die übliche Unbeholfenheit vor dem Abschied.

– Ich mag es nicht, wenn du wegfährst. Ist die Jacke nicht zu warm?

Michał drückt Anka an sich, streichelt ihr noch etwas nasses Haar.

– Hab' vergessen ... ich hab' für dich einiges aus der Enzyklopädie abgeschrieben. Literatur, Malerei, Geschichte ... Bevölkerung, größere Städte. Verflucht, ich wollte noch nachschauen, wer regiert ...

– Ich weiß es, meine Kleine.

– Tschüs Papa.

– Mach's gut.

Vor dem Flughafen, in einem kleinen Fiat, wartet ein Junge, ungefähr in Ankas Alter.

Als er sie sieht, steigt er aus, ruft nach ihr, und als sie schon bei ihm steht, hält er seine Wange hin – ohne Erfolg.

– Willst du mich nicht begrüßen? Ich warte schon eine halbe Stunde.

– Hallo.

Jarek ist ein stämmiger, dunkler, energischer, sympathischer Junge. Er lacht oft – vielleicht zu oft.

– Ich habe euch gesehen. Hast du deinem Papi nicht mit dem Taschentuch gewinkt?

– Du hast recht.

Sie dreht sich um und läuft zur Besucherterrasse; Jarek will hinterher.

– Nein, bleib da.

– Papi mag mich also nicht?

– Doch, aber warte hier.

– Fahren wir zu dir?

– Nein.

– Heute nicht?

– Ja. Heute nicht.

Anka sieht ihren Vater, der in einen Bus einsteigt. In der Mitte seines Kopfes hat er keine Haare, was erst jetzt von oben sichtbar wird.

– Vater!

Die Glatze hält an, Michał winkt ihr zu und zeigt, daß er einsteigen muß. Der Bus fährt ab.

Ein älterer Herr, der auf der Terrasse nicht weit von ihr stand, rückt etwas näher.

– Ihr Verlobter?

Anka sagt nichts. Sie beobachtet das Flugzeug, das auf die Startbahn rollt.

– Verzeihung, aber ich habe den Eindruck, daß wir uns schon begegnet sind.

– Ja, auf dem Klo.

– Wie bitte?

– Ich sagte, wir sind uns im Leben begegnet. Auf dem Klo in Timbuktu.

– Entschuldigung.

– Bitte sehr.

Die Augenärztin ist ein typisches Beispiel einer Mann-Frau: ganz kurz geschnittenes Haar, energisch, mit tiefer Stimme.

– Vorname?

– Anka.

– Alter?

– Zwanzig.

– Studentin?

– Schauspielschule, 6. Semester.

Der Kugelschreiber der Ärztin hält an.

– Wie war die Prüfung? Mein Sohn will es auch probieren.

– Literatur, Gedicht und Prosa, Gesang ...

– Ich weiß. Was für ein Gedicht haben Sie vorgesprochen?

– Von Herbert.

– Herbert, hm ... Ja, er hat keine Chance. Sie sind hübsch. Sehen Sie schlecht?

– Ja ... Gestern habe ich auf ein Flugzeug geschaut. Ich hätte es sehen sollen, aber es war nur ein verschwommener Punkt. Dann ist mir bewußt geworden, daß ich erst sehr spät die Nummern der Busse lesen kann; erst wenn sie schon nah sind.

Die Ärztin setzt Anka ein Metallgestell mit einem zugedeckten Glas auf und geht zu einer Tafel mit Buchstaben.

– Bitte.

– F. A. T. H. E. R. Father.

– Zum Schluß haben Sie geraten.

– Ja.

– Und Sie können Englisch?

– Ja. Warum haben Sie die Buchstaben so zusammengestellt?

– Bei dieser Gelegenheit prüfe ich die Intelligenz.

– Mein Vater war im Flugzeug, das ich nicht sah.

Die Ärztin zeigt auf einen Buchstaben in der unteren Reihe.

– Ich weiß nicht.

– Nicht gut, tatsächlich.

Zuerst unscharf, dann – den gelben Briefumschlag näher zu sich heranholend – sieht Anka immer schärfer die Aufschrift in Blockbuchstaben: ERST ÖFFNEN NACH MEINEM TODE.

Sie steht über der offenen Schublade des Sekretärs ihres Vaters.

Anka nimmt den Brief mit und geht in ihr Zimmer.

Sie betrachtet den Umschlag sehr genau, man sieht, daß sie es nicht zum ersten Mal tut. Er ist dick, als ob mehrere Blätter darin verborgen wären. Sie hält den Umschlag gegen das Licht – dafür nimmt sie den Lampenschirm ab –, kann aber nichts sehen. Der Brief ist gut verschlossen; sie versucht, ihn an einer Ecke einen Spalt aufzumachen – es geht nicht. Sie riecht daran – aber der Geruch weckt keine Assoziation. Trotzdem riecht sie noch einmal daran, und diesmal glaubt sie, den Geruch zu erkennen.

Es klingelt an der Tür. Anka blickt durchs Guckloch.

Draußen im Gang, durch die Linse verunstaltet, steht Jarek – mit riesigem Kopf und kurzen Beinen. Er schaut direkt in ihr Auge, spürt ihren Blick – also neigt er seinen Kopf auf die Seite, »nimmt« ihn in die Hände und schaut sie unterwürfig an.

Anka lächelt; diese einfache schauspielerische Aufgabe ist gut und witzig ausgeführt.

Jarek drückt einen Finger an seine Lippen und bewegt

ihn in Richtung Linse. Der Finger wächst bis zu einer unnatürlichen Größe.

– Hier ist dein Mund?

– Hier.

– Küß ihn. Hast du schon?

– Nein.

– Du warst nicht in der Schule. Man mußte deine Szenen auslassen.

– Mir ging's nicht gut.

– Und morgen?

– Ich komme. Wirst du hier noch lange stehen?

– Mir ist kalt. Ich würde gern was Warmes trinken.

– Es gibt kein Gas.

– Ich schaue dich ein bißchen an.

– Ich bin nicht da.

– Doch.

Jarek macht keine Scherze mehr. Er lächelt traurig – die merkwürdigen Proportionen seines Gesichts, das durch das Loch gesehen wird, machen dieses Lächeln noch trauriger.

Anka schiebt den Riegel zurück und macht die Tür auf. Jarek umarmt sie, aber sie erwidert die Umarmung mit Zögern – mehr aus Mitleid als aus Lust.

– Habe ich etwas falsch gemacht?

– Nein. Nicht alles dreht sich um dich.

– Wir können zusammensein.

– Ich bin lieber mit dir zusammen, wenn er in der Nähe ist. Dann ist es ihm zum Trotz. Wenn er verreist ist und ich die Freiheit nutze, dann ... bin ich nicht in Ordnung.

Sie sagt es eigentlich zu sich selbst. Jarek hört sowieso nicht zu – er küßt ihren Hals und ihre Ohrläppchen, berührt ihre Brüste.

– Wenn du traurig bist oder Angst hast, kann ich mit dir sein ...

Er kniet, umarmt ihre Hüften und preßt sein Gesicht an ihren Bauch; Anka schaut von oben auf ihn, ruhig und unberührt von seinen Zärtlichkeiten.

Anka durchquert einen kleinen Wald, der sich auf dem rechten Ufer des Flusses erstreckt.

Sie springt von einer niedrigen Mauer herunter, die den Wald vom Strand trennt. Dann setzt sie sich auf die Mauer und holt aus der Tasche den gelben Umschlag und eine lange Schere.

Noch einmal liest sie die Aufschrift ERST ÖFFNEN NACH MEINEM TODE und probiert mit der Schere, wie er am besten aufzuschneiden ist.

Sie sieht nicht, daß auf dem Fluß, in einem kleinen weißen Boot, ein junger Mann vorbeirudert. Auf den Brief konzentriert, sieht sie nicht, daß der junge Mann das Ufer erreicht, aussteigt und das Boot auf die Schulter nimmt. Anka schiebt die Schere in das Kuvert hinein und schneidet es langsam und sorgfältig auf.

In dem gelben Umschlag ist – zu ihrer Überraschung – ein zweiter Umschlag, ein weißer. Da Briefumschläge gleicher Größe schwer ineinanderpassen, hat sie Mühe, den weißen herauszuziehen.

Dieser ist genauso fest zugeklebt wie der erste, es steht darauf »Für meine Tochter Anka«. Die Schrift ist ganz anders als die auf dem gelben Umschlag. Die Buchstaben sind rund, weich und irgendwie weiblich. Der weiße Umschlag ist ebenfalls alt. Eigentlich war er einmal weiß – jetzt sind die Ränder vergilbt.

Der junge Mann, als spüre er das Gewicht des Bootes nicht, nähert sich Anka, die ihre Schere an das Kuvert legt.

Als sie seinen Blick auf sich fühlt, hebt sie die Augen – der junge Mann mit dem Boot auf der Schulter schaut sie eindringlich und reglos an, ohne seinen Gesichtsausdruck zu verändern.

Dann geht er weg.

Anka läßt die Hände fallen, überlegt einen Moment; sie gräbt mit ihrem Fuß ein kleines Loch in den Sand, wirft die lange Schere hinein und schüttet das Loch mit Sand zu.

Den weißen Briefumschlag legt sie in den aufgeschlitzten gelben und steckt ihn ein.

Eine Probe in der Schauspielschule – der Professor und seine Schüler; junge Frauen und Männer.

Anka und Jarek spielen eine Liebesszene. Es ist ein Fragment aus der »Glasmenagerie« von T. Williams zwischen Laura und Jimm. Laura ist naiv, Jimm erfahren und selbstsicher. Man sieht, wie sie spielen – schließlich greift der Professor ein und zeigt, wie man es spielen könnte. Die Szene wird besser und deutlicher …

– Das ist ganz einfach … und du, Anka, denk daran – du bist in ihn verliebt. Wenn du das vergißt, fällt sofort die Spannung.

– Eigentlich … warum?

– Was, warum?

– Warum bin ich in ihn verliebt?

Der Professor verzieht sein Gesicht – sie haben es doch schon so oft besprochen.

– Er ist jung, sieht gut aus; er spielt gut Rugby. Alle Mädchen träumen von ihm. Du, mit deinem Bein, ebenfalls, aber wenn er endlich hier ist … Verstehst du nicht? Gefällt dir Jarek nicht?

Gelächter. Alle wissen, was Anka und Jarek verbindet.

– So, so.

– Du bist auf der Bühne und bist in Jimmy verliebt. Kannst du es?

– Wenn ich muß …

– Pause.

Alle gehen auseinander – Zigaretten und Geplauder. Jarek stellt sich neben Anka.

– Anka, was ist?

– Nichts. Warum?

In der Küche versucht Anka, in Gedanken ganz woanders, ein belegtes Brot zu essen.

Sie schaut den Briefumschlag an – den weißen vergilbten –, der an einer Milchflasche gelehnt vor ihr steht. Sie sieht die Aufschrift »Für meine Tochter Anna«.

Anka sucht etwas in Michałs Sekretär. Schließlich findet sie einen Stapel Briefe – keine der Schriften ist der auf dem weißen Kuvert ähnlich. Kann sein, daß sie selber nicht weiß, was sie sucht – wie sie da inmitten der Unordnung auf dem Boden sitzt, reglos und den Kopf nach hinten gelegt.

Im Kellergang ist es düster – durch die kleinen Fenster sikkert ein schwaches Licht. Anka geht vorsichtig, hat etwas Angst. Sie schließt die Tür zu ihrem Keller auf – man sieht, daß sie hier ganz selten hinkommt. Ein altes Kinderfahrrad, alte Holzski, Pappkartons, auseinanderfallende Koffer, ein Schaukelpferd, eine alte Schürze.

Anka zieht einen schwarzen Reisekoffer, der einmal elegant war, hervor. Das verrostete Schloß läßt sich nur mit Mühe aufschließen. In dem Koffer liegen alte Bücher, Mappen mit Papieren und ein seit langem unbenutzter Schminkbeutel. Den hat sie gesucht. Sie holt einen kleinen Kamm, einen Lippenstift, einen Spiegel und ein Taschentuch mit bunten, umgenähten Rändern heraus. Alles ist ungefähr zwanzig Jahre alt, im Stil der damaligen Zeit, dem Verfall bestimmt.

In der Seitentasche des Beutels liegen ein Foto sowie Briefpapier mit Kuverts.

Zuerst zieht sie das Foto heraus, das zwei junge Frauen und zwei hinter ihnen stehende Männer vor einer Mauer mit einem Baum zeigt.

Ein banaler Schnappschuß aus den Ferien? Von einer Kur oder einem Ausflug?

Die Menschen auf dem Foto sind wie in den Sechzigern angezogen. Anka schaut sich das Foto lange an – sie hat es sicherlich ein paarmal gesehen, aber jetzt, zum ersten Mal, will sie wissen, wer auf dem Bild ist.

Auf der Rückseite steht nichts.

Sie macht das Etui mit Briefpapier auf: darin die gleichen Umschläge, wie der, der sie so neugierig macht und erschreckt.

Anka nimmt ein Kuvert und ein Blatt heraus.

Anka hat ihren Tisch aufgeräumt – jetzt liegen die beiden weißen Umschläge dort. Irgendwo hat sie einen alten Füller und ein Tintenfaß ausgekramt. Sie beugt sich über den weißen, im Keller gefundenen Umschlag und schreibt darauf – sorgfältig die Schrift des verschlossenen Briefes nachahmend – »Für meine Tochter Anna«.

Sie schiebt den Umschlag etwas von sich weg – er sieht dem ersten sehr ähnlich. Anschließend faltet sie das Papier auseinander, überlegt einen Augenblick und schreibt: »Liebe Tochter.«

Die fesselnde Beschäftigung wird von der Türklingel unterbrochen. Sie macht einem Mann die Tür auf. Er ist sympathisch, dicklich, um die fünfzig, in einem karierten Hemd.

– Hallo. Ich habe nicht angerufen, entschuldige. Michał bat mich, die Zeichnungen abzuholen. Weißt du etwas davon?

Anka bringt ihm aus Vaters Zimmer eine Rolle – er will gleich gehen.

– Adam ...

– Ja?

– Ihr seid schon lange befreundet?

– Seit der Studienzeit.

– Adam ... wie war meine Mutter?

– Dir ähnlich.

– Das Gesicht?

– Das auch, aber überhaupt ...

– Denkst du, daß sie irgend ... irgendein Geheimnis haben könnte?

Adam erschrickt, was sie bemerkt.

– Woher soll ich das wissen?

– Etwas, was sie mir hätte sagen wollen ...

– Sie war so wie du. Wenn sie es gewollt hätte, hätte sie es gesagt.

– Ich war fünf Tage alt, als sie starb.

– Sie hätte einen Brief geschrieben. Warum fragst du?

– Ein paarmal habe ich von ihr geträumt. Immer hat sie etwas zu mir gesagt, aber ich wußte nicht, was.

Adam nickt mit Verständnis.

– Verzeih ... ich muß los ... Ich schau vorbei, wenn Michał zurückkommt ...

Anka kehrt zurück zum Tisch, auf dem die Briefumschläge liegen, und schreibt – diesmal schon ganz sicher – einen Brief von ihrer Mutter an sich.

Die Buchstaben – rund, leicht geneigt und weiblich – füllen die Seite.

Anka – mit Brille – wartet an der Bushaltestelle des Flughafens. Sie beobachtet die Ankommenden. Der ältere Herr, der sie einmal angesprochen hatte, kommt von der Terrasse herunter und macht einer Frau, die er gerade kennengelernt hat, den Hof.

Nach einiger Zeit kommt Michał aus der Ankunftshalle heraus, gebeugt unter dem Gewicht des Rucksacks.

Er bemerkt sie endlich und lächelt breit.

– Du bist da ...

Erstaunt betrachtet er die Brille.

– Schön ... so hell.

Anka sieht ihn an, ohne zu lächeln.

– Ist was passiert?

– Nein ...

– Du schaust mich so komisch an ...

– »Liebe Tochter ...«

– Bitte?

– »Liebe Tochter. Ich weiß nicht, wie du aussiehst, wie alt du bist, wenn du diesen Brief liest. Gewiß bist du schon erwachsen, und Michał ist schon nicht mehr da. Hier, jetzt, bist du ganz klein. Ich sah dich nur einmal, dann haben sie dich nicht mehr zu mir gebracht, weil ich sicherlich sterbe ...«

Anka schaut Michał an, sie fixiert eine Stelle unterhalb seiner Augen. Er hebt ihr Gesicht mit einem Finger hoch und zwingt sie, ihm in die Augen zu sehen. Sie schweigt einen Moment. Dann schließt sie die Augen, aus denen langsam die Tränen rinnen. Sie spricht weiter und versucht – ohne Erfolg, aber auch ohne Trotz –, ihr Gesicht von seiner Hand zu befreien.

– »... Ich muß dir etwas verraten. Michał ist nicht dein Vater. Es ist nicht wichtig, wer das ist – ein Augenblick der Zerstreutheit, der Dummheit und des Unrechts. Ich weiß, daß Michał dich lieben wird, als ob du seine Tochter wärst. Ich kenne ihn und bin sicher, daß es dir mit ihm gutgehen wird. Ich denke an dich, wenn du das liest – dort, bei dir. Du hast helles Haar, nicht wahr? Zarte Finger und einen schlanken Hals. So wäre es schön. Mama.«

Michał läßt ihren Kopf los – sie senkt ihn tiefer und zittert.

– Du solltest es lesen ... solltest ... wenn ich.

– Ich weiß.

– Dann warum? ... Warum denn ...

Wieder hebt er ihren Kopf, diesmal aber schärfer, fast brutal. Anka verzieht ihr Gesicht.

– Warum?!

Michał ist nicht imstande, sich zu beherrschen. Er gibt ihr eine Ohrfeige. Erst nach dem zweiten Schlag verdeckt sie ihr Gesicht mit den Händen.

Menschen schauen in ihre Richtung.

Michał beruhigt sich etwas. Er hebt seinen Rucksack auf und geht mit entschlossenen Schritten davon.

Durch das Fenster seiner Wohnung hält Michał nach Anka Ausschau. Er ist wütend auf seine Tochter, aber auch auf sich; vor allem auf sich.

Vor einem niedrigen Haus aus der Vorkriegszeit steigt Anka aus dem Taxi. Es ist Jareks Haus.

Jareks Mutter – eine fünfzigjährige Frau, die sich mit ihrem Alter und Aussehen abgefunden hat – macht die Tür auf.

– Ist Jarek da?

Jareks Mutter gehört zu den Frauen, die die Freundinnen ihrer Söhne sofort duzen.

– Er ist ausgegangen ... komm rein.

– Darf ich?

Die Mutter macht die Tür weit auf. Die Wohnung ist nicht groß und ärmlich eingerichtet.

Sie räumt die auf einem großen Tisch ausgelegten Sachen zusammen: Vergrößerungsgläser und Pflanzenblätter, die in einem in Fächer geteilten Kasten liegen und die sie gerade untersucht und beschrieben hat.

– Zieh dich aus, es kann etwas dauern.

– Mir ist kalt.

Jareks Mutter schaut sie an, als habe sie vieles in ihrem Leben gesehen.

– Ich kann dir etwas Warmes machen ... oder trinkst du einfach ein Gläschen Wodka?

Anka scheint es eine gute Idee. Die Mutter holt eine Karaffe – für sich schenkt sie nur ein bißchen ein; für Anka fast ein volles Glas. Anka hält das Glas unsicher.

– Hat Jarek Ihnen gesagt ... daß er mich heiraten will?

– Trink aus.

Sie heben die Gläser. Anka trinkt ihres mühelos in einem Zug leer.

– Er hat es erwähnt.

– Ich kann ihn heiraten. Sofort.

– Und dein Vater?

– Das ist ohne Bedeutung. Übrigens, ist er nicht mein Vater.

Jareks Mutter schaut sie aufmerksam, geradezu durchdringend an. Sie steht auf und stellt die Karaffe in ein Schränkchen zurück.

– Du willst etwas sehr schnell tun. Etwas, das man später nicht mehr ändern oder rückgängig machen kann.

– Ja.

– Um anzufangen, muß man zuerst das beenden, was vorher war.

– Ich habe es beendet.

– Nein. Sonst würdest du dich nicht so beeilen.

Anka antwortet nicht – wahrscheinlich gibt sie ihr recht.

– Ich kann dich in die Wohnung meiner Schwester fahren. Oder kannst du alleine hinkommen – du kennst die Wohnung doch. Ich glaube, Jarek nimmt mir manchmal heimlich die Schlüssel weg. Aber sprich noch nicht mit ihm darüber. Er liebt dich. Warte noch ein paar Tage. Soll ich dich fahren?

Lange klingelt Anka an ihrer Wohnung. Niemand antwortet. Sie fährt mit dem Aufzug hinunter, und als er im Erdgeschoß anhält, macht Michał die Tür auf. Er steigt ein und wartet – Anka drückt den Knopf, und der Aufzug setzt sich in Bewegung.

– Ich habe dich gesucht.
– Hab' wieder die Schlüssel vergessen.
Der Aufzug hält in ihrem Stockwerk an, aber keiner macht die Tür auf.
– Unser Sto...
Sie bleiben stehen, und der Aufzug fährt nach oben weiter.
Dort steigt der Chefarzt, den wir schon kennen, ein; er ist von ihrer Anwesenheit etwas überrascht.
– Nach unten?
Michał nickt; der Aufzug hält wieder im Erdgeschoß, der Arzt steigt aus, und die beiden bleiben immer noch stehen. Nach einer Weile drückt sie wieder auf einen Knopf.
– Entschuldige. Entschuldige, Anka.
– Hast du es gewußt?
Der Aufzug hält im Keller an.

Es ist noch dunkler als beim letzten Mal. Sie bleibt erschrocken stehen, und Michał schaltet das Licht an. Er führt sie durch den langen Gang – auf beiden Seiten die hölzernen Gitter mehrerer Kellerräume. In ihrem Abteil brennt kein Licht. Mit einem Streichholz zündet Michał zwei auf dem Fensterbrett stehende Kerzen an. Alles wiederholt sich – Michał schiebt die gleichen Gegenstände beiseite, die Anka auch wegräumen mußte: das Kinderfahrrad, Holzski ... Er öffnet den schwarzen Reisekoffer und holt aus dem Schminkbeutel das Foto, das er Anka reicht – zwei Frauen und zwei Männer in den Ferien.
– Erkennst du Mutter?
– Ja.
– Einer von denen ... nehme ich an ... könnte dein Vater sein.

Sie schaut sich zum zweiten Mal das Bild an.

– Nimm das. Ich weiß nicht ... vielleicht wirst du ihn suchen.

– Wozu?

– Weiß nicht. Ich habe so viele Filme gesehen, in denen Kinder anfingen, ihre Väter zu suchen.

Sie gibt ihm das Foto zurück; er steckt es in den Beutel.

– Und das?

– Das gehörte ihr. Sie übergaben es mir im Krankenhaus.

Er wirft den Schminkbeutel in den Koffer, als ob er nicht mehr darüber sprechen wollte.

– Seit wann wußtest du es?

– Schon immer.

– Du hast mich betrogen.

– Ja. Nein. Das war ohne Bedeutung. Du warst meine Tochter.

– Du hättest es sagen sollen.

– Damals dachte ich, daß ich dir diesen Brief geben werde, wenn du zehn bist. Aber als du zehn wurdest, warst du noch zu klein. Dann habe ich beschlossen, ihn dir mit fünfzehn zu geben ... aber dann warst du schon zu groß. Also habe ich ihn in den gelben Umschlag gesteckt.

– Wie einfach, nicht wahr?

– Ich dachte, daß sich sowieso nichts zwischen uns ändern wird.

Die Kerzen auf dem Fensterbrett sind niedergebrannt.

– Ich glaube du lügst. Ist das so?

Sie bemerkt, daß die Kerzenflammen zu flackern beginnen.

– Schau. Die Kerze links ist deine, die rechts meine. Wessen zuerst erlischt, darf fragen. Einverstanden?

Zuerst erlischt die Kerze links, die von Michał.

– Frage.

Jetzt ist auch ihre Kerze erloschen – Michał und Anka sind von einem fernen Licht aus dem Kellerkorridor beleuchtet.

– Gib mir deine Hand.

– Du hast kalte Hände.

– Wärme sie.

Michał haucht auf ihre Hand, so, wie man einem kleinen Kind die Hände wärmt; so, wie er es sicherlich auch vor Jahren getan hat.

Anka setzt sich mit ihren hohen Schuhen auf den Sessel.

– Gewonnen. Du kannst eine Frage stellen.

– Schon an der Haltestelle habe ich dich gefragt.

– Was denn?

– Warum hast du den Brief gelesen?

– Zuerst ... zuerst habe ich den Brief beim Umzug gesehen; da ist eine Aktenmappe herausgefallen. Ich war damals sechzehn.

– Fünfzehneinhalb.

– Ich habe ihn zurück in die Mappe gesteckt, aber ich wußte schon, daß er existiert. Es war zuerst aufregend; ich dachte, daß es irgendwelche Papiere sind, ein Testament ... damals habe ich Abenteuerbücher gelesen ... Dann dachte ich, daß es Ratschläge fürs Leben für mich seien – ehrlich zu sein und so weiter. Später habe ich gesehen, daß du ihn mitnimmst, wenn du wegfährst – also konnten es keine Ratschläge oder ein Testament gewesen sein. In letzter Zeit hast du den Brief immer dagelassen.

– Ja, ich habe ihn dagelassen.

– Absichtlich? Du hast ihn mit anderen Papieren vorbereitet zum Mitnehmen, aber hast ihn doch dagelassen.

Sie steht auf, aus ihrem Zimmer bringt sie Briefumschläge und den Brief, den sie sich selbst geschrieben hat. Sie legt ihn Michał vor.

– Hast du ihn mal gelesen?

– Nein.

– Ich habe ihn gelesen, weil du wolltest, daß ich es tue.

– Das ist eine ausführliche Antwort.

– Bei uns in der Schule sagt man: »Überlege, wozu du etwas sagst; was ist die Absicht.«

Anka steht wieder auf und bringt eine angebrochene Flasche Wodka mit zwei Gläsern aus der Küche.

Sie schenkt ein, hebt ihr Glas und wartet, daß er dasselbe tut.

– Willst du nicht wissen, was die Absicht ist?

Michał hebt sein Glas.

– Nein.

– Dann nicht.

Sie stößt mit Michał an.

– Wie soll ich dich jetzt nennen?

– Papa.

Anka hakt ihren Arm in den von Michał; sie ist sehr nah bei ihm.

– Anka.

Michał hat keine andere Möglichkeit; er spielt das Spiel mit.

– Bitte ... Michał ...

Sie trinken die Gläser mit eingehakten Armen aus, dann befreit sich Michał und küßt Anka auf die Wange. Sie schaut ihn an und nähert ihre Lippen langsam seinem Mund. Michał erstarrt. Anka hat die Augen geschlossen ... und in letzter Sekunde weicht sie aus und küßt ihn irgendwo am Kinn.

– ... und »die Absicht« ist, daß ich seit langem weiß ...

Als ich meinen ersten Freund hatte ... ich habe es gespürt ... ich hatte das Gefühl, daß ich jemandem untreu werde. Ich hab's nicht verstanden, aber das warst du. Später auch, so oft ...

Es klingelt an der Tür.

Anka unterbricht, aber nur für die Dauer des Läutens.

– ... ich suche ganz andere Männer, aber wenn mich jemand anfaßt, denke ich an deine Hände und kann nichts dagegen machen. Wenn ich mit jemandem nah bin, dann bin ich nicht wirklich mit ihm ...

Es klingelt weiter. Michał öffnet die Tür – es ist Adam.

– Da bist du ja ... wie war es?

– Komm rein. In Ordnung.

Adam hält eine Rolle mit Zeichnungen in der Hand; er knöpft seine Jacke auf, aber zieht sie nicht aus.

– Ich habe es kopiert und verschickt. Sie haben ein Telex geschickt, daß alles angekommen ist.

Er blickt zum Tisch.

– Ihr seid beim kleinen Wodka.

– Setz dich.

Michał schiebt ihn in Richtung Sofa, bringt ein drittes Glas und schenkt ein – er achtet darauf, daß für Anka am wenigsten bleibt. Adam wendet sich Anka zu.

– Wann hast du Abschlußprüfung?

– Im Mai.

Sie geht weg. In ihrem Zimmer wirft sie sich auf das Bett und drückt ihren Kopf in das Kissen.

Adam trinkt sein Glas bis zur Hälfte und verabschiedet sich – Michał bleibt im Sessel sitzen.

In ihrem Zimmer schaut Anka, mit dem Gesicht auf die Ellbogen gestützt, in seine Richtung – er starrt von seinem Sessel aus auf die Tür ihres Zimmers.

Michał steht auf und kommt leise auf das Zimmer zu.

Von der Türschwelle aus sieht er sie an, nimmt einen auf einem Stuhl liegenden Plaid und deckt sie damit zu.

– Geh zu ihm.

– Er ist weggegangen.

– Dann fahr hinter ihm her. Oder geh zu jemand anderem. Mit mir willst du doch nicht reden!

Michał versucht ihr zu antworten, aber sie verdeckt ihre Ohren mit den Händen. Dabei hebt sie ihre Arme, und er sieht durch die weiten Ärmel ihrer Bluse die dunklen Haare ihrer Achseln. Ihr ist nicht bewußt, wie erotisch diese Geste ist – jedoch ihm. Er hebt seine Hand und bewegt sie auf Ankas Achselhöhle zu. Man weiß nicht, welche Absicht er hat – die Geste endet, indem er die schamhaft-schamlose Stelle mit dem Plaid zudeckt.

Michał beruhigt sich, wenn man seinen vorigen Zustand überhaupt Unruhe nennen könnte.

Anka sieht aus, als ob sie schlafen würde.

Stille.

Sehr leise, kaum hörbar, summt er ein Wiegenlied, mit dem er sie vor vielen Jahren zum Schlafen brachte, oder flüstert er vielleicht Fragmente von »Pu der Bär«? Es hat den Anschein, als wolle er zu den Zeiten zurückkehren, wo alles einfach und sicher war.

– Wen fürchtest du? Mich oder dich? Hab keine Angst. Ich heirate.

Das Telefon klingelt. Michał bleibt sitzen.

– Nimm ab.

– Das ist Frau Marta ...

Mit einer Geste widerspricht er.

– ... oder Krystyna.

Sie geht ans Telefon.

– Hallo? ... Ja ... Nein, ich hab' schon geschlafen ... Morgen? Ruf vielleicht wieder an.

Sie legt auf.

– Dein Verlobter?

– Ja.

– Weiß er schon, daß er dein Verlobter ist?

– Noch nicht. Aber ich habe es seiner Mutter gesagt.

Als er sieht, daß Anka ernst spricht, ändert Michał seinen Ton.

– Und du … wen fürchtest du? Man kann wegfahren, fliehen, heiraten … es ändert nichts.

– Jareks Mutter hat dasselbe gesagt.

Sie setzt sich in den Sessel und streckt ihre Beine in den hohen Schuhen von sich.

– Hilf mir, sie auszuziehen …

Michał kniet sich hin und zieht ihr die Schuhe aus. Anka bewegt ihre Zehen; automatisch faßt er ihr Füße an, die – wie die Situation ergibt – auf seinen Knien liegen.

– Naß … bekommst eine Erkältung.

– Wir werden nicht von meinem Schupfen sprechen.

– Zieh aus.

Anka knüpft ihre Strümpfe ab und zieht sie aus.

Michał bringt ihr dicke wollene Socken – er kniet wieder und zieht sie über ihre Füße.

– Besser?

– Wärmer. Das Schuldgefühl … Untreue … im Bett bin ich dir immer untreu gewesen.

Er senkt seinen Blick. Vielleicht ist das eine Frage der Generation, aber es fällt ihm schwer, so offen zu reden.

– Ich habe es nicht gespürt.

– Du lügst.

– Ja. Ich selber hatte den Eindruck, mich zu entfernen … jedesmal, wenn ich mit jemandem war. Entfernen von dir.

– Ich konnte nicht ertragen, daß du mir solche Freiheit gibst; daß es dich nichts angeht. Deshalb habe ich gesagt, daß ich Jarek heirate. Immer wollte ich … daß du »nein« sagst, »genug«.

– Das konnte ich nicht. Ich habe kein Recht. Nicht nur das … ich hatte Angst, wenn ich es dir verbiete … dann wäre es Eifersucht. Nicht um die Tochter … Ich wollte nicht, daß es so ist.

– Aber es war so.

– Ja. Nein. Letztlich, weiß ich nicht, was es war … was es ist.

– Als du mich mit Marcin im Bett ertappt hast … bist du deshalb weggefahren …?

– Ja. Kein Vater mag, wenn seine Tochter anfängt, mit Männern zu schlafen. Das ist doch normal.

– Ich war nicht deine Tochter.

– Doch. So viele Jahre … Oft dachte ich, daß deine Mutter sich getäuscht hat. Angeblich wissen es die Frauen … aber sie hätte sich doch täuschen können.

Anka lächelt; sie weiß, was Frauen wissen.

– Ich glaube, sie hat sich nicht getäuscht. Frauen wissen es wirklich.

– Woher weißt du das?

– Ich weiß es.

Michał steht auf. In Adams Glas ist noch etwas Wodka – er geht damit zum Fenster. Jetzt steht er mit dem Rücken zu Anka.

– Hast du …?

– Ja. Einmal.

Er trinkt aus.

– Wann?

– Im vorigen Jahr.

Seine Augen – wie damals, vor dem Flughafen – sind dunkel geworden. Er geht weg von dem Fenster und fängt an, im Zimmer hin und her zu laufen.

– Hör mal … deshalb bin ich oft verreist … und bin die Nächte weggeblieben … Ich wollte, daß etwas passiert und daß man es nicht mehr rückgängig machen kann. Zuerst dachte ich, daß es passiert, wenn du zum ersten Mal mit einem Mann schläfst – aber das war es nicht. Dann träumte ich, daß du ein Kind bekommst.

Er stellt sich über sie.

– Daß du ein Kind bekommst, verstehst du?

– Deshalb hab' ich es wegmachen lassen. Damit du mit deinem vergebenden Lächeln nicht sagen kannst: »In Ordnung!« Deshalb! Darum habe ich dir nicht gesagt, daß ich zur Abtreibung gehe. Damit du nicht sagst: »In Ordnung; laß es abtreiben, mein Töchterlein, kein Problem!«

– Das hätte ich nicht gesagt.

– Ich weiß nicht!

– Du weißt es!

– Wozu brauchst du ein Kind? Ein süßes Baby? Schon wieder jemanden pflegen, wickeln, nicht schlafen und wieder gut sein? Du wolltest, daß sich alles ohne deinen Anteil löst! Wie mit dem Brief: Erst öffnen nach meinem Tode. Damit dein Edelmut und deine Ehrlichkeit keinen Kratzer bekommt …!

Michał schaut sie an wie jemand, der tief verletzt ist und sowieso nicht verstanden wird.

– … Und es geht nicht darum, was die anderen sagen. Dir geht es darum, was du selbst über dich denkst.

Michał geht zum Kühlschrank und gießt etwas Milch auf eine Untertasse. Er stellt sie unter den Schrank. Mit Erleichterung, daß Anka außer Sichtweite ist, geht er durch den großen Raum und stellt sich in die Tür des eigenen Zimmers.

Er sieht, wie sie sich Fotos anschaut – der junge Michał und die kleine Anka lächeln in die Kamera.

In ihrer Hand hält sie alle Briefumschläge – den gelben, die weißen, den echten und den gefälschten …

– Dem Igel …. hast du keine Milch gegeben.

– Ich lege ihn weg. Siehst du?

Tatsächlich legt sie den Brief in die Schublade.

– Es ist dein Brief.

– Ich will ihn nicht.

Michał zuckt mit der Schulter.

– Ich will ihn nicht!

Sie läuft zu Michał, umarmt ihn, drückt ihren Kopf an seine Brust.

– Ich will ihn nicht, ich will nicht …

Michał kann nichts anderes tun, als sie auch zu umarmen.

– Als ich klein war … hast du meinen Rücken gestreichelt, wenn ich weinte. Manchmal habe ich absichtlich geweint … damit du deine Hand unter meinen Schlafanzug schiebst und mich streichelst. Ich mochte das …

Michał hält seine Hand an, die automatisch den Rücken der zitternden Anka streichelt.

– Du wolltest nicht, daß ich groß werde, nicht wahr? … Du wolltest, daß ich ein Kind bleibe … wolltest es aufhalten … Du hast mir nicht erlaubt, im BH zu baden, sogar dann nicht, als mein Busen deutlich wurde. Als ich meine Tage bekommen sollte, hast du mich in die Berge mitgenommen … du dachtest, daß du mich verstecken kannst. Aber es ist dir nicht gelungen, ich bin groß geworden. Du hast nicht geheiratet … sogar Marta nicht … Ich hatte Angst davor … unnötig, hättest es sowieso nicht getan … Du hast auf mich gewartet, nicht wahr?

Anka rückt von Michał weg, umarmt ihn aber immer noch.

– Du hast gewartet.

– So habe ich nicht gedacht … Ich weiß nicht …

– Ich weiß es. Es war so.

– Ich weiß nicht.

– Ich weiß es. Ich bin nicht deine Tochter ... und ich bin schon erwachsen.

Michał antwortet nicht. Sein Gesicht ist müde und traurig.

– Willst du mich anfassen?

Sie nimmt seine Hand und legt sie auf ihren Hals.

– Willst du?

Langsam schieb sie seine willenlose Hand am Hals hinab, in die Mitte zu den Knöpfen ihrer Bluse und versucht, sie dann zu ihrer Brust zu lenken. Michałs Hand leistet Widerstand. Sie führt die Hand energischer, aber er wehrt sich mit gleicher Kraft.

Endlich reißt er seine Hand weg.

– Geh schlafen.

Er tritt beiseite, und sie geht langsam an ihm vorbei. Am Fernseher dreht sie sich um.

– Du wolltest die Skiabfahrt sehen.

– Ich will nicht.

Anka schaltet den Fernseher an.

Ein Skifahrer rauscht einen steilen Hang hinab. Man hört das laute Knistern der Skier in den Kurven.

Der Fernseher ist sehr laut. Anka will weggehen.

– Anka! Mach ihn aus.

Er spricht in einer normalen, sachlichen Stimme.

Sie schaltet den Fernseher aus.

Stille.

– Na gut. Nur noch eine Frage ...

– Nur eine.

– Warum wolltest du, daß ich diesen Brief lese?

– Weil ich etwas wollte, was nicht möglich ist. Geh schlafen.

Es ist Morgen.

Michał – angezogen wie am Tag zuvor – bemüht sich, leise zu sein, und greift nach dem Hörer. Neben seinem Bett brennt noch die Lampe, die er am Abend zuvor nicht ausgeschaltet hat.

In seinem Notizbuch sucht er eine Telefonnummer, wählt viele Zahlen und spricht leise.

– 46417? Grünberg? Andrzej? Habe dich nicht erkannt ... Ja, ziemlich lange her ... Nein, nichts. Nur ... ich habe eine Bitte ... Man hat allmählich keine Zeit mehr, jemanden ohne Grund anzurufen ... So ist das geworden, hast recht ... Ja, genau. Du wirst dich wundern – ich würde gern zu euch kommen ... Nein, länger ... noch länger. Überhaupt ... Genau, irgendeine Arbeit. Und ein Zimmer mieten oder eine Wohnung ... Doch, ich kann als Lehrer arbeiten, natürlich kann ich ... Auf dem Land auch, wenn die Wohnmöglichkeit vorhanden ist ... Nein, allein.

Anka wacht plötzlich auf, unruhig. Sie denkt über den Grund ihrer Unruhe nach. Nach einer Weile wird es ihr bewußt. Leise geht sie in die Küche.

Auf dem Tisch stehen eine Flasche Milch und Butter in einer Dose, und Käse und frische Brötchen liegen da. Ein Plüsch-Pandabär ist an die Milchflasche gelehnt.

Anka nimmt den Bären in die Hände, streichelt ihn und fühlt den weichen Stoff. Auf einmal erstarrt sie mitten in der Bewegung. Sie schaut in Vaters Zimmer. Es ist leer. Michał ist nicht da; auch sein Rucksack ist weg.

Sie rennt zum Fenster – es ist wieder ein schöner Frühlingstag – und sieht Michał, der, unter dem Gewicht des Rucksacks gebeugt, in Richtung Bushaltestelle geht.

– Vater!

Er hält nicht an.

– Papa!

Michał bleibt stehen und dreht sich um.

Ohne auf den Aufzug zu warten, rennt Anka hinunter; sie nimmt mehrere Stufen auf einmal.

Michał steht da mit dem Rucksack auf seinen Schultern.

Anka, außer Atem, hält zwei Schritte vor ihm.

– Vater.

Michał sagt nichts.

– Ich habe gelogen.

Er schweigt.

– Ich habe diesen Brief nicht gelesen; ich habe ihn nicht einmal aufgemacht. Er liegt in deinem Sekretär.

Durch die Siedlung geht der junge Mann mit seinem weißen Boot auf der Schulter.

– Ich hab' selbst geschrieben, was du gelesen hast. Das, was ich dir am Flughafen sagte. Ich habe Mutters Schrift auf dem Umschlag gesehen und habe selbst an mich geschrieben.

Michał nimmt seinen Rucksack von den Schultern. Er bemerkt den jungen Mann mit dem Boot.

Es ist ein ungewöhnlicher Anblick mitten in einer Wohnsiedlung – unwillkürlich schaut Michał in seine Richtung.

Es ist derselbe Mann, der in der ersten Geschichte am Feuer saß und in der zweiten den weißen Kittel trug; der immer wieder erscheinen wird.

– Vater ... Was steht wirklich in Mutters Brief?

– Ich weiß es nicht.

Er schaut wieder zu dem Mann mit dem Boot. Anka folgt seinem Blick.

– Steht dort etwas geschrieben? Auf dem Boot ...?

– Ja.
– Was denn? Ich habe die Brille nicht.
– Gon… Gondel.
– Ich weiß, was wir machen.

Anka – immer noch im Nachthemd und im übergeworfenen Mantel – öffnet die Schublade des Sekretärs und holt den gelben Umschlag, den von ihr geschriebenen Brief sowie den echten Brief im verschlossenen Umschlag heraus.

– Hilfst du mir?

Michał nickt.

Sie gehen ins Bad, wo Anka den Toilettendeckel hochhebt und aus der Manteltasche eine Streichholzschachtel holt.

Das erste Streichholz brennt nicht, das zweite auch nicht – sie gibt Michał die Schachtel.

Er zündet ein Streichholz an und wartet.

– Hier…

Er hält die Flamme an den Umschlag – der Brief brennt gut, doch langsam, da er mehrere zusammengefaltete Blätter enthält.

Über die Toilette wirbeln kleine, schwarze, verkohlte Papierstückchen. Die Flamme erreicht die Ecke, die Anka mit ihren Fingern festhält. Als die Flamme ihre Finger beinahe erreicht hat und sie die Hitze nicht mehr erträgt, drückt Michał das Feuer aus.

In ihrer Hand bleibt ein kleines Stück Papier. Sie faltet es auf. Einige Buchstaben in weicher, runder Schrift: »Liebe Toch…« – der Rest ist verkohlt. Und ein paar Worte des ersten Satzes: »Ich muß dir et…« Das ist alles.

Anka und Michał frühstücken.

Sie ist jetzt angezogen – natürlich ohne BH; neben ihrem Glas steht der Plüschpanda.

Michał probiert ihre Brille an, legt sie aber schnell zur Seite.

– Alles sieht jetzt ganz anders aus.

Michał lächelt.

– Bei uns hat einmal ein gewisser Krzysio gearbeitet. Habe ich es dir erzählt ...? Er fuhr immer mit dem Motorrad von Michalin zur Arbeit, das sind vierzig Kilometer von Warschau. Jeden Tag hat er einen neuen Rekord aufgestellt. Wir fragten: »Wie lange haben Sie heute gebraucht?« und er sagte: »26 Minuten, 40 Sekunden« oder »25 Minuten und 3 Sekunden«. Er mußte über hundertzwanzig gefahren sein. Eines Tages kam er nicht – eine halbe Stunde, eine Stunde warteten wir. Was ist los, haben wir uns gefragt. Endlich kam er – ganz blaß, mit Brille – und sagte: »Mein Gott, du lieber Himmel ... Jesu ...« Wir fragten, was denn los sei. »Meine Herren« – sagte er –, »ich habe nicht gewußt, wie viele Menschen, Autos, wie schmal die Straße ist, die Motorräder, die Pfützen ... O Gott ...« Er war kurzsichtig, viereinhalb Dioptrien, und er wußte es nicht. Er hat sein Motorrad verkauft ... hat sich einen Anzug gekauft ... Und das war's dann.

V.

Ein kräftig gebauter Mann tritt aus dem uns schon bekannten Haus ins Tageslicht. Es ist ein diesiger, düsterer Tag. Der Mann, in einer wattierten Weste und einem Arbeitskittel, trägt etwas Schweres und pfeift ab und zu. Seine kleinen schlauen Augen und die Koteletten verleihen ihm etwas Unangenehmes. Plötzlich, direkt vor seinem Gesicht, fliegt ein kleiner Gegenstand herunter und klatscht auf den Asphalt. Der Mann hebt einen nassen alten Lappen auf und schaut nach oben.

Jacek überquert den Marktplatz der »Neuen Stadt«. Er ist zwanzig, hat kurzes Haar und auf dem runden Gesicht einige Pickel, die in dieser Kälte noch deutlicher als sonst zu sehen sind. Seine Augen blicken hell und abweisend.

– Kumpel!

Jacek dreht sich um. Er weiß nicht, ob er gemeint war. Mit dem Gesicht eines Menschen, der nichts Gutes erwartet, bleibt er stehen und wendet sich zu dem Mann, der ihn gerufen hat.

Im Gang der Anwaltskammer liest ein junger Mann in seinen Unterlagen. Er ist ein angenehmer sensibler, vielleicht sogar zu sensibler Mensch. Automatisch zündet er eine Zigarette an, trifft sie jedoch nicht gleich mit der Flamme.

– Herr Piotr Balicki! Sie werden gebeten.

Piotr – eben dieser Mann – dreht sich um, drückt die gerade angezündete Zigarette aus, schluckt und geht in die Richtung, von wo er gerufen wurde.

Diese drei Menschen, so unterschiedlich und so weit voneinander entfernt, verbindet etwas. Besser gesagt, es wird sie etwas verbinden.

Der kräftige Mann schaut auf das – aus seiner Perspektive – riesige Haus. Alle Fenster sind geschlossen; es ist unklar, aus welchem Fenster der Lappen herausgefallen ist. Angeekelt hebt er ihn mit zwei Fingern auf und trägt ihn zu einem Raum neben dem Treppenhaus.

Die Tür ist offen – der Hausmeister fegt den Boden. Der Mann grüßt den Hausmeister und wirft den Lappen in einen der Müllcontainer. Der Mann ist Taxifahrer, und so werden wir ihn nennen.

– Sie werfen den Putzlappen weg? Man kann ihn noch gebrauchen.

– Jemand hat ihn auf mich geworfen.

– Hat er auch getroffen?

– Nein ... Kennen Sie vielleicht jemanden mit solchen Lappen?

Der Hausmeister schüttelt den Kopf.

– Mag sein, daß er jemandem runtergefallen ist.

– Mag sein. Gucken Sie mal ...

Auf einem der Müllbehälter sitzt eine Katze.

– Pschscht, pschschscht!

Die Katze flüchtet sofort. Der Taxifahrer stampft mit den Füßen und lacht, als er sieht, daß die Katze in einem Kellerfenster verschwindet.

– Ich mag keine Katzen. Sie sind falsch, wie die Menschen.

– Aber sie fangen Mäuse.

– Sollen sie nur fangen, verflucht.

Der Taxifahrer nimmt den Wassereimer und bringt ihn zu seinem Auto, das auf dem Parkplatz steht.

Dort schnürt er die Kordeln der Autoplane auf, zieht sie ab, und faltet sie mit einem bestimmten System zusammen.

Das Auto ist ein blauer Polonez mit einem Taxizeichen auf dem Dach. Es ist nicht besonders schmutzig; trotzdem ist der Taxifahrer, der mit einem Finger über die Karosserie fährt, unzufrieden.

Er macht die Tür auf und schaltet das Radio an. Der Wagen ist mit einer Unmenge Kleinkram »dekoriert«: zusätzliches Licht vorn, hinten genauso, mehrere Aufkleber, eine rote Antenne am Spiegel, ein E.-T.-Maskottchen usw ...

Der Taxifahrer beginnt zu waschen.

Zu Jacek, auf dem Marktplatz, kommt der, der »Kumpel« gerufen hatte – groß und irgendwie quadratisch. Niemand mag so jemanden in seiner Nähe haben – Jacek ebenfalls nicht. Er drückt seine alte Umhängetasche fester an sich. Jacek trägt eine Jacke aus einem billigen Jeansstoff mit alten Nieten verziert und zu weite Hosen. Seine Hände sind groß und vor Kälte rot.

Der Typ, selbst in einer alten, zerfetzten Felljacke, mustert ihn kritisch.

– Leih mir 'n Hunderter.

– Hab' ich nicht.

– Dann 'nen Fünfziger.

Jacek schaut ihn mit hellen Augen und seinem abweisenden Blick an.

– Hab' ich nicht.

– Ich will weg von hier.

– Ich hab' nichts.

Der Typ lächelt, als ob er es plötzlich glaubt.

– Dann verpiß dich.

Jacek bewegt sich nicht. Der Typ macht eine schnelle Bewegung mit dem Kopf nach vorn, hält aber um Haaresbreite vor Jaceks Gesicht, der nach wie vor unbewegt dasteht.

Der Typ ist überrascht.

– Na, na ...

Mit Würde entfernt er sich. Jacek geht in entgegengesetzte Richtung. Vor dem Kino »Wars« schaut er sich Filmfotos in dem Schaukasten an; dann geht er hinein.

Die Platzanweiserin ist vielleicht dreißig. Sie benutzt die Glasscheibe der Tür als Spiegel und wühlt in ihrem Haar.

– Entschuldigen Sie ... ist das ein guter Film?

– Nein, langweilig.

– Langweilig? ... Und worüber?

– Über die Liebe ... aber langweilig. Übrigens, er läuft jetzt nicht. Wir haben eine Versammlung.

– Was machen Sie?

– Ich reiße ... graue Haare aus.

– Wissen Sie, wo es hier einen Taxistand gibt?

– Auf dem Schloßplatz.

Sie hat wieder das nächste graue Haar gefunden, das sie mit einer Grimasse ausreißt.

Draußen ist es kalt – mag sein, daß Jacek das Gespräch im Kino in die Länge gezogen hat. Er krümmt sich unter einem heftigen Windstoß und geht in die von der Anweiserin angedeutete Richtung.

Hinter einem soliden, großen Tisch, im gediegen möblierten Kabinett der Anwaltskammer, sitzen sechs ältere Herren. Alle sind gut angezogen, gepflegt und höflich; ihnen gegenüber sitzt Piotr.

Die Frage ist wahrscheinlich schon gefallen, da er etwas überlegt.

Einer der Herren lächelt ermutigend, ein anderer bietet ihm ein Glas Tee an – sicherlich steht das jedem zu, der vor diese erhabene Kommission tritt.

– Ich überlege ... nicht, weil ich nicht weiß, wie ich antworten könnte. Diese Frage ist mir zweimal gestellt worden. Als ich meine Aufnahmeprüfung zum Studium ablegte, war die Antwort einfach. Nach den vier Studienjahren bin ich nicht mehr so sicher. Die Frage ist gut: warum will ich Rechtsanwalt werden. Wollen Sie, daß ich sie ehrlich beantworte oder daß ich sage, was ich sagen soll?

Ein in der Mitte sitzender Mann – wahrscheinlich der wichtigste – mit einer Zigarette in einer Spitze, lächelt.

– Wir wollen Sie kennenlernen ...

– Die ehrlichste Antwort ist: ich weiß nicht. Ich ahne, habe den Eindruck und so weiter ... Im Laufe dieser vier Jahre habe ich vieles gesehen. Wenn man diesen Beruf ausübt, kann man vielleicht die Fehler einer großen Maschine korrigieren; einer Maschine, die der Apparat der Gerechtigkeit heißt. Man kann versuchen zu korrigieren. Das ist eine Funktion ... man könnte sagen: eine gesellschaftliche ...

– Bitte ...

– Entschuldigung – ich glaube, daß sich mit den Jahren die Antwort auf Ihre Frage immer weiter entfernt. Jeder Mensch fragt sich, ob das, was er tut, einen Sinn hat. Es gibt immer Zweifel. Verzeihung, ich habe Sie unterbrochen ...

– Nein. Das wollte ich eben fragen.

Der Kommissionsvorsitzende spricht dazwischen.

– Bitte, wer von den Kollegen will jetzt fragen?

Piotr wischt sich mit einem Taschentuch die Mundwinkel ab. Seine Hände zittern. Diese Prüfung ist wichtig für ihn.

Der Taxifahrer schrubbt mit einer Bürste das Dach seines Autos; er biegt die Scheibenwischer zurück, damit sie nicht stören.

Aus dem Treppenhaus des Hauses kommt eine junge Frau – eigentlich noch ein Mädchen – in einer hellen Jacke. Sie ist weder hübsch noch häßlich, und man hätte ihr keine Aufmerksamkeit geschenkt, wenn nicht von oben jemand geschrien hätte.

– Beata! Beata!

Sie dreht sich um, sofort schlecht gelaunt.

– Was?!

– Kauf Nudeln. Zwei Packungen!

Beata will schon weitergehen, aber die Frau im Fenster schreit noch lauter.

– Das Geld!

Beata muß umkehren und das in Zeitungspapier eingewickelte Geld aufheben.

Der Taxifahrer beobachtet dieses »Manöver« lächelnd. Seine Augen folgen ihr mit einem abschätzenden Blick. Beata, die den Blick auf sich spürt, wackelt geschickt – so meint sie zumindest – mit den Hüften und geht an ihm vorbei.

Jacek beeilt sich nicht. Vor den ausgestellten Bildern an der Mauer der Weinstube »Fukier« hält er an. Die Künstler und Maler frieren; die ausgestellten Bilder haben sie mit Plastikplanen, als Schutz vor dem Regen, zugedeckt. Es gibt kaum Kunden. Ein Japaner, in einem hellen Trenchcoat, fotografiert mit einer kleinen Kamera. Eigentlich weiß man nicht, was er fotografiert – wahrscheinlich alles –, so wild knipst er um sich. Jacek gefallen die wie von Postkarten kopierten Ansichten der Altstadt.

– Will Kollege was kaufen?

– Wieviel wollen Sie dafür?

– Sieben Riesen.

Jacek überlegt einen Augenblick.

– Und wie lange haben Sie daran gemalt?

– Worum geht es, Freund?

Der Maler zeigt auf das Bild. Jeder Ziegelstein der Altstadtmauer ist so genau gezeichnet, daß er wie ein Ziegelstein aussieht.

– Hier zahlt man nicht für die Zeit. Schau mal.

Er spreizt seine Finger, die schmutzig von der Farbe sind und vom Leben. Die Fingernägel sind entschieden zu lang für jemanden, der die Hände offenbar so selten wäscht.

– Hier zahlt man fürs Talent. Mit diesen Händen habe ich jeden Ziegel gemalt. Hast du Talent für irgend etwas?

– Nee ...

– Kannst du Schuhe machen? Oder einen kleinen Baum züchten?

– Einen Baum? Ja. Einen Baum ja ...

– Dann gehst du nicht unter.

Der Maler kehrt zu seinen Freunden zurück. Sie sind etwas fröhlicher geworden; ein Mädchen mit langem Haar erzählt etwas Witziges. Jacek berührt die Schulter des Malers, der sich umdreht.

– Der Schloßplatz ist dort?

Er zeigt in die Richtung, wo er ihn vermutet.

– Ja, genau. Geradeaus.

Der Vorsitzende der Kommission schaut von einem Kollegen zum anderen.

– Was Ihre Kenntnisse in der Geschichte der Gesetzgebung, der Theorie des Rechts und der Kommentierung der Urteile des Obersten Gerichtshofes anbetrifft, konnten wir uns eine Meinung bilden. Ich wollte noch fragen – wissen Sie, was man unter »Allgemeine Prävention« versteht?

– Das ist die Auswirkung der Strafe nicht auf den Bestraften, sondern auf andere. Das ist die Abschreckung. Die Strafe als warnendes Beispiel, gemäß Artikel 50 des Strafgesetzbuches.

– Bemerke ich die Ironie richtig ... sagen wir, eine Distanz dem Begriff der »Allgemeinen Prävention« gegenüber?

– Ja, richtig.

– Und warum?

– Das ist eine der meist zweifelhaften Begründungen des Strafmaßes. In meiner Überzeugung oft ungerecht.

– Glauben Sie nicht an die abschreckende Wirkung der Strafe? Das ist eine der rechtlichen Doktrinen ...

– Ich glaube, daß die Unvermeidbarkeit der Strafe wichtiger ist. Allen gegenüber.

– Ich sehe, Sie kennen Klassiker ...

Gelächter. Piotr lächelt auch.

– Ja, ein wenig. Ich weiß auch, wer schrieb: »Seit Kain hat keine Strafe weder die Welt verbessert noch sie vor dem Begehen eines Verbrechens bewahrt.«

– Was denken Sie, meine Herren? Genügt es?

Die Männer in der Kommission schauen einander an – es genügt.

Ohne Wasser zu sparen, schrubbt der Taxifahrer die Autotüren. Vom Haus her nähern sich Dorota und Andrzej, die wir aus der zweiten Erzählung schon kennen. Dorota ist hochschwanger; Andrzej sieht viel besser aus als damals, nach der Krankheit. Beide halten an und versuchen, die Dauer des Waschens abzuschätzen.

– Sind Sie bald fertig?

– Ich wasche. Das sehen Sie doch.

Er hebt nicht mal seinen Kopf.

– Es ist kalt ... Wir warten.

Der Taxifahrer sagt nichts, ostentativ schüttet er Wasser auf den schon sauberen Teil des Autos, und – ohne aufzublicken – geht er auf die andere Seite.

Dorota und Andrzej steuern auf das nächste Gebäude zu – wahrscheinlich wollen sie sich vor der Kälte schützen.

Der Taxifahrer, mit erloschener Zigarette im Mund, schrubbt sein Auto weiter.

Jacek, auf dem Schloßplatz, sucht hinter einer Säule Schutz vor dem Wind – dort zündet er eine Zigarette an. Er hält die Zigarette im Mund und steckt ihr Ende an die Streichholzflamme, die er mit beiden Händen schützt.

Er beobachtet ein paar Menschen am Taxistand: zwei junge kichernde Frauen in Fellmänteln und ein Mann mit Aktentasche, der beim Anblick einer vorfahrenden Taxe

»Maria!« durch die Straße brüllt. Daraufhin rauscht eine Frau mit großem Gepäck – sie lauerte offensichtlich auf der anderen Straßenseite auf ein Taxi – quer über die Straße und schließt sich dem Mann mit der Aktentasche an. Andere Menschen kommen und stellen sich am Ende der Schlange an. Auf dem Platz füttert eine alte Frau die Tauben. Sie kommt auf Jacek zu.

– Gehen Sie weg. Sie werden sie verscheuchen.

Er versteht nicht; die Tauben fressen ganz ruhig.

– Gehen Sie weg.

Jacek stampft mit dem Fuß, und die Tauben fliegen auf.

An dem Stand hat ein neues Taxi angehalten.

In einiger Entfernung von Jacek steht eine vor Kälte schlotternde Touristengruppe. Der Reiseleiter spricht durch eine gelbe Flüstertüte.

– Dieses Gemäuer erinnert sich noch an unsere nationale Größe. Hier hat man die modernste Verfassung des 18. Jahrhunderts in Europa proklamiert – die Konstitution des 3. Mai. Und das Schloß blickt wieder auf uns nieder. Wir müssen seiner Größe gerecht werden ...

Der Taxifahrer hat endlich die Waschprozedur beendet. In den Wasserresten spült er noch seine Hände ab und holt dann aus dem Fach der Autotür ein sauberes Flanellstück und die Flasche mit Polierflüssigkeit. Nicht weit von ihm erscheint Beata mit zwei Päckchen Nudeln.

– Nachbarin, fahren wir irgendwohin?

Sie lächelt herablassend, schwingt aber wieder verführerisch die Hüften.

Der Taxifahrer stellt den Eimer, die Bürste und ein paar Kleinigkeiten in den Kofferraum, setzt sich ins Auto und zündet den Motor.

Die kleine, an dem Spiegel befestigte E.-T.-Figur baumelt im Rhythmus des vibrierenden Motors.

Als er Andrzej sieht, der auf das Taxi zuläuft, und Dorota, die sich hinter ihm herschleppt, wirft er den Gang ein und fährt weg. Er lächelt vergnügt, als er ihre Enttäuschung im Rückspiegel feststellt.

Außerhalb der Siedlung bremst er, hält bei einem Hund, der am Straßenrand sitzt und kurbelt die Fensterscheibe runter.

Der Hund ist ein verwahrloster und trauriger Mischling.

– Wartest du, was?

Der Hund reagiert nicht – weder wedelt er mit dem Schwanz, noch schaut er ihn an.

Aus dem Handschuhfach holt der Taxifahrer ein belegtes Brot, wickelt es aus dem Papier aus, teilt es in zwei Teile und steckt einen Teil wieder zurück – Frauchen hat es für uns gemacht. Na …

Er wirft dem Hund die Hälfte des Brotes zu. Der, ohne sich vom Platz zu rühren, beugt sich nach vorn und fängt an zu fressen.

– Schmeckt's dir? Friß nur, friß. Friß dich voll.

Einige junge Menschen warten im Gang auf das Prüfungsergebnis. Der Sekretär der Prüfungskommission erscheint in der Tür und ruft feierlich:

– Herr Piotr Balicki!

Piotr ist überrascht; so schnell hat er die Antwort nicht erwartet, und jetzt weiß er nicht, ob es etwas Gutes bedeutet oder nicht. Er folgt dem Sekretär.

Der Vorsitzende der Kommission erhebt sich.

– Mit Freude darf ich Ihnen mitteilen, daß Sie die Prüfung bestanden haben. Nach vier Jahren Studium und vier Jahren Referendariat sind Sie ab heute unser Kollege.

Er tritt vor den Tisch und reicht Piotr seine Hand.

– Ich gratuliere.

– Danke ... Ich danke Ihnen ...

– Es bleibt Ihnen nur noch der Eid.

Piotr lächelt und hält die Hand des Vorsitzenden immer noch – es sieht so aus, als habe er sie ganz vergessen.

Jacek geht an einer Häuserreihe entlang und betrachtet noch einmal den Taxistand und die ältere Frau.

Als ob er etwas übersehen hätte, hält er plötzlich an und kehrt zu einem Fotolabor zurück, an dem er gerade vorbeigekommen war.

Die Fotos im Schaufenster zeigen kleine Mädchen in weißen Kleidern mit Kerzen in den Händen und Kränzen auf dem Kopf. Jacek schaut sich die Bilder so intensiv an, als habe er vergessen, daß er mit irgendeiner Absicht irgendwohin gehen wollte.

An der Ladentheke sitzt eine junge Frau, die einen Stapel Paßfotos sortiert, Jacek tritt ein.

– Bitte?

– Ich habe hier ...

Aus seiner Tasche holt er ein großes Schnurknäuel, einen Metallstab, mit dem man Löcher in den Zement schlägt, und schließlich eine alte, abgenutzte Brieftasche hervor.

Die Frau mustert die Gegenstände.

– Können Sie Dübel in die Wand montieren?

– Nein.

– Ich dachte nur ...

Er durchsucht seine Brieftasche: einige zusammengefaltete Geldscheine sowie der Personalausweis, aus dem er ein nicht sehr großes abgegriffenes Foto herauszieht.

– Hier hab' ich so'n Bild …

Das Foto zeigt ein Dorfmädchen, das in einem hellen unnatürlichen Licht steht: nicht gut beleuchtet, schlecht retuschiert, in einem weißen Kleid, einem Kranz aus künstlichen Blumen und einer Kerze in der Hand.

– Kann man das vergrößern?

Die Frau schaut sich das Bild an. Sie deutet auf die Spuren – das Foto ist offensichtlich in einer kleineren Brieftasche getragen worden.

– Die Knickstellen wird man sehen.

– Es macht nichts.

– Wann wollen Sie es haben?

– Hören Sie …

– Ja?

– Ist das wahr, daß man auf einem Foto erkennen kann, ob jemand lebt oder nicht?

Die Frau schaut ihn verwundert an; ist er nicht ganz klar im Kopf? Oder will er etwas von ihr?

– Jemand hat Ihnen dummes Zeug erzählt.

Mit dem Foto in der Hand geht sie hinter einen Vorhang.

– Hören Sie! Es geht nicht verloren?

– Nein, es geht nicht verloren.

Jacek lächelt. Wollte man sagen, daß er unsympathisch wirkt – dann in diesem Augenblick weniger. Aber nur einen ganz kleinen Augenblick lang.

Eine kleine Straße, nicht weit vom Bahnhof, neben dem Eingang zur Außenhandelszentrale, die von den Warschauer Taxifahrern »Pigalak« genannt wird. Und keiner weiß warum.

In dieser kleinen Straße flanieren junge »Damen«, denen

man früher im Hotel »Polonia« begegnen konnte. Um diese Tageszeit und bei solchem Wetter stehen nur wenige da.

Der blaue Polonez nähert sich langsam einer dieser »Damen«.

Die Frau, sehr jung und wirklich hübsch, lächelt beim Anblick des ihr bekannten Taxi.

Der Taxifahrer macht die Tür auf, und sie steigt ein.

Im Auto ist es warm, das Radio spielt, und der Taxifahrer, der jetzt lächelt, wirkt plötzlich sympathischer.

– Ging es heute?

– Bei dieser Kälte? Ich habe gefroren …

– Bleib eine Weile.

Das Mädchen entspannt sich.

– Man kann nichts verdienen.

– Es macht nichts.

Sie legt ihre Hand auf seinen Schenkel.

– Soll ich dich ein bißchen anfassen?

– Nein.

Das Mädchen nimmt ihre Hand weg. Er schaut sie an.

– Ich mag dich …

– Wirklich?

– Ja, wirklich.

– Das ist schön.

– Ich hab' ein Brot; willst du die Hälfte?

Sie schüttelt den Kopf.

– Morgens esse ich nicht. Du hast riesige Hände, und ich glaube, du bist ein Fieser, aber ich mag dich auch. Zu mir bist du gut.

– Soll ich dich nach Hause fahren?

– Ich bleibe noch hier. Aber wenn du willst … komm abends zu mir. Er küßt ihre Hand, das Mädchen steigt aus, und das Auto fährt weg.

Piotr sitzt auf dem Mofa; er legt seine Maschine phantasievoll in die Kurven. Jetzt, nachdem die Spannung vorbei ist, merkt man, wie lebendig und lustig er ist.

Neben ihm hält ein fremdes, elegantes Auto, und Piotr ruft dem Fahrer zu:

– Ich habe die Prüfung bestanden! Ich bin Rechtsanwalt geworden!

Der Fahrer hört nicht und kurbelt das Fenster herunter.

Der glückliche Piotr wiederholt:

– Ich bin Rechtsanwalt!!

Einige Menschen hören durch den Straßenlärm seine Rufe. In dem blauen, hinter Piotr stehenden Taxi schüttelt der Taxifahrer mißbilligend seinen Kopf: Weshalb freut sich der Depp? Auch der Fahrer des eleganten Wagens schaut Piotr mit Mißbilligung an und kurbelt wortlos die Fensterscheibe wieder hoch.

Piotr fährt geradeaus, genauso wie der Polonez.

Jacek geht durch eine große Einkaufsstraße. Von der Seite des Mikkiewicz-Denkmals kommt eine Gruppe junger Männer, die Tücher eines Fußballclubs tragen. Die Autos bremsen, da die Fußballfans rücksichtlos durch die Straße gehen.

– »Widzew! Widzew! Legia tot! Widzew! Legia tot!« Obwohl sie nur etwa ein Dutzend sind, wird es sofort unangenehm auf der Straße. Nur Jacek geht unberührt vor sich hin.

Die Gruppe marschiert an ihm vorbei, und noch von weitem hört man ihr Geschrei.

– »Legia tot!«

Jacek kommt zu einem Kunstsalon und hält am Schaufenster an. Innen findet eine Vernissage statt: riesige, bunte, ästhetische Aktbilder ohne jegliche Spannung; jemand schenkt Wein und Sekt aus, Gelächter, Wortfetzen einer Eröffnungsrede.

Am Eingang nimmt ein Mann die Einladungen entgegen; mit gewisser Sympathie fixiert er Jacek.

– Haben Sie eine Einladung?

– Nein ... habe ich nicht.

Der Mann lächelt entschuldigend und schließt die Tür.

Jacek geht weiter und sieht, an der Hinterseite des »Europäischen Hotels«, einen Taxistand.

Genauso wie auf dem Schloßplatz beobachtet er aufmerksam den Stand. Gerade, als er hingehen will, bemerkt er einen Polizisten; er bleibt stehen und haucht – ohne sich vom Fleck zu rühren – in seine frierenden Hände.

Auf dem leeren Siegesplatz steht eine junge Frau. Lächelnd sieht sie zu, wie Piotr – auf den Pedalen seines Mofas stehend – auf den Gehsteig fährt und direkt auf sie zusteuert.

– Hast du bestanden? Piotr, hast du?

Er hält an, lachend.

– Hast du Blumen?

– Nein!

– Hast du ein Geschenk?

– Nein!

– Dann ... habe ich bestanden!

Ala läuft auf ihn zu und umarmt den frierenden Piotr.

– Piotr ... du kannst jetzt nicht solche Scherze machen.

– Warum nicht? Ich darf.

– Ich lade dich zum Kaffee ein.

– Setz dich.

– Aber du wirst nicht ...?

– Doch.

Ala setzt sich auf den kleinen Mofasitz, und Piotr fährt schwungvoll über den Platz.

Sie halten neben der kleinen Eckbar des »Europäischen Hotels«.

Der blaue Polonez steht am Rand neben dem Hotel »Warschau«.

Kein Mensch da. Das saubere Auto wartet ruhig.

Amüsiert schaut der Taxifahrer einem Mann zu, der seinen Pudel mit einem karierten Hundeanzug spazierenführt.

Als der Mann und der Hund an dem Auto vorbeigehen, hupt der Taxifahrer laut. Der Hund windet sich vor Angst und jault ganz hoch.

Ja, das war ein guter Witz – der Taxifahrer dreht das Radio leiser und fährt weg.

Jacek hat seine Hände gewärmt. Der Polizist steht immer noch da.

Jacek geht auf das Café an der Ecke zu.

Vor dem Eingang stehen einige Zigeunerinnen.

– Wahrsagen?

– Nein.

Er hält nicht an, doch die Zigeunerin gibt nicht auf.

– Ich sage, was gut, was schlecht.

– Nein.

– Gibst Hunderter für Kind, ich sage, was gut.

Jacek schweigt.
– Sehe Reise. Sage dir alles.
– Nein!
Die Zigeunerin kommt noch näher und sagt leise:
– Daß dir Leben nicht gelingt.

In dem Café an der Ecke deutet Ala auf die Zigeunerin und Jacek.
– Voraussagen ... Wahrheit sagen.
Piotr reicht ihr seine Hand.
– Sag, aber die reine Wahrheit.
Ala blickt auf seine Hand.
– Ich sehe viele Worte ... viele kluge Worte. Viele Erfolge.
– Und das Leben?
– Für so viele Worte und Erfolge braucht man ein langes Leben.
– Und die Liebe? Wir?
– Deine Glückslinie ist stark und lang ... Zwei Kinder.
– Wann?
Im Hintergrund sieht man Jacek, der die Bar betreten, in der Schlange gewartet und nun das Buffet erreicht hat. Jetzt schaut er die Kuchen in der Vitrine an.
– Einen Tee ...
– Bei uns gibt es keinen Tee.
– Und was gibt's?
– Kaffee.
– Dann einen Kaffee. Und diesen Kuchen. Mohnkuchen.
Mit dem Finger deutet er auf den Kuchen und protestiert, als die Verkäuferin einen anderen nehmen will. Er zeigt genau – nur den. Mit Kaffee und Kuchen geht er ans

Fenster, von wo man den Polizisten vor dem Hotel sieht. Er wärmt seine Hände an der heißen Tasse und ißt langsam, jedoch gierig den Mohnkuchen.

Vor dem Hotel hält ein Polizeiwagen. Der dort stehende Polizist steigt ein.

Jacek stellt die Tasse ab. Er schaut sich um – niemand beachtet ihn; auch Piotr nicht, der mit Ala im anderen Teil des Lokals sitzt. Unter dem Tisch holt er das Schnurknäuel aus seiner Tasche heraus. Die Schnur ist nicht dick, aber sehr stark; aus mehreren dünnen Stricken geflochten. Jacek wickelt sie sich mehrmals um die Hand. Plötzlich spürt er einen Blick auf sich. Draußen, auf dem Fensterbrett, haben zwei kleine Mädchen ihre Federkästen ausgebreitet und tauschen rosa Radiergummis miteinander. Eine von ihnen schaut Jacek an und lächelt unsicher. Jacek antwortet ihr mit einem Lächeln.

Zum ersten Mal sieht man, wie er lächelt – er hat schöne Zähne, und der helle, harte Blick wird sanfter.

Sie schauen sich eine Weile an, und die beiden Mädchen nicken höflich und wohlerzogen zum Abschied. Jacek will schon winken, aber da fällt ihm die Schnur ein; also bleibt es bei einer Geste mit dem Kopf.

Dann wickelt er – langsam und sorgfältig – die Schnur weiter um seine Hand.

Am anderen Ende des Raums spricht Piotr mit Ala.

– Es gibt Momente, in denen einem alles möglich scheint. Alle Wege sind offen ...

– Weißt du, was ich glaube? Daß die Menschen dich lieben werden. So wie ich dich jetzt.

Piotr schluckt. Mit Zärtlichkeit schaut er seine Freundin an, unsicher, ob er das, was er gehört hat, verdient.

Jacek hat schon fast die Hälfte der Schnur um die Hand gewickelt – es reicht offenbar, denn er sieht sich nach einem Messer um.

In einem Haufen schmutzigen Geschirrs am Ende des Tisches findet er eines. Jacek nimmt das Messer und schneidet langsam, mit der freien Hand, die Schnur unter dem Tisch durch. Den Rest der Schnur steckt er zurück in seine Tasche. Er geht hinaus.

Die mit der Schnur umwickelte Hand hält er in der Tasche. Er geht am Hotel entlang.

Im gleichen Moment fährt der blaue Polonez auf den Siegesplatz. Eine Frau versucht das Taxi anzuhalten, aber der Taxifahrer deutet mit dem Finger zum Taxistand.

Jacek biegt in eine kleine Straße hinter dem Hotel. Der Taxistand ist um die Ecke.

Das blaue Taxi fährt über den Siegesplatz.

Jacek hält an dem Stand. Vor ihm steht eine Frau. In dem Moment stoppt ein Fiat-Taxi, und die Frau fährt weg.

Vom Siegesplatz biegt das blaue Polonez-Taxi ein.

Als der Wagen fast am Stand ist, kommt ein Mann mit einem ca. sechzehnjährigen Jungen auf Jacek zu. Der Junge hat einen merkwürdig abwesenden Gesichtsausdruck.

– Fahren Sie in Richtung Süd?

– Nein, Nord-West.

Das Auto fährt vor. Jacek steigt ein und – das Radio spielt immer noch – gibt dem Fahrer laut Anweisung.

– Warschau-Süd.
– Und wo wollte der Typ hin?
– Nord-West.
Das Auto fährt los.

Piotr und Ala sitzen nach wie vor in dem Café.
– Und das eine würde ich gern wissen ...
Er unterbricht. Ala sieht ihn verwundert an.
– Ist etwas passiert?
– Nein. Ich dachte nur, daß alles vielleicht nicht so einfach sein wird.

– Warschau-Süd?
– Gartenstraße.
– Soll ich die Schnellstraße fahren?
– Geht auch.
Hinter dem Taxi bremst ein kleiner Fiat und blinkt ungeduldig mit den Lichtern.
– Nur ruhig. Ein Hitzkopf.
Der Polonez fährt die Straße hinunter, aber in einer der Kurven muß das Auto halten.
In der Mitte der Fahrspur, auf der sie sich befinden, steht ein junger Mann, der einen Vermessungsstab in der Hand hält. Das Auto stoppt direkt hinter ihm.
Der Mann – mit dem Rücken zum Auto – rührt sich nicht von der Stelle.
Der Taxifahrer hupt kurz, und der junge Mann dreht sich um. Es ist derselbe Mann, der am Feuer saß, der im Krankenhaus war – der immer wieder erscheint. Er schaut dem

Taxifahrer direkt ins Gesicht, dann Jacek, der unter diesem Blick etwas zurückweicht.

Der junge Mann schüttelt seinen Kopf; er kann seinen Posten nicht verlassen. Aber vielleicht bedeutet diese Geste etwas ganz anderes. Der Taxifahrer wartet, bis die andere Fahrspur frei wird, und überholt den Mann.

– Schon wieder baggern sie. Der Schlag soll sie treffen.

Der Polonez fährt auf der Schnellstraße.

– Können Sie das Fenster zumachen? Kalt.

Der Taxifahrer kurbelt das Fenster hoch.

Jacek schaut auf seine Hände, die er tief unten hält, damit sie der Taxifahrer im Rückspiegel nicht sehen kann.

Die mit der Schnur umwickelte Hand ist blau angelaufen; zwischen den Strängen sieht man die geschwollene Haut.

Das Auto fährt langsamer und hält auf der um diese Zeit leeren Schnellstraße. Jacek schaut den Fahrer an; besorgt, er könne etwas gemerkt haben. Der Taxifahrer winkt eine Gruppe warm angezogener Kinder über die Straße. Die Kinder werden von einer dankbar lächelnden Kindergärtnerin geführt.

– Etwas Kultur manchmal, oder?

Das Auto fährt los, und Jacek widmet sich wieder seiner umwickelten Hand; er versucht, die Schnur etwas zu lokkern, da er sie aber dafür ganz abwickeln müßte, gibt er auf. Er hebt den Blick.

– Hier links.

– Aber Gartenstraße ist besser geradeaus.

– Mir ist es lieber von der anderen Seite.

Das Auto biegt nach links. Als sie einen Seitenweg erreichen, ordnet Jacek wieder an.

– Jetzt rechts.

Das Auto biegt nach rechts.

Langsam holpern sie über eine matschige Straße.

Etwas entfernt, weiter rechts, sieht man ein einsam gelegenes, kleines Haus.

Jacek wickelt einen Teil der Schnur ab und wickelt ihn gleichzeitig auf die andere Hand, so daß zwischen den Händen ein Stück Schnur frei bleibt. Die Enden der Schnur sind jetzt ganz fest um seine beiden Hände gewickelt. Er blickt dabei nicht einmal nach unten.

Als er fertig ist, sagt er:

– Halten Sie hier. Weiter kann man nicht fahren.

– Ich wäre sowieso nicht weitergefahren.

Das Auto bremst. Jacek wirft seine Hände über den Kopf des Fahrers und zieht die Schnur fest zu sich heran.

Der Wagen rollt noch einige Meter und hält.

Jacek hat sein Ziel verfehlt; die Schnur hat sich dem Taxifahrer in den Mund eingeschnitten.

Das Radio spielt laut.

Die häßlichen Zähne des Taxifahrers kommen zum Vorschein, sein Gesicht ist verzerrt.

Jacek bemerkt, daß er sein Ziel verfehlt hat; er lockert den Griff, der Taxifahrer greift sofort nach der Schnur und versucht, sie wegzuziehen. Er ist stark, befindet sich jedoch in einer schlechten Position. Jacek zerrt mit großer Anstrengung – seine Beine gegen den Fahrersitz gestemmt – die Schnur nach unten, zieht den Strick am Hals des Fahrers fest zu, wobei er dessen eine Hand mit einklemmt. Der Taxifahrer schlägt mit der anderen Hand in die Luft; versucht Jaceks Hand zu fassen – es ist nicht möglich, da Jacek sich weit nach hinten gelehnt hat.

Der Fahrer streckt seine Hand nach vorn und drückt auf die Hupe. Jetzt versucht Jacek, ohne seinen Griff zu lokkern, die Schnur hinter der Kopfstütze des Fahrers zuzubinden. Der reißt seine Hand, die unter der Schnur eingeklemmt war, heraus; Jacek zieht die Schnur noch fester zu. Der Fahrer, an seinen Sitz gefesselt, wird schwächer, röchelt, seine Augen quellen hervor; die ganze Zeit aber drückt er die Hupe, in dem Bewußtsein, daß es seine einzige Chance ist. Schließlich bindet Jacek die Schnur mit chaotischem Knoten hinter der Kopfstütze zu und springt aus dem dröhnenden Auto.

Er zerrt den Reißverschluß seiner Tasche auf, greift hinein und holt den Metallstab heraus.

Das Auto hupt nicht mehr.

Der Taxifahrer versucht mit letzter Kraft, die Kopfstütze aus dem Sitz zu reißen.

Jacek öffnet die Beifahrertür und will mit dem Stab auf den Fahrer einschlagen – es geht nicht. Er verletzt ihn nur an der Brust und an der Hand, mit der der Fahrer sich zu schützen versucht. Mit der blutigen Hand reißt der Fahrer endlich die Kopfstütze heraus und will – befreit – aussteigen. Fast bewußtlos öffnet er die Tür und beugt sich vor.

In dem Moment ist Jacek schon da und schlägt mit ganzer Kraft auf seinen Kopf ein; einmal, zweimal. Als er zum dritten Schlag ausholt, rutscht der blutverschmierte Stab aus seinen Händen, schlägt klingend auf die Motorhaube und rollt weg.

Der Fahrer fällt zurück in den Sitz. Jacek atmet schwer.

Es ist niemand da.

Jacek zieht die Schlüssel aus dem Zündschloß, schaut die verschiedenen Knöpfe am Armaturenbrett an und findet schließlich einen Hebel, der den Kofferraum öffnet. Er zieht daran und geht nach hinten.

Dort findet er, was er braucht: eine Decke.

Er kehrt zur Vordertür zurück, wickelt die Decke um den Kopf des Fahrers und schiebt mit großer Mühe den schweren, leblosen Körper auf den Beifahrersitz. Dann setzt er sich ans Lenkrad, startet den Motor und fährt schlingernd in Richtung der Halde, die man in der Ferne sieht.

Hinter der Halde fließt die Weichsel. Die Büsche und das Gras sind schon grün, aber das Wasser ist am Ufer gefroren.

Man merkt, das Jacek diesen Platz kennt; daß er ihn ausgesucht hat und nicht fürchtet, hier jemandem zu begegnen. Er zieht den Körper an den Beinen aus dem Auto, läßt ihn am Ufer liegen und ruht sich aus. Plötzlich bemerkt er, daß sich die Hand, die aus der Decke hervorschaut, bewegt. Eine schwache Stimme erreicht ihn.

– Das Geld ... Versteck ... meine Frau ... Versteck ... Geld.

Sie ist kaum hörbar, und man kann die einzelnen Worte schwer verstehen – die Hand bewegt sich zaghaft, aber deutlich.

Jacek schaut sich um. Er entdeckt einen großen Stein, der am Boden festgefroren ist. Er reißt ihn aus dem Uferschlamm – das seichte Wasser unter dem Stein macht ein Geräusch – und trägt ihn mit beiden Händen zum Fahrer, über den er sich mit gespreizten Beinen stellt. Das Gestammel und Röcheln unter der Decke ist jetzt deutlicher.

– Das Geld im Versteck ... ich gebe ... meine Frau zu Hause ... habe etwas ... Jacek legt den Stein beiseite, läuft zum Auto, wo er das Radio einschaltet, und kommt zurück.

Er hebt den Stein hoch. Seine Haltung ist nicht bequem, also kniet er sich hin. Fast sitzt er auf dem Körper des Fahrers, als er ein paarmal auf den unter der Decke sichtbaren Umriß des Kopfes einschlägt. Die Kontur unter der Decke wird deutlich flacher. Die Karos auf der Decke saugen langsam den braunroten Matsch auf.

Die Musik spielt nicht mehr. Der Taxifahrer und die Decke sind vom Ufer verschwunden.

Jacek schraubt das Taxizeichen ab und wirft es, zusammen mit der dazugehörigen Metallhalterung, weit hinaus in den Fluß.

Aus dem Versteck zieht er das Geld und schiebt es – ohne es zu zählen – in die Tasche. Er findet das in Papier eingewickelte Brot. Es ist noch die Hälfte übrig; den anderen Teil hatte der Taxifahrer dem Hund gegeben. Jacek faltet das Papier auf und ißt das mit Wurst belegte Brot.

Ein Aufkleber auf der Scheibe erregt seine Aufmerksamkeit: »Bitte, die Tür vorsichtig schließen.« Jacek lächelt und läßt die Tür, wie es der Aufkleber fordert, sanft ins Schloß fallen. Jetzt, hier im Auto, ist es warm, und er fühlt sich gut. Er schaltet das Radio an und stellt es leise. Ein Mädchen eines Kinderchors singt mit heller, klarer Stimme:

– »... guten Tag, Herr Andersen.
Sie sind so fern in den Sternen,
und hier wächst eine Generation,
und es ist Zeit, eine Frage zu stellen.
Was wird mit uns, was wird aus uns?
Werden wir zu den Sternen fliegen?
Werden aus uns schöne Schwäne,
wie damals, aus dem häßlichen Entlein ...«

Jacek verzieht plötzlich das Gesicht wie im Schmerz und sieht aus, als erinnere er sich an etwas, das ihm sehr weh tut.

Plötzlich reißt er das Radio heraus und wirft es durch das Fenster. Das Gerät klatscht in den Uferschlamm.

Es ist schon dunkel. Jacek hält das Auto vor dem Haus an, von wo der Taxifahrer losgefahren war.

Er drückt den Knopf der Haussprechanlage. Eine männliche Stimme meldet sich auf der anderen Seite.

– »Bitte?«

– Ist Beata zu Hause?

– »Einen Augenblick.«

Jetzt spricht Beata mit anmutiger, erwartungsvoller Stimme.

– »Hallo?«

– Kannst du runterkommen?

– »Nicht so gut.«

– Nur für einen Moment. Ich zeige dir etwas.

– »O. K.«

Als Beata in der Haustür erscheint, hupt Jacek leicht. Sie kommt näher, schaut unsicher in das Auto, und Jacek macht ihr die Tür auf. –

Ich habe dir gesagt ...

Sie steigt ein. Als sie die Tür zuschlägt, fängt das E.-T.-Maskottchen am Spiegel zu zittern an. Beata schaut es wortlos an.

– Du wolltest, daß wir irgendwohin fahren. Jetzt können wir endlich ... Jacek sieht nicht, daß sie sich gegen die Lehne drückt und das schaukelnde Maskottchen mit Entsetzen anstarrt.

– Ich werde nicht mehr im Hotel wohnen ... Du brauchst auch nicht mehr mit der Mutter ... Wir können irgendwohin fahren ... Ans Meer. Ich war nie da. Ich ziehe die Sitze aus, und wir können hier schlafen. Ich habe eine Decke.

Das E.-T.-Maskottchen hängt jetzt bewegungslos.

– Woher hast du diesen Wagen?

In einem großen Saal befinden sich nur wenige Menschen. Eine alte Frau aus der Provinz mit zwei erwachsenen Söhnen, Beata und – auf der anderen Seite des Raumes – eine schwarz angezogene Frau um die vierzig.

Sonst sind nur noch ein paar Zuschauer im Saal.

Man hat das Urteil, das gefallen ist, nicht gehört, aber immer noch stehen die Worte im Raum. Fünf Richter, Staatsanwälte und Protokollanten bereiten sich zum Abgang – alles ist gesagt und festgehalten worden. Die wenigen Menschen, die noch im Saal sind, setzen sich. Jacek, der zwischen zwei Polizisten steht, setzt sich auch langsam. Vor ihm sitzt Piotr im Talar.

– Ist es schon zu Ende, Herr Rechtsanwalt?

– Es ist zu Ende.

Die Polizisten unterbrechen das Gespräch nicht.

Sie führen ihn hinaus, vorbei an der erstarrten Frau mit den zwei Söhnen. Sie streckt ihre Hand von sich, und einen Moment berührt sie Jacek.

Auch jetzt halten sich die Polizisten zurück. Einer der Brüder reicht Jacek eine Zigarettenschachtel.

Piotr schaut zu, ohne sich zu bewegen. Erst als der Saal leer ist, nimmt er die Akten und verläßt den Raum.

Piotr steht alleine am Fenster im Gang. Von dort, von oben, sieht er Jacek, der von den Polizisten quer über den Hof zum Gefängniswagen geführt wird. Piotr öffnet schnell das Fenster.

– Hören Sie! Herr Jacek!

Jacek hebt den Kopf und schaut ihn an. Piotr hat ihm nichts zu sagen; auch Jacek nicht. Vielleicht will Piotr ihn nur wissen lassen, daß er zu ihm hält; immer noch.

Jacek steigt in das Auto. Piotr schließt das Fenster, geht an vielen Türen des langen Ganges vorbei und öffnet schließlich eine davon. In dem Zimmer sitzt eine Beamtin.

– Verzeihung ... ist der Richter da?

– Ja.

Er öffnet die nächste Tür. Der Richter ist allein – immer noch in der Gerichtsrobe – und steht am Fenster; auf dem Schreibtisch liegen die Verhandlungsakten. Als er die Tür hört, dreht er sich um.

– Entschuldigung, ich weiß, daß es nicht üblich ist ...

– Es ist nicht üblich.

– Ich wollte Sie fragen ... Nachdem es zu Ende ist ... Ob es keine Bedeutung hatte ... Wenn der Anwalt älter gewesen wäre, mit mehr Erfahrung ...

– Keine Bedeutung.

– Vielleicht, wenn ich es anders ...

– Ihr Plädoyer ... es war die beste Rede gegen die Todesstrafe, die ich je gehört habe. Aber das Urteil mußte so sein. Sie haben keinen Fehler gemacht. Glauben Sie mir, es mußte so sein ...

Der Richter ist ein älterer Mann: nicht groß, gut gebaut, mit buschigen Augenbrauen und kurzgeschnittenem, grauen Haar. Er kommt zu Piotr und reicht ihm seine Hand.

– Unter schwierigen Umständen zwar, aber ... ich freue mich, daß ich Sie kennengelernt habe.

– Auf Wiedersehen.

– Wenn man das überhaupt auf sein Gewissen nehmen kann ... dann belastet es nur mich ... Tröstet Sie das nicht?

– Nein. Wissen Sie ... Es hat zwar nichts mit der Sache zu tun, aber als dieser Junge ... Als er seine Hand mit der Schnur umwickelte, in der Bar, ich war auch da.

– Wo?

– In der gleichen Bar, um die gleiche Uhrzeit. Es war der Tag, an dem ich meine Anwaltsprüfung abgelegt hatte. Vielleicht hätte ich damals etwas tun können?

– Sie sind zu sensibel für diesen Beruf.

– Jetzt ist es schon zu spät.

– Wieso? Sie sind jung ...

– Ich bin etwas älter geworden.

– ... und haben noch einen langen Weg vor sich.

Langen Weg ... Auf Wiedersehen.

Piotr tritt durch das Gefängnistor. Der Wärter, der das Tor aufgemacht hat, erwartet ihn.

– Der Gefängnisdirektor wird Sie gleich empfangen. Piotr bleibt an einem vergitterten Fenster stehen – der Gefängnishof ist leer. Nach einem Augenblick erscheint dort ein Mann mit einer Leiter. Er sieht wie ein Anstreicher aus und mag auch einer sein. Der Wärter begrüßt einen großen, hageren Mann, der seinen Gruß erwidert. Der Mann betritt die Pförtnerloge, der Wärter holt einen Schlüssel aus dem Kasten und reicht ihn dem Mann. Gleichzeitig legt ihm der Wärter ein Notizbuch vor, in dem Schlüsselausgaben quittiert werden.

– Was für Wetter?

– Warm.

Der Mann unterschreibt und wartet vor dem nächsten Tor, bis ein anderer Wärter mit Schlüsseln von der anderen Seite erscheint.

Wie die Aufnahmeräume in den Filmstudios ist das Zimmer mit weichen schalldämpfenden Platten isoliert. Der große, hagere Mann hängt seine Jacke auf den Kleiderständer, krempelt die Ärmel seines weißen Hemdes hoch und zieht einen Vorhang in der Ecke des Zimmers zur Seite.

Dort befindet sich eine Nische. Von der Decke hängt eine Schlinge, die an einer Metallkonstruktion befestigt ist. Es ist ein unerwarteter Anblick in diesem ganz normalen Zimmer mit einem Tisch, Aschenbecher und Kleiderständer.

Der Mann – ein Henker – prüft die Funktion des Galgens. Der Mechanismus ist einfach, er muß jedoch einwandfrei funktionieren; bestimmt prüft er vor jeder Exekution alle Details. Im Boden ist eine Klappe, die nach dem Druck auf einen Knopf an der Wand mit einem leisen Krachen herunterfällt. Das ist alles.

Der Henker prüft also, wie geschmeidig die Schnur der Schlinge ist; er benutzt Seife oder Fett, um eine bessere Gleitfähigkeit der Schlinge zu erreichen. Er untersucht das Funktionieren der Klappe und spritzt einige Tropfen Öl in die Scharniere. Er ist unzufrieden, die Klappe funktioniert immer noch zu laut; aber dagegen kann er wenig tun. Als alles geprüft und geölt ist und funktioniert, wie es funktionieren soll, holt der Henker ein Stück Linoleum, das er an einem besonderen Platz in seinem Schränkchen aufbewahrt. Er breitet das Linoleum pedantisch auf dem Betonboden aus, der sich einen Meter unter der Klappe befindet. Anschließend zieht er den Vorhang zu, läßt die Ärmel seines Hemdes herunter und zieht die Jacke an.

Der Henker betritt das Dienstzimmer des Gefängnisdirektors – der Direktor steht hinter seinem Schreibtisch; an einem Tisch, tiefer im Raum, sitzt Piotr.

– Fertig, Herr Direktor.

– Danke.

Der Henker geht hinaus. Der Gefängnisdirektor wählt eine kurze Nummer.

– Vierundzwanzig? ... Kommen Sie bitte zu mir.

Piotr bindet eine Aktenmappe zusammen, die den Eindruck macht, als ob sie leer wäre, und reicht sie dem Direktor.

– Danke. Das habe ich erwartet.

– Ich auch. Sie haben ...

Der Direktor blickt auf seine Uhr.

... eine halbe Stunde Zeit.

– Eine halbe Stunde ... gut.

Ein Wärter kommt herein.

– Bitte, führen Sie den Herrn Anwalt zu ihm.

Piotr erhebt sich und folgt dem Wärter.

In der Tür begegnen sie dem Staatsanwalt – einem älteren, ernsthaften Herrn, mit einer spitzen Nase.

– Ich grüße Sie, Herr Rechtsanwalt.

– Guten Tag. Ich gehe zu ihm, er will mich sprechen.

– Es ist wahrscheinlich nicht der richtige Moment ... Aber wir sehen uns so selten. Ich wollte Ihnen gratulieren. Ich habe gehört, daß Sie einen Sohn bekommen haben.

Piotr strahlt für einen Augenblick.

– Ja, vor kurzem. Ich danke Ihnen.

Sie gehen los, jeder in seine Richtung.

In der Nähe sieht man den Mann mit der Leiter, der jetzt rückwärts hinunterklettert. Wahrscheinlich hat er eben die Wand gestrichen. Er hält einen Pinsel in der Hand, von dem weiße Farbe tropft.

Der Wärter schließt die Tür der Zelle auf und läßt den Anwalt ein.

Die Zelle unterscheidet sich nicht viel von einem ärmlichen Hotelzimmer. Normales Bett, ein Tisch, ein paar Stühle; nur ein stählernes Waschbecken und das Guckloch in der Tür machen den Unterschied aus.

Jacek steht mit dem Rücken zur Tür und bewegt sich nicht – als habe er das Aufschließen der Tür nicht gehört.

Piotr weiß nicht so recht, wie er ihn auf seine Ankunft aufmerksam machen soll; »Guten Tag« scheint ihm nicht angebracht.

Zum Glück dreht sich Jacek von alleine, unaufgefordert um. Sie begrüßen sich in der Mitte der Zelle mit einem Händedruck.

– Sie wollten mich sehen.

– Ja ...

Piotr setzt sich auf einen Stuhl.

– Ja ...

Der Anwalt versucht, ihm den Anfang zu erleichtern.

– Setzen Sie sich.

Jacek sitzt mit gesenktem Kopf. Er spricht so leise, daß Piotr näherrücken muß, um etwas verstehen zu können.

– Haben Sie ... meine Mutter gesehen ...?

– Ja, ich habe sie gesehen.

– Hat sie geweint?

– Ja.

– Hat sie etwas gesagt? Etwas für mich.

– Nein. Sie weinte nur.

– Können Sie ... können Sie sich mit ihr treffen ...?

– Ja ... natürlich, kann ich das.

– Das dachte ich, weil Sie ... haben mich gerufen, als ich zum Gefängnisauto ... Sie haben »Jacek!« gerufen.

– Ich wollte ... ich weiß nicht, was ich wollte.

– Ich dachte, daß Sie gerufen haben, weil Sie nicht gegen mich sind ... Mein Bruder wahrscheinlich auch nicht, weil er mir die Zigaretten gab, obwohl ich ihnen Schande bereitet ... und Sie ... Alle anderen waren gegen mich.

– Gegen das, was Sie getan haben.

– Das ist dasselbe.

Es sieht so aus, als ob Jacek vergessen hat, was er sagen wollte.

– Sie wollten, daß ich Ihre Mutter treffe.

Jaceks Gesicht erhellt sich – er hat es wirklich vergessen.

– Ja ... ich wollte bitten, daß Mama ... daß meine Mutter mich in diesem Grab begraben läßt, wo mein Vater liegt. Dort, wo Vater begraben liegt. Vielleicht geht es, daß ... daß ich auf dem Friedhof begraben werde?

– Ja, das geht.

– Ein Priester ist bei mir gewesen. Er sagte, daß es geht.

– Ja.

– Also dort, wo Vater liegt ... dort ist ein ... dort ist noch ein Platz, wo Mutter begraben werden sollte ... es war für sie, so war das besprochen ... aber daß Mama mir diesen Platz abgibt. Für mich.

Der Henker sitzt aufrecht vor seinem Zimmer. Er raucht eine Zigarette; er streicht die Asche selten ab, erst wenn sie sehr lang ist, führt er seine Hand vorsichtig zum Aschenbecher.

Die Kaffeetasse des Gefängnisdirektors ist noch halbvoll. Der Staatsanwalt trinkt seinen Kaffee aus und schaut auf die Uhr. Der Direktor wählt eine Nummer.

– Vierundzwanzig?

Der Wärter nimmt den Hörer ab.

– Jawohl, Herr Direktor.

Er legt den Hörer neben das Telefon, das in einer kleinen Wandnische steht, und macht die Zellentür auf.

Jacek unterbricht seinen Monolog und schaut ihn an.

– Herr Direktor fragt, ob es schon soweit ist.

– Noch nicht.

Piotr wartet, bis der Wärter geht, und wendet sich wieder Jacek zu.

– Sie sagten ...

– Ich weiß nicht mehr ...

– Sie sagten, daß es dort drei Plätze gibt.

– Ja, drei. Dort liegen Marysia. Marysia, Vater und ein Platz ist frei. Marysia liegt dort schon fünf Jahre begraben ... fünf Jahre ... ja, vor fünf Jahren hat sie ein Traktor überfahren. Es war bei uns. Sie war in der sechsten Klasse, am Anfang ... sie war zwölf ... in der sechsten Klasse. Und ich mit diesem Traktorfahrer ... ich mit dem Kumpel; er war mein Kumpel ... wir haben Wein und Wodka getrunken, dann ist er losgefahren und hat sie überfahren; auf der Wiese, am Wald. Am Wald gab es so 'ne Wiese.

Jacek beugt sich zu Piotr; jetzt spricht er deutlich. Man merkt, daß er darüber nachgedacht hat und es jetzt formulieren kann.

– ... Ich dachte ... Hier dachte ich ... wenn sie noch lebte, wäre ich vielleicht, wäre ich vielleicht nicht weggegangen von dort. Kann sein, ich wäre geblieben. Das war meine Schwester ... ich hatte drei Brüder, aber sie war eine ... einzige Schwester. Der Traktor hat sie überfahren, und dann haben wir das Grab gekauft. Sie war ... sie war am meisten ... ich hab' sie auch am meisten gemocht. Ich hab' sie auch gemocht. Alles hätte anders werden können, wenn nicht das ... Und so, als es passierte, mußte ich wegfahren.

Ich mußte von dort weg. Ich wollte gar nicht weg … wenn das nicht … Vielleicht wäre alles anders geworden.

Man hört das Geräusch der Türriegel – wie vorher erscheint der Wärter.

– Herr Direktor und Herr Staatsanwalt fragen, ob Sie schon soweit sind.

Der Anwalt steht auf und kommt zum Wärter.

– Sagen Sie dem Herrn Staatsanwalt, daß ich das »schon« nie sagen werde.

– Herr Rechtsanwalt wird nie »schon« sagen.

Der Wärter schließt die Tür.

– Wir haben dieses Grab gekauft, weil Marysia Bäume mochte. Sie mochte Grün und Bäume. Bäume mochte sie. Als das passierte, ging sie in den Wald … Sie ging den Weg entlang … Wir haben das Grab gekauft, wir haben zusammengelegt … auf dem Friedhof gab es nur ein paar Bäume, und die anderen Plätze waren schon besetzt. Und gerade dort war ein Baum, und es gab einen freien … dann haben wir es gekauft. Später, als Vater starb, wurde er auch dort begraben. Er ist gestorben, weil er nicht mehr wußte, wofür er noch leben sollte, nachdem der Traktor sie überfahren hatte. Es ist noch ein Platz da …

Der Staatsanwalt und der Direktor stehen auf.

– Haben Sie das Urteil?

Der Staatsanwalt macht seine Aktenmappe auf und überfliegt zwei dort aufbewahrte Schriftstücke.

– Alles ist da.

Sie verlassen das Dienstzimmer und gehen durch einen Gang. Der Wärter steht auf.

– Herausführen, bitte.

Der Wärter betritt die Zelle – Jacek unterbricht seine Erzählung.

– Der Herr Staatsanwalt hat das Ende des Gesprächs angeordnet. Jacek wendet sich Piotr zu.

– Herr Anwalt ... in meinen Sachen ... sie geben es zurück ... In der Brieftasche ist eine Quittung von einem Fotolabor. Ich habe dort ein Foto zum Vergrößern gelassen und ... und habe es nicht mehr geschafft, es abzuholen. Dort sollten sie eine Vergrößerung machen. Daß Sie das Bild nehmen und meiner Mutter zurückgeben.

– Was ist auf diesem Foto?

– Marysia ... bei der Kommunion ... Ich hab' es Mutter weggenommen, als ich fortging. Es ist etwas geknickt.

Alle stehen im Gang vor der Zelle.

– Hören Sie ... ich will nicht.

Piotr steht bewegungslos. Der Wärter, nachdem er die Zelle abgeschlossen hat, bleibt auch stehen. Eine Weile stehen alle einfach da. Der Wärter bewegt sich zuerst.

– Wir gehen.

Jacek geht los, als habe er die vorherigen Worte nicht gesagt. Er geht ganz normal; geradeaus, ohne sich umzusehen.

Der Henker schiebt ein paar Riegel zur Seite, reißt die Siegel ab und läßt alle in den Raum eintreten:

Als erster Jacek, nach ihm Piotr, dann der Staatsanwalt, der Gefängnisdirektor, ein Priester und ein Arzt. Die Tür fällt zu.

Im Gang vor dem Zimmer, in dem alle verschwunden sind, erscheint ein junger Mann, der vorher die Leiter trug und dessen Gesicht wir gut kennen. Er starrt auf die verschlossene Tür, als könne er sehen, was im Zimmer vorgeht. Mit seinem seltsam intensiven Blick nähert er sich langsam der Tür und bleibt ganz dicht davor stehen. Er sieht aus wie ein Anstreicher; er trägt eine Kappe, seine Kleidung ist mit weißer Farbe bespritzt, sogar auf dem Gesicht sieht man angetrocknete weiße Farbspritzer.

Durch die Tür dringt kein Geräusch.

– »... und das Gnadengesuch ist abgelehnt worden.«

Der Priester flüstert Jacek etwas ins Ohr. Jacek flüstert ebenfalls einige Worte und senkt seinen Kopf. Der Priester macht ein kleines Kreuzzeichen auf seiner Stirn. Jacek verneigt sich vor der Hand des Priesters. Als er den Kopf hebt, macht der Gefängnisdirektor einen Schritt auf ihn zu. Er streckt ihm eine Zigarettenpackung entgegen.

– Zigarette?

– Mir ist lieber ohne Filter.

Der Henker bietet ihm seine Zigaretten an. Jaceks Hände zittern leicht. Piotr holt Streichhölzer hervor, aber der Henker hat schon ein Feuerzeug bereit und zündet Jacek die Zigarette an.

Nur Jacek raucht. Alle warten.

Piotr zieht ein Streichholz aus der Schachtel und zerbricht es in den Fingern. In der Stille hört man deutlich das Knacken.

Der Henker schiebt Jacek den Aschenbecher hin.

– Ich möchte ... ich möchte auf die Toilette.

Der Henker zeigt ihm eine kleine Tür in der Wand des Zimmers.

Jacek verschwindet hinter dieser Tür.

Alle stehen und warten.

Der Henker geht zu der Tür und klopft sehr leise an.

Stille.

Der Mann mit den getrockneten weißen Farbspritzern im Gesicht steht immer noch vor der Zellentür und blickt starr geradeaus. Und obwohl nur die schwer beschlagene Tür vor ihm ist, wirkt er, als würde er mehr sehen.

Die Stille dauert. Der Direktor ist ziemlich aufgeregt; er geht zur Tür, aber im selben Augenblick wird sie geöffnet, und Jacek kommt heraus. Er ist ruhig.

– Ich kann nicht.

Der Henker bindet ihm die Hände auf den Rücken und führt ihn zum Vorhang. Mit einem Ruck zieht er den Vorhang beiseite und enthüllt den wahren Zweck des Zimmers.

Jacek tritt in die Nische, gefolgt vom Henker; beim Schließen des Vorhangs rasselt die Metallschiene.

In der Nische legt er Jacek die Schlinge um den Hals, langsam und sorgfältig. Er geht zur Wand, wo sich der Knopf befindet.

Er drückt auf den Knopf.

Die Klappe verschwindet – mit dem für des Henkers Geschmack zu lautem Krach – unter Jaceks Füßen.

Der Körper zuckt noch einige Sekunden und bleibt leblos hängen. Die straffen Beine baumeln leicht hin und her, und nach einer Weile fallen aus dem Hosenbein einige Tropfen einer dicken, braunen Flüssigkeit auf das Linoleum.

Der junge Mann in der farbbeschmierten Kleidung entfernt sich von der Tür in die Tiefe des Korridors.

Der Gang ist dunkel, und es dauert nicht lange, bis die Dunkelheit den Mann verschlingt.

VI.

Es ist längst dunkel, und das große Haus, ohne ein einziges Licht, hebt sich wie ein schwarzes Massiv von dem dunkelblauen Himmel ab. In der Dunkelheit sieht man nur die roten Lichter der Fahrräder, auf denen Kinder herumfahren, und die roten Punkte der glimmenden Zigaretten – die Raucher sitzen in kleinen Gruppen auf Bänken. Es ist Frühling und warm.

Auf einmal geht das Licht im Haus an, und man hört durch die offenen Fenster einen gemeinsamen Seufzer der Erleichterung. Das Geräusch der Fernseher, die, alle auf einmal, eine »Stromspritze« bekommen haben, wächst.

Auch die Lampe auf Tomeks Tisch hat aufgeleuchtet. Er feuchtet seine Finger an und drückt die Kerzenflamme aus. Sein Zimmer ist sparsam möbliert: ein Tisch, Stühle, ein Schrank; alles unpersönlich, wie ein Mietzimmer.

Tomek sitzt am Tisch – er ist ein großer, schlanker Junge mit kleinem Gesicht. Er ist neunzehn, sieht aber jünger aus.

Sein Tisch steht am Fenster – auf ihm stehen außer einem Becher, einem Tauchsieder und Gläsern mit Tee, Zucker und Salz auch ein kleines, mit einem Flanellstück zugedecktes Fernrohr.

Nachdem er die Kerzenflamme gelöscht hat, schließt er seine Augen und wiederholt flüsternd einige unverständliche Worte. Anschließend schaut er in ein vor ihm liegendes Schulheft. Er ist konzentriert, da er aber anscheinend einen Fehler gemacht hat, wiederholt er nochmals mit geschlossenen Augen die ganze Reihe der unverständlichen Worte.

Als er die Augen wieder aufmacht, um in seinem Heft nachzusehen, wirft er einen Blick auf den Wecker, der neben dem Fernrohr steht. Ein Klopfen an die Glasscheibe der Tür unterbricht ihn – Tomek steht auf. Es ist seine Wirtin, eine etwa fünfzigjährige einfache Frau, die in ihrem Gesichtsausdruck etwas hat, das man mögen kann: Sanftheit und eine gewisse Ergebenheit.

– Im Fernsehen zeigen sie Miss Polonia.

– Ich lerne gerade.

Beide lächeln einander an. Die Frau ist etwas aufgeregt, als sie aber Lernen hört, schaut sie ihn mit Bewunderung an.

– Schau wenigstens ganz kurz rein.

Auf dem Bildschirm sieht Tomek junge Frauen, die in Badeanzügen Treppen hinuntersteigen. Er nickt mit dem Kopf, um die Frau nicht zu verletzen.

– Nicht schlecht. Danke.

Er will das Gespräch beenden, da der Wecker gleich klingeln soll.

Tatsächlich – er klingelt, und Tomek stellt ihn rasch ab. Die Wirtin schließt die Tür hinter sich.

Tomek nimmt eilig das Flanellstück ab und nähert sein Auge dem Fernrohr, das offenbar immer auf das gleiche Objekt gerichtet ist.

Im Fenster des gegenüberliegenden Hauses, das Tomek beobachtet, geht das Licht an. Er schaltet die Lampe auf seinem Tisch aus.

Die Frau, die er beobachtet, betritt die Wohnung – gut aussehend, blond, kurz vor dreißig. Sie macht den Eindruck wie jemand, der sich im Leben gut zurechtfindet und ohne übertriebenen Skrupel das tut, wozu sie Lust hat.

Magda – so heißt diese Frau – schließt die Tür ab. Die Vorhänge ihrer Wohnung sind fast durchsichtig, und alles, was sie tut, kann man gut sehen – jedoch leicht undeutlich, wie durch einen Schleier.

In ihrer Wohnung hat sie eine Wand entfernt und die zwei Zimmer verbunden – in diesem Teil ist ihr Atelier eingerichtet: tiefer im Raum hängen unvollendet Gobelins in Webrahmen. Sie zeigen unterschiedliche Sonnen – große gelbe, rote, orange Kreise vor einer kühlen Landschaft im Hintergrund.

Tomek beobachtet sie weiter.

Sie schaut ihre Post durch und wirft die Briefe auf den Tisch, als ob nichts Wichtiges dabei wäre. Immer noch im Mantel, geht sie dann zu einem ihrer Gobelins und – wie das die Maler oft tun und keiner weiß genau, weshalb – macht einige Schritte rückwärts, neigt ihren Kopf zur Seite und deckt mit ausgestreckter Hand einen Teil des Gobelins zu.

Auf einmal, unklar warum, breitet sie ihre Arme aus und steht eine Weile so da; wie ein Vogel, der sich zum Flug bereitet. Sie bewegt sogar ein paarmal ihre Arme. Vielleicht ist sie einfach gut gelaunt, und ihr Gobelin gefällt ihr. Dann tritt sie wieder näher und legt ihren Schal über den unfertigen Teil der Arbeit; sie prüft, wie die Farbe des Schals wirkt. Sie zieht ihren Mantel aus, streckt sich und bleibt bewegungslos in einer Position, in der man die Schweißflecken auf der Bluse unter ihren Achseln sehen kann. Dann knöpft sie ihre Bluse auf, läßt sie mit ihrem Rock fallen und verschwindet im Bad. Tomek hebt seinen Kopf von dem

Fernrohr weg. Der erste Teil der Vorführung ist zweifellos vorüber.

Er nimmt den Becher, der auf seinem Tisch steht, und geht leise – mit Rücksicht auf seine Wirtin, die die Mißwahlen im Fernsehen anschaut – ins Bad. Als er mit dem Becher voll Wasser zurückkommt, erzählt im Fernsehen eine zurechtfrisierte Blondine, daß sie Tiere und Natur mag.

Im Hintergrund stehen ähnliche blonde Frauen.

Die Wirtin wendet sich vom Fernseher ab.

– Nur Blondinen ... Einmal habe ich meine Haare blond gefärbt ... habe ich es dir erzählt?

– Ja.

Die Wirtin kichert.

– Marcin hat mich nicht erkannt.

In seinem Zimmer schließt Tomek die Türe hinter sich zu und stellt den Tauchsieder in das Wasser. Er wirft einen kurzen Blick durch das Fernrohr – es passiert nichts, Magda ist noch nicht aus dem Bad zurückgekommen. Tomek hält das Fernrohr auf einer alten Pendeluhr in ihrer Wohnung an. Die Uhr steht wahrscheinlich, denn das Pendel hängt bewegungslos.

Das Geräusch des kochenden Wassers zwingt ihn, von dem Fernrohr aufzublicken; er schüttet etwas Tee aus dem Glas in den Becher.

Durch das Fernrohr sieht er, wie Magda ihre nassen Haare abschüttelt. Zu Hause trägt sie eine weite Bluse mit Knöpfen.

In der Küche öffnet sie den Kühlschrank und zieht aus der Blusentasche ein kleines, an einer dünnen Schnur hängendes Pendel heraus. Ernsthaft hält sie es über den Käse und die Wurst. Als sie feststellt, daß das Pendel sich im Kreise dreht, macht sie sich ein Brot. Tomek ist ebenfalls hungrig geworden – wie immer, wenn man einen anderen essen sieht – und wickelt ein Schmelzkäsedreieck aus der Folie. Magda kehrt ins Zimmer zurück. Offensichtlich hat sie das Radio angeschaltet, da sie sich im Rhythmus bewegt – zu einer Musik, die Tomek natürlich nicht hört.

Er wählt die auswendig gelernte Nummer und beobachtet, wie Magda den Hörer abhebt. Jetzt kann auch er die Musik hören.

Er hört ihre Stimme.

– »Hallo ...«

Tomek hält den Atem an.

– »Ich habe genug von diesem Schwachsinn! Wer ist das, zum Teufel? Ich höre deinen Atem, du Schwein!«

Sie legt wütend auf. Tomek tut es leid. Automatisch süßt er seinen Tee und entscheidet sich plötzlich: schnell wählt er die gleiche Nummer und spricht halblaut.

– Entschuldigung.

Er legt auf und schaut durch das Fernrohr. Magda steht überrascht da, mit dem Hörer in der Hand; nach einer Weile lächelt sie und legt ruhig auf. Sie muß die Türklingel gehört haben, denn ihre Bewegungen werden schneller. Sie läuft in die Küche, wo sie ihren Mund unter dem Wasserhahn spült. Sie knöpft ihre Bluse zu und öffnet dann erst die Tür und schmiegt sich an ihn. Er ist größer, und es fällt ihm leicht, sie ganz zu umfassen; er hebt ihre Bluse ein wenig hoch und streichelt ihre Pobacken.

Tomek schiebt das Fernrohr weg; er ist nicht imstande zuzusehen, wie sich das weiterentwickelt. Das geht sowieso nicht, da die Wirtin aus dem anderen Zimmer ruft:

– Tomek! Nahost!

Im Fernseher sieht man Aufnahmen von irgendwelchen Kämpfen. Die Wirtin sitzt noch näher am Fernseher als sonst. Tomek stellt sich hinter ihren Stuhl.

– Haben sie es schon gezeigt?

– Nein. Es ist schrecklich.

Ohne auf die folgenden Nachrichten zu achten, nimmt sie seine Hand in ihre Hände. Tomek steht steif neben ihr.

– Es ist doch nichts passiert.

– Ich habe Angst ...

Tomek weiß nicht, wie er sich aus dieser Falle befreien soll. Die Frau, in ihre eigene Unruhe versunken, bemerkt nicht, wie peinlich die Situation ist.

– Was denkst du? Kommt er zurück?

– Ja. Alle kommen zurück. Ein halbes Jahr, und er ist wieder da.

Im Fernseher sieht man jetzt eine Reihe von Menschen, die nacheinander auf die Bühne kommen: ein Mann, der seinen Pulli hochgezogen hat und seine Bauchmuskeln im Rhythmus der Musik bewegt; hinter ihm ein anderer, mit riesigen Oberarmmuskeln.

Die Wirtin läßt Tomeks Hand los.

– Sie spielen auf den Zähnen ... ahmen die Vögel nach ... du solltest auch mitmachen. Warum gehst du nicht?

– Ich schäme mich.

Tomek lächelt hilflos. Er schämt sich wirklich; wahrscheinlich schämt er sich sogar zu sagen, daß er sich schämt.

Er geht ins Zimmer zurück und guckt unwillig durch das Fernrohr, da er weiß, was er sehen wird; trotzdem tut er es.

Einen Moment lang sucht er und stellt das Gerät ein, um genau das zu sehen, was er fürchtete. Er sieht einen Teil von Magdas nacktem Rücken, ihren Kopf, den sie mit ihren Händen umfaßt. Sie bewegt sich langsam und weich nach oben, nach unten. Die Hände des Mannes erscheinen, die nach ihren Schultern greifen und den Rhythmus ihrer Bewegungen verändern. Sie werden schneller und hören plötzlich auf. Magda senkt ihre Schulter, beugt sich nach vorn und steht nach einiger Zeit müde auf. Tomek begleitet sie mit dem Fernrohr – sie geht ins Badezimmer.

Er schaut zurück in den Raum und sieht dort den Mann, der das Telefon nimmt, mit jemandem redet und dabei seinen Mund mit der Hand verdeckt. Tomek ist wütend in der Gewißheit, der Zeuge einer Schweinerei zu sein, die der Mann Magda angetan hat.

Noch einmal schaut er durch das Fernrohr, aber wahrscheinlich hat sie sich mit dem Mann ins Bett gelegt, das zu tief im Zimmer steht, um es sehen zu können. Tomek öffnet den Schrank. Auf der Innenseite der Schranktür ist eine Zielscheibe befestigt, in der einige Wurfpfeile stecken. Er reißt einen aus der Mitte, steckt ihn in die Tasche und durchquert das Zimmer der Wirtin.

– Ich bringe den Müll weg.

– Der Müllschacht ist verstopft!

Mit einem vollen Mülleimer geht er aus dem Haus. Hinter der Wand des »Müllhäuschens« verschwindet er für einen Augenblick und erscheint gleich wieder, aber ohne den Eimer. Er rennt zu dem nächsten Haus. In einem Seitenweg neben dem Haus sucht er zwischen den geparkten Autos nach einem bestimmten. Schließlich findet er einen weißen Zasteva, neben den er sich hinkniet und mit unerwarteter Verbissenheit die scharfe Spitze des Wurfpfeils in einen der Autoreifen sticht. Dann in den zweiten.

Durch das Fernrohr sieht Tomek Magda, die im Sessel sitzt. Mit leichtem Grinsen schaut sie dem Mann zu; vielleicht, weil er besonders penibel seine Krawatte bindet und genauso penibel seine Weste zuknöpft. Sie steht nicht auf, als er weggeht.

Jetzt beobachtet Tomek den Mann, der aus dem Haus kommt. Er geht zu seinem Zasteva, läßt den Motor an, fährt los und hält sofort an. Der Mann untersucht die Räder und tritt wütend in die leeren Reifen.

Aus dem Auto holt er seinen Mantel sowie eine Aktentasche und läuft in Richtung Hauptstraße.

Tomek hebt die Augen vom Fernrohr und lächelt zufrieden über seine Rache.

Der große Wecker klingelt um 4.30. Tomek, halbwach, setzt sich im Bett auf.

Kurze Zeit später zieht er einen Wagen, voller Milchflaschen, durch die Siedlung.

Tomek lauscht an Magdas Tür, hört aber nichts als die Stille.

Hinter einer Ecke versteckt er die von ihr herausgestellte, leere Milchflasche und klingelt an der Tür. Er hört ein Scharren.

– Wer ist da?

– Milch.

Die Tür geht auf, und Magdas zerwühlter Kopf erscheint.

– Sie haben die Flasche nicht rausgestellt.

Sie verschwindet, und nach einigen Sekunden kommt sie

wieder mit einer leeren Flasche. Tomek gibt ihr die volle. Nachdem sie die Tür geschlossen hat, lauscht er noch auf die Geräusche aus dem Bad. Offenbar hat sie das Radio angeschaltet, da er durch das Wassergeräusch muntere Morgenmusik hören kann.

Tomek, in einem dunkelblauen Arbeitskittel, sitzt hinter einem Postschalter. Auf seinem Schreibtisch liegt alles sehr pedantisch geordnet: die Stempel, Kulis, Lineal und Zettel – alles auf seinem Platz.

Er kann sich nicht mit einer alten Frau verständigen, die er gerade bedient.

– Ich höre schlecht ...

– Die letzte Rentenbescheinigung!!

Die Greisin wühlt in ihrer Brieftasche, als habe sie verstanden. Magda, die das Postamt gerade betreten hat, stellt sich hinter sie.

Die alte Frau schaut Tomek hilflos an.

– Ich habe nicht gehört.

Tomek erhebt sich und muß, obwohl er sich vor Magda geniert, noch lauter schreien.

– Rentenbescheinigung!

Die Greisin schaut Magda an.

– Verstehen Sie ihn?

– Rentenbescheinigung.

Magda holt einen Filzstift aus ihrer Tasche und schreibt mit großen Buchstaben auf die Zeitung, die sie in der Hand hält: RENTENBESCHEINIGUNG. Die alte Frau starrt mit ihren bleichen Augen auf die Zeitung. Magda öffnet die Brieftasche der Frau und reicht Tomek den ganz oben liegenden Zettel.

Er zahlt der Greisin ihr Geld aus, das sie mit Magdas Filzstift in die Tasche steckt, und weggeht.

– Ihr Stift.

Magda macht eine Geste mit der Hand; es ist unwichtig.

– Ich habe einen Benachrichtigungsschein ...

Mit Magdas Zettel in der Hand, sucht Tomek sorgfältig in einem Stapel von Überweisungen. Er findet nichts. Noch einmal schaut er nach und sagt schließlich hilflos:

– Ist nicht da.

– Die Benachrichtigung ist aber da.

– Sehen Sie doch selbst.

Er reicht ihr den Stapel, den sie durchblättert, aber sie findet ihre Überweisung nicht.

Tomek lächelt.

– Sie sehen doch selbst ...

Sie hat keine Lust zum Lachen und spricht trocken.

– Wann soll ich kommen?

– Vielleicht, wenn die nächste Benachrichtigung da ist?

Magda murmelt etwas wie »Zum Teufel mit dem Chaos«.

Tomek sieht ihr nach, als sie draußen am Fenster vorbeigeht.

Unter den Hemden und T-Shirts in seinem Schrank findet Tomek einige Briefe mit vielen Briefmarken frankiert. Er legt einen neuen, ähnlichen Brief dazu. Neben der Wäsche liegt eine Glaskugel – innen ein kleines Haus und die untergehende Sonne. Wenn er die Kugel bewegt, erhebt sich vom Boden eine Schneewolke, die langsam auf diese Märchenlandschaft herunterfällt.

Es ist Abend.

Durch das Fenster sieht Tomek Magda, die ihre Gobelins einem Mann zeigt. Der Mann ist nicht groß, hat einen Bart, und er nickt anerkennend mit dem Kopf. Wahrscheinlich ist er ein Kollege; er verhält sich genauso wie sie: macht einen Schritt nach hinten und schaut sich einen Gobelin mit zur Seite geneigtem Kopf an.

Tomek versucht das Fernrohr so einzustellen, daß er nur Magda sehen kann – es gelingt ihm aber nicht; der Mann erscheint immer wieder im Bild. Es sieht so aus, als erteile der Mann ihr Ratschläge, wie die Komposition zu verbessern sei. Sie nähert sich ihm, um aus seiner Perspektive die Arbeit zu betrachten, und er – wie zufällig – umarmt sie. Mag sein, daß sie nun mehr sehen kann, denn sie reißt sich nicht von ihm los; im Gegenteil, sie läßt sich gerne umarmen. Diese freundschaftliche Umarmung ändert sich schnell; der Mann schiebt seine Hände unter ihren Pullover, und sie drückt sich mit dem ganzen Körper an ihn. Tomek, sichtbar wütend, greift nach dem Telefonbuch; dann wählt er eine Nummer.

– »Technischer Dienst, ich höre.«

– Ich wollte melden ... hier entweicht das Gas.

– »Woher wissen Sie das?«

– Ich rieche es ... und höre es sogar, weil es zischt.

– »Von wo?«

– Von einem Gasherd.

– »Haben Sie die Hähne zugedreht?«

– Ja.

– »Die Adresse?«

– Piratenstraße 4, Wohnung 376.

– »376? Wir sind bald da. Zünden Sie kein Feuer an.« Tomek lächelt den Hörer an.

Vor dem gegenüberliegenden Haus sieht er den vorfahrenden Wagen des Technischen Dienstes. Zwei Männer mit Mützen und großen Werkzeugtaschen betreten das Haus.

Magda sitzt mit dem Mann im Sessel – sie ist schon ohne Bluse, mit hochgeschobenem Rock. Als es an der Tür klingelt, bleiben sie bewegungslos. Dann schüttelt sie den Kopf zum Zeichen, daß es unwichtig sei, und will den Mann wieder umarmen. Die Handwerker sind aber hartnäckig – wahrscheinlich sind sie besorgt, daß etwas in der Wohnung passiert ist – und trommeln gegen die Tür.

Magda zieht endlich die achtlos weggeworfene Bluse an, streift ihren Rock herunter und läuft zur Tür.

Unterdessen versucht der Mann, seine Kleidung in Ordnung zu bringen. Es muß komisch aussehen, denn Tomek lächelt amüsiert. Magda schließt die Tür auf und erklärt den beiden Männern etwas, sie reden auch, und schließlich läßt sie sie in die Wohnung.

Die Techniker machen sich mit ihrem Werkzeug am Herd zu schaffen.

Nachdem sie die Wohnung verlassen haben, ist die Atmosphäre irgendwie anders. Magda stellt den Wasserkessel auf, der Mann beobachtet ihre Bewegungen, und als er sie umarmen will, weicht sie ihm aus.

Auf dem Flohmarkt bewegen sich viele Menschen – die Käufer, die Verkäufer; überall Kleider, Bücher, Schallplatten, Würste. Tomek winkt einem schlitzohrigen Händler zu.

– Ich wollte gerne dieses Fernrohr.

– Welches?

Der Händler schaut ihn an, als erinnere er sich an Tomek. Er reicht ihm das Fernrohr, das viel größer und besser ist als das von Tomek.

– Miezen beobachtest du?

Tomek wird rot.

– Du beobachtest sie. Zehn Riesen.

– Es hat doch neun ...

– Wegen der Miezen ist es teurer.

Tomek legt sein Auge an das Fernrohr und sucht sich ein Ziel. Er wählt einen entfernten Winkel des Marktes. Das Fernrohr hat einen Zoom, also kann er das Bild noch vergrößern – es ist wirklich phantastisch. Tomek richtet den Zoom auf diverse Uhren, die auf Zeitungspapier ausliegen. Er liest die Zeiten auf den Uhren und die Schrift auf den Zeitungen. Dann blickt er auf, um zu sehen, wo sich das alles tatsächlich befindet.

– Schau, was gebracht worden ist ... Ein Soldat hat es ...

Die Wirtin reicht Tomek einen geöffneten Brief, in dem sich ein blaues gefaltetes Fähnchen mit UNO-Emblem befindet. Nochmals liest sie das beschriebene Blatt.

– Sind in Damaskus gewesen ...

Tomek schaut sich das Fähnchen an und studiert die arabische Schrift der Poststempel auf dem Umschlag.

– Verstehst du was davon?

Tomek lächelt; es ist ihm gelungen, den Karton mit dem neuen Fernrohr so abzustellen, daß die aufgeregte Wirtin nichts bemerkt.

– Nein ... das verstehe ich nicht. Was noch?

– Gut ... alles läuft gut. Er schreibt: »Grüße Tomek und sagte ihm S.M.F.O.« Was heißt das?

– Das ist so ein Code.

Die Frau seufzt über die männlichen Geheimnisse und überfliegt erneut den Brief.

– Er wird die Welt sehen ... schade, daß ihr nicht zusammen ...

– Ich habe keine Sehnsucht.

Die Wirtin schaut ihn liebevoll an und küßt ihn auf die Wange. – Der Kuß ist von Marcin. Gut, daß du hier bist.

Mit einer mütterlichen Geste streichelt sie seine Wange und wird trübsinnig.

– Und was wird mit dir, wenn er zurückkommt? Ich wünsche mir, daß du dir dein Leben irgendwie einrichtest. Marcin wird sicherlich nicht lange hier wohnen. Vielleicht könntest du hierbleiben ... Für immer?

Nachdem er das neue Fernrohr auf seinem Tisch aufgebaut hat, füllt er im Bad den Teebecher mit Wasser. Die Wirtin erscheint in der Tür.

– Marcin schreibt auch ... er hat ein Mädchen kennengelernt ... Araberin ... sind zusammen im Kino gewesen ... Tomek, und du? Hast du jemanden?

– Nein.

– Sicherlich gab es niemanden, um dir zu sagen ... Mädchen tun nur so, als seien sie freizügig, und küßten jeden Jungen und so, aber in Wirklichkeit mögen sie sensible Männer, und sie wollen, daß der Junge ihnen gehört und sie ihm ... Verstehst du?

– Ich verstehe.

– Wenn du mit jemandem hierher kommen willst, brauchst du dich nicht zu genieren ...

– Das werde ich nicht.

Unklar, was Tomek in der Nacht aufweckt; er geht zum Fenster und entdeckt den weißen Zastava, der aus dem

Auspuff kleine Rauchwolken ausspuckt. Tomek sieht im Auto zwei dunkle Gestalten, aber niemand steigt aus. Schließlich geht die Tür auf der Beifahrerseite auf, aber eine Männerhand schlägt sie wieder zu. Die Tür öffnet sich zum zweiten Mal, Magda springt heraus und rennt zum Haus. Plötzlich hält sie an, kehrt zurück, hängt sich ins offene Autofenster und sagt noch etwas. Das weiße Auto fährt mit Motorgeheul davon. Tomek begleitet Magda mit dem Fernrohr, als sie durch den beleuchteten Korridor geht; er sieht zu, wie sie die Wohnungstür öffnet, wie sie schwer atmet, mit Wut ihren Mantel auf den Boden wirft und sich mit dem Rücken zum Fenster setzt. Durch das Fernrohr sieht er, wie ihre Schultern zu zittern beginnen – sie weint. Sie wickelt sich in ihren Schal, versteckt ihr Gesicht in den Händen und weint lange und kläglich. Sie tut Tomek so leid, daß ihm selbst fast die Tränen kommen – er schluckt laut. Auf einmal hört er leise die Stimme der Wirtin.

– Tomek?

In Unterhosen und einem T-Shirt kommt er zur Tür ihres Zimmers – dort brennt die kleine Lampe an ihrem Bett.

– Schläfst du nicht? Komm, setz dich.

Er kommt zu ihrem Bett mit Plumeau und einigen Kissen, die mit schneeweißer, gestärkter Wäsche bezogen sind.

– Ist etwas passiert?

– Hören Sie ... warum weinen die Menschen?

– Hast du noch nie geweint?

– Nur einmal ... lange her ...

– Als sie dich zurückgelassen haben?

Tomek mag dieses Thema nicht; er senkt seinen Blick, als ob er sich schuldig fühlte.

– Ja.

– Menschen weinen ... wenn jemand stirbt; weinen ... wenn sie einsam sind ... Wenn sie es nicht mehr aushalten.

– Was?
– Das Leben.
– Erwachsene Menschen?
– Ja.
Die Frau legt ihre Hand auf seine.
– Wolltest du weinen?
Er schüttelt den Kopf; nein, nicht er.

Tomek zieht seinen »Milchwagen« – die aufgestellten Flaschen klirren leise. Er betritt das Haus, in dem Magda wohnt, holt aus der Tasche einen kleinen Zettel und schiebt ihn vorsichtig in den Briefkasten mit der Nummer 376.

Magda kommt zum Schalter, an dem Tomek sitzt.
– Bin ich bei Ihnen gewesen?
– Ja, bei mir.
– Ich habe eine neue Benachrichtigung.
Sie holt aus der Tasche den Zettel, den Tomek in ihren Briefkasten geschoben hat. Tomek, wie früher, schaut die bei ihm liegenden Überweisungen durch und – ebenfalls wie früher – breitet hilflos seine Arme aus.
– Es ist nichts da.
– Ich komme schon zum zweitenmal.
– Das weiß ich.
– Zum zweitenmal bekomme ich eine Benachrichtigung, die keine ist.
– Ich weiß.
– Ein Chaos ist das!
– Ja.

– Könnten Sie jemand Älteren hierher bitten?
– Wie bitte?
– Jemand Älteren. Den Filialleiter oder so.
Tomek ist nicht mehr sicher, ob die Idee mit den Benachrichtigungen gut war. Hinter Magda bildet sich langsam eine Schlange.
Tomek kommt zurück mit dem Filialleiter, der sich als dickes, breitarschiges Weibsbild mit Goldrandbrille entpuppt.
Mit einem Schrei eröffnet sie den Angriff.
– Ja, bitte?
Magda reicht ihr den Zettel.
– Hier ist einer; kam vor einigen Tagen, und hier ist der zweite. Zwei Benachrichtigungen über Geldüberweisungen, aber das Geld ist nicht da; die Überweisungen ebenfalls nicht.
Das Weib betrachtet die Zettel, als halte sie so etwas zum erstenmal in den Händen.
– Tja, ein Benachrichtigungsschein …
– Aber das Geld ist nicht da.
– Die Überweisungen bitte. Von wem sollte das Geld kommen?
– Ich weiß nicht.
– Woher wissen Sie dann, daß es kommen soll?
– Ich habe doch die Benachrichtigungen, sogar zwei.
Das Weib schreit die ganze Zeit; alle im Postamt schauen Magda an.
– Der Beamte hat Ihnen doch gesagt, daß es nichts gibt.
– Wie kann es nichts geben, wenn …
Das Weib wirft den Stapel von Überweisungen auf den Tisch.
– Sehen Sie doch, daß nichts da ist. Suchen Sie doch selbst, wenn Sie es nicht glauben.

– Hab schon gesucht. Ich schreibe mir doch selbst keine Benachrichtigungen ...

– Ich auch nicht! Herr Wacek?!

Das Weib brüllt noch lauter – obwohl das kaum möglich zu sein scheint. Ein kleiner, etwas kurioser Briefträger erscheint, dem das Weib den Zettel unter die Nase streckt.

– Was sind das für Benachrichtigungen, Herr Wacek? Haben Sie das ausgestellt?

– Nein, ich schreibe nur mit Bleistift.

– Sie waren in meinem Briefkasten.

– Hören Sie? Die sind nicht von uns. Der Briefträger sagt es deutlich!

Auch Magda ist jetzt wütend.

– Dort ist aber der Stempel Ihres Postamtes ...

– Das ist ein staatliches Postamt! Wenn Sie sich solche Zettel selber ausstellen, dann gehen Sie zur Polizei, und führen Sie hier keine Ermittlungen durch.

Magda streckt ihre Hand aus.

– Sie haben recht, man muß zur Polizei.

– Die werden Sie sicherlich nicht zurückbekommen. Gefälscht ... oder weiß Gott ...

Vor Magdas Augen zerreißt sie die Zettel, wirft alles energisch in den Papierkorb und reibt sich die Hände.

– Unverschämt. Geld wollte sie erschwindeln!

Tomek sieht die ganze Zeit dem Streit zu, den er verursacht und der letzlich Magda erniedrigt hat. Sie verläßt das Postamt, und das Weib, von sich selbst begeistert, verläßt ebenfalls den Schalterraum. Tomek folgt ihr.

– Frau Filialleiterin.

Im Gegensatz zu vorher ist das Weib jetzt sehr ruhig und nett.

– Wußten Sie nicht, wie man solche Sachen regelt? Jetzt wissen Sie es.

Magda steht am Ende einer kurzen Schlange am Taxistand vor der Post. Tomek geht auf sie zu, aber er weiß nicht, wie er beginnen soll.

– Haben Sie die Überweisung gefunden?

– Nein ... Wissen Sie ...

Ein Taxi fährt vor; die Schlange bewegt sich.

– Wollen Sie etwas von mir?

– Diese Benachrichtigungen ... habe ich in Ihren Briefkasten geworfen.

Magda versteht nicht. Das nächste Taxi kommt, und sie stehen jetzt allein.

– Ich habe sie reingeworfen.

– Und die Überweisung?

– Es gab keine.

– Wozu dann?

Magda, die noch vor einem Augenblick unruhig war und es eilig hatte, ist neugierig geworden.

– Ich verstehe nicht. Wozu denn?

Tomek weiß nicht so genau, was er mit seinen großen roten Händen machen soll, die unter den zu kurzen Ärmeln seines Postkittels hervorschauen.

– Ich wollte Sie sehen.

Aus einem formellen Gespräch ist jetzt ein privates geworden. Magda beobachtet ihn und seine Unbeholfenheit, die rührend sein kann, aber auch genauso irritierend.

– Sie wollten mich sehen?

– Ja. Gestern haben Sie geweint.

– Woher wissen Sie das?

– Ich ...

Er hebt seinen Blick und schaut ihr direkt in die Augen.

– Ich beobachte Sie heimlich.

Dieses Geständnis am Taxistand scheint Magda so absurd, daß sie Lust hat aufzulachen, aber Tomek wendet den

Blick nicht von ihr, und man sieht, daß er keine Scherze macht. Er tut ihr leid.

– Sie werden frieren in Ihrem Kittel.

Sie spricht fast freundlich, möchte aber weggehen. Tomek will diesen Moment noch aufhalten, obwohl er so peinlich ist. Er läuft hinter ihr her und ruft:

– Hören Sie! Sie wollten zur Polizei ... Ich gestehe alles, sofort ... Sie müssen nicht aufs Revier. Hier ist gleich ein Posten und ein Polizist.

– Hau ab.

– Ich sage, was Sie wollen.

– Hau ab. An die Arbeit. Hörst du?

Die letzten Worte sind scharf; sie betont sie noch mit einer Kopfbewegung.

Tomek kehrt langsam um, und Magda sieht ihm nach, wie er weggeht: unglücklich und ungeschickt, mit seinen zu langen Beinen, in seinen großen Schuhen und den zu kurzen Ärmeln.

Abends wiederholt Tomek erneut seine unverständlichen Worte. Er schließt die Augen, flüstert die Worte, schaut in seinem Heft nach und schließt wieder die Augen.

Als der Wecker klingelt, stellt Tomek ihn sofort ab. Er hat Angst, in Richtung des gegenüberliegenden Hauses zu blicken, aber nach einiger Zeit, ganz langsam – die Bewegungen in einzelne Phasen teilend –, deckt er das Fernrohr auf.

Im Fenster, das er sieht, geht das Licht an. Jetzt schaut er durch das Fernrohr – Magda steht am Fenster ihrer Wohnung und schaut Tomek direkt ins Gesicht. Er hat jetzt das neue bessere Gerät und sieht genau, wie sie prüfend das

Haus beobachtet; ihr Blick wandert von oben nach unten. Tomek will die Lampe an seinem Tisch ausmachen, aber in letzter Sekunde entscheidet er sich anders – es ist ihm klargeworden, daß das Ausschalten der Lampe sie in diesem Moment auf die Spur geführt hätte.

Magda geht zu der großen Uhr an der Wand und zieht sie – die ganze Zeit zum gegenüberliegenden Haus blickend – mit einem kleinen Schlüssel auf. Dann geht sie zum Fenster und knöpft langsam ihr Kleid auf. Sie tut das, als wäre sie auf der Bühne, aber plötzlich fällt ihr etwas ein; ihre Bewegungen sind jetzt natürlicher.

Sie dreht ihre Gobelins mit der Rückseite zum Fenster, so daß Tomek sie nicht sehen kann. Mit einem unangenehmen Lächeln – so scheint es ihm – schiebt sie das große Bett vom Fenster weg. Es kostet sie viel Mühe – das Bett ist schwer, aber endlich läßt sie es an der Wand, gegenüber dem Fenster, stehen. Dann nimmt sie das Telefon und setzt sich auf das Bett. Tomek wählt ihre Nummer und hört ein eintöniges Signal. Sie wartet. Tomek auch. Nach dem zehnten Klingelzeichen hebt sie den Hörer ab.

– »Hallo ...«

Tomek antwortet nicht.

– »Ich zähle bis drei. Eins, zwei, drei ...«

– Hallo.

– »Schaust du?«

– Ja.

– »Na, dann schau. Sieh dich satt. Ich habe das Bett verschoben. Hast du es bemerkt?«

– Ja.

– »Amüsiere dich gut.«

Sie legt auf, geht zur Tür und öffnet dem bärtigen Mann. Er schafft es nicht einmal, die Türe zu schließen, da sie ihn sofort umarmt; unter ihrer beider Gewicht fällt die Tür zu.

Magda zieht dem Mann die Jacke aus und zerrt ihn aufs Bett. Er macht das Licht aus, aber sie schaltet es sofort wieder an. Sie flüstert dem Mann etwas ins Ohr – der setzt sich hastig auf und deckt sich mit dem Bettlaken zu. Er steht auf, geht zum Fenster, und Magda, die begeistert lacht, zeigt mit dem Finger auf das nächste Haus. Mit seinen Kleidern in der Hand rennt er aus dem Zimmer, und nach kurzer Zeit erscheint er auf dem Platz zwischen den Häusern. Vor Tomeks Haus bleibt er stehen und schaut nach oben.

– He! Du Scheißer!

Das riesige Haus mit seinen zahllosen Fenstern sieht von seinem Blickwinkel wie eine unzugängliche Festung aus. Tomek blickt von dem Fernrohr weg und beobachtet den Mann durchs Fenster.

– Du Scheißer! Du Postratte! Komm raus!

Aus den Fenstern lehnen sich Menschen; der Mann schreit noch lauter. – Komm raus, du feiges Arschloch!

Tomek geht los. Er geht durch das Zimmer der Wirtin, die über sein spätes Erscheinen verwundert ist, rennt die Treppen hinunter und trifft den Mann vor der Haustür. Er bleibt vor ihm stehen.

– Bist du es, Freundchen?

– Ja.

– Heb die Hände.

Gehorsam hebt Tomek seine Hände und stellt sich in Boxerhaltung. Der Mann ist nicht groß, aber kräftig gebaut. Eine Zeitlang umkreist er Tomek, und mit Verwunderung schüttelt er seinen Kopf – man weiß nicht, was ihn so wundert; mag sein, es ist Tomeks Alter. Plötzlich und unerwartet schlägt er Tomek mit ganzer Kraft aufs Kinn. Tomek fällt auf den Boden. Der Mann kniet neben ihm, klopft mit der Hand auf seine Wange, und als Tomek die Augen öffnet, hilft er ihm aufzustehen.

– Mach das nie wieder. Es ist ungesund.

Die Wirtin macht ihm einen kalten Umschlag. Er hat eine aufgerissene Lippe und einen blauen, geschwollenen Fleck unter dem Auge.

– Mach dir keine Sorgen. In Wirklichkeit mögen sie die Starken nicht. Sie mögen die Schwachen.

– Wer?

– Die Mädchen.

Tomek schließt die Augen. Die Wirtin geht zu seinem Tisch und deckt sorgfältig – wie Tomek es immer tut – das Fernrohr mit dem Flanellstück zu.

Mit seinem Wagen voller Milch und seinem geschwollenen Gesicht fährt er im Aufzug in das Stockwerk, wo Magda wohnt. Sehr leise, fast auf den Zehenspitzen, nähert er sich mit der Flasche ihrer Türe. Als er weggehen will, geht die Türe auf, und die verschlafene Magda steht da.

– Ich dachte mir, daß du es bist. Willst du hereinkommen? Es ist keiner da ... Hast du mir den Schlüssel für die Uhr auf die Türklinke gehängt?

Tomek nickt.

– Nicht schlecht siehst du aus ... Kannst du nicht schlafen?

– Nein.

– Warum beobachtest du mich?

– Weil ... weil ich Sie liebe. Wirklich. Ich liebe Sie.

Beide flüstern.

– Und was ... was willst du?

– Ich weiß nicht.

– Willst du mich küssen?

– Nein.

– Willst du mit mir ins ... willst du mit mir Liebe machen?

– Nein.

– Vielleicht willst du, daß ich mit dir irgendwohin fahre? An die Masurischen Seen oder nach Budapest?

Tomek schüttelt den Kopf.

– Was willst du dann?

– Nichts.

– Nichts?

– Nichts.

Eine Weile stehen sie schweigend da.

– Sie werden frieren. Morgens ist es kalt.

– Ja.

– Ich muß das austragen.

Tomek deutet auf den offenen Aufzug, in dem die Milch steht.

Er steigt in den Aufzug, aber dann kommt ihm etwas in den Sinn; er kehrt um und klopft an ihre Tür. Sie macht gleich auf.

– Könnte ich ... darf ich Sie ins Café einladen?

In der morgendlichen Sonne und dem leichten Bodennebel rennt Tomek – seinen Wagen voller Milchflaschen hinter sich ziehend – durch die Gehwege der Siedlung. Er hat es nicht eilig, aber er rennt so schnell wie nur möglich – er ist einfach glücklich. Mit Wucht rauscht er über eine Pfütze, und ein Mann in einem hellen Mantel und mit einem sehr großen Koffer gerät unter diesen Regen. Der Mann hält an, vollbespritzt.

– Verzeihung!

Der Mann antwortet nicht. Er betrachtet Tomek, als verstehe er alles, aber sein Gesicht wird von einem flüchtigen Moment der Trauer getrübt.

Der Fernseher ist an – die Wirtin sitzt davor mit ausgebreiteter Zeitung und einem Kuli in der Hand.

– Könnte ich ... den Anzug von Marcin leihen?

– Nimm nur. Er ist in einem Sack, wegen der Motten ... Warte mal ... Sie liest aus der Zeitung;

– »Du übernimmst die Initiative, um eine Abendgesellschaft zu unterhalten. Ja oder nein?«

Tomek überlegt. Er hat noch nie an einer Abendgesellschaft teilgenommen.

– Nein.

Da er weiß, daß weitere Fragen folgen, läßt er die Tür zu seinem Zimmer offen. Aus einem Plastiksack holt er den dunkelblauen Anzug heraus. Währenddessen stellt die Frau die nächsten Fragen.

– »Ich mache jemanden nach, den ich für interessanter halte, ja oder nein?«

– Nein.

– »Ich verdiene Geld und gebe es gern aus?«

Tomek zieht die Hose an.

– Nein.

– »Erotik und Sex betrachte ich als etwas Unverbindliches?«

– Nein.

Im Spiegel sieht er seinen unförmigen Körper in dem zu kleinen, schlechtsitzenden Anzug. Die Wirtin fragt nicht mehr, und – nachdem sie seine Punkte zusammengezählt hat – kommt sie mit der Zeitung in sein Zimmer.

– Du hast null Punkte erreicht. Von null bis fünfundzwanzig: »Oft triffst du Entscheidungen, die für dich ungünstig sind. Dieser Streß kostet dich sehr viel. Sei vorsichtiger und behandle das Leben, wie das Leben es verdient hat.«

Heimlich nimmt er die Briefe aus seinem Schrank heraus und steckt sie in die Tasche. Dann, als die Wirtin mit dem Lesen der Testergebnisse beschäftigt ist, steckt er noch die Glaskugel ein.

Im Caféhaus »Telimena« sitzen viele junge Leute in Pullis, legeren Hemden und Taschen, die sie über die Schulter geworfen halten.

Tomek, in seinem komischen Anzug mit einem ebenfalls komischen Blumenstrauß, steht an der Garderobe, wo er unwillkürlich allen, die dort vorbei wollen, im Wege steht. Er weiß nicht, daß sich oben noch ein Raum befindet.

– Hallo!

Über das Geländer gelehnt ruft ihn Magda von oben. Er schaut sich um, steigt die Treppen hinauf und reicht ihr den sehr großen Blumenstrauß.

– Vielen Dank. Wie heißt du? Ich weiß nicht, wie ich dich nennen soll.

– Tomek.

– Ich bin Magda.

Tomek küßt ihre Hand. Er schaut sie die ganze Zeit an, und sie weiß nicht genau, wie sie sich mit ihm unterhalten soll und worüber. Die Blumen läßt sie auf dem Tisch.

– Willst du eine Zigarette?

Tomek raucht nicht, also nimmt sie eine, und er – wie es sich gehört – steht auf und gibt ihr Feuer.

– Wie alt bist du?

– Neunzehn.

– Sag mir etwas ... über dich.

Tomek lächelt; er hat schöne gerade Zähne, und dieses einnehmende Lächeln verändert sein Gesicht.

– Heute habe ich gehört, daß ich das Leben so behandeln soll, wie das Leben es verdient.

– Sehr richtig.

– Nein. Das Leben ist doch so, wie wir sind.

– Glaub nicht daran. Was noch?

– Daß ich falsche Entscheidungen treffe.

– Dann sind wir ähnlich. Ich mache das gleiche. Auch daß wir hier sitzen, ist unsere falsche Entscheidung.

– Sie weinten ... warum?

Sie lächelt traurig.

– Was hat er Ihnen angetan?

– Nichts.

– Ist jemand gestorben? Konnten Sie es nicht mehr aushalten?

– Nein. Warum?

– Menschen weinen, wenn sie das Leben nicht mehr ertragen können.

– Wenn sie es mit sich selber nicht aushalten ...

Er kann das nicht verstehen.

– Immer wieder mache ich etwas gegen andere, und dann zeigt es sich, daß es sich schließlich gegen mich selbst richtet ... Verstehst du das?

– Ich glaube ja.

– Wie lange beobachtest du mich schon?

– Seit einem Jahr.

– Lange ... Heute morgen ... Du benutzt altmodische Worte. Du sagtest ...

– Ich liebe Sie.

– Hör mal, das gibt es nicht. Es kann angenehm sein, es kann bequem sein, es kann sogar leicht und erhebend sein ... Aber DAS gibt es nicht.

– Doch.

– Ich bin zehn Jahre älter als du. Das gibt es nicht. Was machst du noch, außer daß du mich liebst. Du arbeitest bei der Post … Und was noch?

– Ich lerne Sprachen.

– Und was hast du gelernt?

– Bulgarisch …

– Bulgarisch?

– Bei uns im Heim … ich bin im Kinderheim aufgewachsen … waren zwei Bulgaren. Dann habe ich Italienisch und Französisch gelernt. Jetzt lerne ich Portugiesisch.

Sie sah ihn überrascht an.

– Und kannst du sprechen?

– Portugiesisch noch nicht.

– Sage: »Ich sitze im Café mit einem ungewöhnlichen Jungen.« Auf italienisch.

Tomek sagt diesen Satz auf italienisch.

– Und auf bulgarisch? Er sagt ihn bulgarisch.

– Du bist merkwürdig …

– Nein … Ich habe ein gutes Gedächtnis. Ich erinnere mich an alles, von Anfang an.

– Erinnerst du dich an deine Geburt?

– Manchmal glaube ich, ja.

– Und an deine Eltern?

– Nein, an sie nicht. Ich will nicht. An die Mutter will ich mich nicht erinnern, und meinen Vater habe ich nie gesehen.

– Erinnerst du dich an einen Mann … schlank und jung … Er ist im Herbst zu mir gekommen …

– Ich weiß. Er brachte immer Brötchen und Hörnchen mit … holte Pakete ab …

– Er ist weggefahren … und kam nicht zurück.

– Er war … ich mochte ihn. Nicht gleich …

– Ja. Er ist nach Österreich gereist und dann nach Australien.

– Nach Australien.

Tomek spricht so, als wisse er Bescheid. Er zögert ein bißchen und greift in seine Tasche.

– Ich hatte keine Ahnung, daß er das war ... Wissen Sie ... ich habe manchen Ihrer Briefe erhalten.

Er holt aus der Tasche die Briefe, die er unter der Wäsche versteckt hatte, und reicht sie ihr.

– Ich arbeite bei der Post.

– Du hast mich umzingelt ... schickst Handwerker hinter mir her, bestellst mich zur Post, stiehlst meine Briefe, bringst mir Milch ...

– Entschuldigung.

– Du verschwendest viel Zeit für mich.

– Ich denke an Sie ...

– An wen denkst du noch?

– Ich habe einen Freund. Er ist in Syrien, bei polnischen UNO-Truppen. Wir sind zusammen zur Schule gegangen. Ich wohne zur Zeit bei seiner Mutter. Er hat Sie auch beobachtet.

– Hat er dir etwas erzählt?

– Nein. Als er wegfuhr, hat er mir das Fernrohr überlassen und das Fenster gezeigt.

– Was sagte er dann?

– S.M.F.O., so ein Code.

– Was heißt das? Sag mir.

– ... Süße Mieze f ... vögelt oft ...

– Guten Abend. Was wünschen Sie?

Beide unterbrechen das Gespräch. Tomek will galant sein, und er bestellt, was ihm angebracht erscheint.

– Zwei Kaffee, bitte. Und zwei Kuchen.

– Ich würde gerne Wein trinken. Rotwein.

– Dann Wein. Wieviel kostet das?

– Zweihundertvierzig.

– Zwei Gläser bitte.

Die Kellnerin entfernt sich

Zeig mir deine Hand.

Tomek legt seine Hand auf den Tisch. Magda holt ihr Pendel und hält es über seine Hand. Zuerst bewegungslos, dann langsam und immer schneller dreht das Pendel Kreise über seine Hand.

– Du bist gut.

– Nein. Ich habe schlechte Sachen gemacht.

– Für mich; für mich bist du gut.

Sie legt ihre Hand auf die seine.

– Streichle mich.

Tomek umfaßt und drückt ihre Hand.

In Magdas Wohnung. Aus dieser neuen Perspektive sieht alles anders aus. Tomek verhält sich so, als würde er diesen Raum zum erstenmal sehen. Er holt die Glaskugel und stellt sie auf den Gobelinrahmen. Aus dem Bad kommt Magda, mit nassen Haaren, in einem Bademantel. Sie hält vor dem Rahmen und sieht zu, wie in der Kugel der Schnee auf das Märchenhaus und auf die untergehende Sonne langsam herabfällt.

– Könnten Sie so eine Kugel sticken?

Magda schüttelt ihre Haare, und die kleinen Wassertropfen erreichen Tomek, der unter dieser Dusche die Augen schließt.

– Mache ich es immer so?

– Ich habe es nicht gesehen.

– Das ist gut. Nicht alles soll sich wiederholen.

Sie nimmt die Kugel in die Hand.

– Woher hast du sie?

– Schon lange. Ich habe sie als Andenken bekommen ... Sie ist für Sie.

Magda, mit der Kugel in der Hand, drückt sich mit ihrem ganzen Körper an ihn. Wenn er wollte, könnte er sie umarmen. Er kann aber nicht, also weicht er zurück, einen Schritt nach dem anderen.

– Ich bin nicht gut. Du sollst sie mir nicht schenken.

Er fällt in den Sessel. Magda beugt sich über ihn.

– Du weißt, daß ich schlecht bin? Wirklich. Das bin ich.

– Ich liebe Sie, und es ist mir alles gleich.

– Was weißt du noch über mich?

– Sie trinken Milch.

– Was noch?

– Sie laufen auf den Zehenspitzen. Jeden Tag eine Minute.

– Aber, was siehst du, wenn der eine oder andere hierherkommt ...

– Das heißt ... ihr liebt euch. Ich habe früher zugeguckt, aber jetzt nicht mehr. Ich schaue nicht mehr zu.

– Nein. Das hat nichts mit Liebe zu tun. Sag, was ich dann tue.

– Sie ziehen sich aus. Die Männer ebenfalls ... Sie ziehen Sie auch aus. Ihr legt euch aufs Bett oder auf den Teppich. Sie schließen die Augen ... Manchmal heben Sie Ihre Arme und halten sie oben, hinter dem Kopf.

An Tomeks Fenster bemerkt man eine Frau. Das Flanellstück liegt auf der Seite, und Tomeks Wirtin schaut durch das Fernrohr und sieht, worauf es seit langem gerichtet ist.

Die Frau kann das eine Auge nicht zukneifen und deckt es also mit der Hand zu. Sie sieht …

Magda kniet sich vor ihn; jetzt ist sie Tomek näher.

Sie schaut ihm direkt ins Gesicht, und er versucht, ihrem Blick auszuweichen. Ihre Spannung ergreift ihn.

– Hast du einmal ein Mädchen gehabt?

– Nein.

– Und wenn du mich beobachtest … machst du es selbst?

– Früher, vorher …

– Weißt du, daß es eine Sünde ist?

– Ja.

Seine Stimme ist rauh. Er versucht sich gegen seine eigene Begierde zu wehren.

– Ich mache das nicht mehr. Ich denke nur an Sie.

– Denke jetzt an mich … ich habe nichts drunter. Du weißt es doch?

– Ich weiß.

– Wenn eine Frau einen Mann will, wird sie da unten naß … Willst du es spüren, ob ich es bin?

Sie nimmt seine Hände und schiebt sie unter ihren Bademantel. Tomek berührt ihre Schenkel, und der Bademantel rutscht auseinander.

– Mach die Augen nicht zu. Du hast zarte Hände. Groß, aber zart. Magda führt seine Hände immer weiter. Er fängt zu zittern an, atmet immer schneller und schließt die Augen, trotz des Verbots. Plötzlich umklammern seine Hände ihre Beine; er schnappt nach Luft, hält die Luft an und atmet laut aus. Wieder atmet er und versucht, zu seinem normalen Atem zurückzufinden – es geht aber nicht. Die Erregung verläßt Magda; sie grinst.

– Schon?

Tomek öffnet die Augen. Vor sich hat er ihr lächelndes normales Gesicht ohne jegliche Spur der früheren Spannung.

– Na und? War es gut?

Immer noch atmet er unnatürlich schnell, aber ihre Worte erreichen ihn. Sein Gesicht erstarrt.

– Das ist alles, die ganze Liebe. Geh ins Bad und wisch dich ab.

Er schaut sie aufdringlich an, als habe er alles in einem anderen Licht gesehen: sie vor ihm, gleich neben ihm; er vor ihr; sie in dem halboffenen Bademantel ... Auf einmal reißt er sich aus dem Sessel und stürzt aus der Wohnung. Magda, im Sessel zurückgelehnt, folgt ihm mit ihrem Blick.

Dann geht sie zum Fenster und sieht zu, wie er ungeschickt nach Hause rennt. Er rennt an dem Mann im hellen Mantel vorbei, der sich umdreht und ihm nachschaut.

Magda greift nach der Fensterklinke, öffnet das Fenster, aber Tomek ist schon weit. Sie begreift die Sinnlosigkeit dieser Geste und schließt das Fenster gleich wieder.

Sie drückt ihr Gesicht an die Scheibe und schlägt mit der Faust ein paarmal auf das Fensterbrett.

Tomek schaltet das Licht im Badezimmer an. Sehr leise – es ist schon spät – holt er die auf dem Regal stehende Schüssel und läßt, um keinen Krach zu machen, mit dem Duschschlauch das Wasser ein.

Das Wasser ist heiß; es dampft. Er zieht seine Jacke aus. Sorgfältig hängt er sie auf den dort stehenden Stuhl und krempelt die Ärmel des Hemdes hoch. Tomek dreht den Hahn zu, legt den Schlauch zurück und nimmt seinen Rasierapparat. Er schraubt ihn auf und holt die Rasierklinge heraus, schraubt alles wieder zusammen und legt ihn zurück.

Mit einem kleinen Opernglas fixiert Magda die dunklen Fenster des gegenüberliegenden Hauses. Unter dem Gobelinrahmen holt sie ein Stück weißen Karton hervor und schreibt groß, mit dickem Filzstift: »KOMM ZURÜCK.« Dann, in etwas kleineren Buchstaben, schreibt sie dazu: »Verzeih mir.« Sie legt das Blatt so ans Fenster, daß man es von außen lesen kann. Und sie steht da, vor der grellorangen Sonne in der grünlichen Gobelinwelt, die an eine Landschaft erinnert.

Tomek kniet vor der Schüssel mit heißem Wasser und schneidet sich präzise die Adern auf – zuerst am linken und dann am rechten Arm. Beide Hände steckt er in die Schüssel, und das Wasser färbt sich sofort rot. Tomek lehnt seinen Kopf an die weiße Wand. Der Dampf hat sich auf seinem Gesicht in Wasser verwandelt und sieht jetzt aus wie Tränen.

Nachdem sie ihr Plakat mit Klebeband am Fenster befestigt hat, bemerkt sie Tomeks Mantel, den er vergessen hatte. Sie steckt ihre Hand in die Manteltasche und findet nur eine abgestempelte Busfahrkarte.

Es klingelt an der Tür. Mit dem Mantel in der Hand läuft sie hin und wirft einen Blick durch das Guckloch: vor der

Tür steht der bärtige Mann, mit einem – durch die Linse – riesigen Kopf.

– Ich bin nicht da.

Der Mann klopft heftig an die Tür.

– Ich bin nicht da! Hörst du? Nicht da!

Sie kehrt zum Fenster zurück. In Tomeks Zimmer ist es dunkel, sie bemerkt aber Unruhe im Treppenhaus: jemand steigt in den Aufzug, ein anderer rennt die Treppen hinunter. Vor dem Haus steht ein Rettungswagen, und Sanitäter tragen eine Bahre – darauf liegt jemand unter einer Decke. Der Rettungswagen fährt weg. Eine ältere Frau mit einem Tuch über dem Nachthemd schaut dem wegfahrenden Auto nach. Dann geht sie zurück ins Haus.

Magda, mit Tomeks Mantel in der Hand, rennt hoch in den fünften Stock. Einen Moment lang sucht sie die richtige Türe, da sie aber unsicher ist, klopft sie leise an. Die Wirtin, immer noch mit ihrem Tuch über dem Nachthemd, öffnet.

– Entschuldigung, ich habe Sie geweckt ...

– Nein.

– Wohnt hier ...

– Ja.

– Er hat bei mir ...

Sie zeigt auf den Mantel.

– Er ist nicht da ... kommen Sie herein.

Magda betritt die Wohnung. Die Frau zeigt auf einen Stuhl.

– Lassen Sie ihn dort liegen.

Magda legt den Mantel auf den Stuhl. Die Frau macht nicht den Eindruck, als wolle sie sie hinauskomplimentieren.

– Ist er … weggegangen?

– Er ist im Krankenhaus. Nichts Schlimmes … in ein paar Tagen ist er wieder draußen. Nichts Schlimmes.

– Ich würde ihn gerne besuchen. Er war bei mir …

– Ich weiß.

– Ich glaube, ich habe ihm unrecht getan.

– Es wäre nicht gut, wenn Sie hingehen würden. Er kommt bald wieder.

– Was ist mit ihm?

– Sie werden es komisch finden … Er hat sich in Sie verliebt.

– Aber warum ist er im Krankenhaus?

– Ich habe gesagt, nichts Schlimmes. Wollen Sie etwas sehen? Die Wirtin nimmt das Flanellstück vom Fernrohr ab.

– Hier ist sein Fernrohr. Hier ist sein Wecker. Auf halb neun eingestellt. Um diese Zeit kommen Sie immer zurück, nicht wahr?

– Ungefähr.

– Er hat es sich nicht gut ausgesucht, was?

– Stimmt.

– Ich werde mich jetzt um ihn kümmern.

– Sie haben einen Sohn.

– Er ist weggefahren. Wenn er zurückkommt, wird er bald wieder fort sein … ist schon immer geflohen … Tomek – wenn ich gut zu ihm bin – wird mich nicht alleine lassen … Wird nicht abhauen..

Magda kehrt noch einmal zu der Wohnung zurück und klopft …

– Verzeihung, wie heißt er … wie ist sein Name?

– Tomek.

Die Wirtin schließt hinter Magda die Türe; diesmal lauter.

Bei Tagesanbruch erwacht Magda in ihren Kleidern auf dem Bett; sie friert.

Über den Platz zwischen den beiden Häusern geht – in ein Tuch gehüllt – Tomeks Wirtin und zieht den Milchwagen hinter sich.

Magda steht unentschlossen im Postamt. Am Schalter, an dem Tomek saß, hängt ein Schild: »Wegen Krankheit nicht besetzt.«

Ein älterer Beamter strahlt, als er Magda sieht.

– Guten Tag, Frau Magda. Melden wir heute jemanden an oder ab?

– Nein, wissen Sie ... ich würde gerne erfahren, wer in dem Haus mir gegenüber wohnt ... Ich habe die Adresse.

Sie reicht ihm einen Zettel. Der Beamte sucht und hilft sich dabei mit dem Finger, den er an den Rubriken entlangführt.

– Maria Karska, Hauptmieterin, und Marcin Karski, ihr Sohn.

– Dort soll noch ein Tomek wohnen.

– Nein, er ist nicht eingetragen. Noch etwas?

Magda schüttelt den Kopf.

Das Telefon weckt sie in der Nacht. Magda ist sofort auf den Beinen und nimmt ab.

– Hallo! ... Hallo!

Am anderen Ende der Leitung ist es still.

– Bist du es Tomek? Tomek?

Stille.

– Sag was.

Nichts.

– Tomek ... ich suche dich ...

Sie nimmt ihr Opernglas – Tomeks Fenster ist dunkel; im Telefon ist es immer noch still.

– Ich suche dich überall ... bin in einigen Krankenhäusern gewesen. Ich wollte dir sagen ... daß du recht hattest.

Stille.

– Hörst du? Du hattest recht.

Einen Moment lang hält sie noch den Hörer ans Ohr, legt ihn schließlich auf und will schon weggehen, als es zum zweitenmal klingelt. Sie reißt den Hörer hoch.

– »Magda?«

– Ja.

– »Witek hier. Ich kann dich nicht ...«

– Hast du eben angerufen?

– »Ja, aber es gab keine Verbindung.«

– Hast du mich gehört?

– »Nein. Wir sind bei ...«

Magda legt auf und geht ins Bett. Sie reagiert nicht, als das Telefon noch einmal läutet, obwohl es sich in der Nacht sehr laut anhört.

Magda wartet an dem Briefkasten. Als der kleine kuriose Briefträger mit der vollgestopften Tasche erscheint, geht sie gleich auf ihn zu.

– Entschuldigen Sie bitte ...

– Welche Nummer?

Sie antwortet automatisch.

– Dreihundertsechsundsiebzig.

– Nichts da.

– Wissen Sie vielleicht ... was ist mit diesem Jungen passiert aus Ihrem Postamt? Mit Tomek ...

Erst jetzt schaut er sie genau an und lächelt unangenehm.

– Er hat sich die Pulsadern aufgeschnitten. Angeblich aus Liebe.

– Wie heißt er mit Nachnamen?

– In dieser Angelegenheit müßten Sie zur Leiterin ...

Magda – im Nachthemd – steht im Flur ihrer Wohnung; es ist sehr früh morgens. Als sie das Flaschenklirren, das sich ihrer Tür nähert, hört – schließt sie auf. Tomeks Wirtin stellt gerade die Milchflasche vor ihre Tür.

– Verzeihung ... ist er zurück?

– Noch nicht.

Sie nimmt die leere Flasche und geht.

Der weiße Zastava steht mit geöffnetem Kofferraum vor dem Haus, in dem Magda wohnt. Ein Mann in Anzug und Trenchcoat hat den Hintersitz ausgeklappt und damit das erreicht, was in der Gebrauchsanweisung »großer Laderaum« genannt wird. Zusammen mit Magda trägt er zwei oder drei gerollte Gobelins. Sie laden alles ins Auto ein und fahren los. Auf der Höhe des nächsten Hauses dreht sich Magda plötzlich um.

– Halt an!

Das Auto bleibt stehen. Magda sieht durch das Rückfenster Tomek, der mit seiner Wirtin auf dem Gehsteig in Richtung des Hauses geht. Wahrscheinlich ist er noch sehr schwach, denn die Frau stützt ihn und – was für diese kleine Frau unbequem ist – hält ihren Regenschirm über ihn. Tomek trägt den gleichen dunkelblauen Anzug, den er bei Magda trug.

– Fahr zurück.

Der Zastava fährt zurück, Magda will aussteigen und hinlaufen, aber als sie sieht, wie die Frau Tomek vorsichtig in das Haus führt, bleibt sie an der offenen Autotür stehen.

– Sie schließen die Galerie, und du wirst ganz naß.

Magdas Haare sind tatsächlich durchnäßt, und das Wasser tropft aus ihnen.

– Fahre.

Es ist Abend. Magda steht am Fenster mit dem Fernglas.

Sie sieht Licht in Tomeks Zimmer.

Sie sieht eine Frau, die ans Fenster kommt und die Vorhänge zuzieht.

Sie sieht Tomeks Schatten, der am Tisch sitzt.

VII.

Tiefe Nacht. Das Haus schläft. Von weitem hört man das Quietschen der Straßenbahn, den Wind, das Klappern eines Fensters – sonst ist es ganz still.

In diese lang anhaltende Stille dringt der laute, dramatische Schrei eines Kindes. In einem der Fenster leuchtet das Licht auf. Der Schrei hält an.

In dem hellen Zimmer beugt sich Majka über das Bett der sechsjährigen Ania. Sie versucht, die Kleine, die im tiefen Schlaf vor Angst schreit, an sich zu drücken und sie zu beruhigen. Trotz Majkas Bemühungen – sie flüstert beruhigende Worte und legt ihre Hand an die Wange der Kleinen – hört der Schrei nicht auf. Ewa, Majkas Mutter, die beim Laufen ihren billigen Morgenmantel umbindet, kommt ins Zimmer. Sie ist etwas über vierzig und hat ein energisches, strenges Gesicht. Rasch geht sie zum Bett und weckt Ania heftig auf.

Majka will bei Ania bleiben, aber Ewa schreit sofort.

– Geh! Wenn du sie nicht beruhigen kannst, dann geh!

Das Kind, von Ewa geschüttelt, wacht auf, und sein Schrei verwandelt sich in das übliche Weinen eines aus dem Schlaf gerissenen Kindes.

Majka geht zur Tür, dreht sich noch einmal um und geht hinaus, während Ewa die Kleine in ihren Armen hält und sachlich, ruhig zu ihr spricht.

– Du mußt keine Angst haben, es gibt keine Wölfe. Du hast davon geträumt, oder? Aber es gibt sie nicht ...

Das Weinen der Kleinen ist fast vorbei, und Majka hört das Wiegenlied, das Ewa der einschlafenden Ania leise singt.

– »Mein Töchterlein
ist wieder froh
kann sich ankuscheln
an Mama ...«

Majka, eine zweiundzwanzigjährige Frau, groß, schlank und kurzsichtig, betritt das Zimmer am Ende des Flurs. Das Zimmer ist klein; auf dem Bett sitzt – durch Anias Schrei aus dem Schlaf gerissen – der Vater.

Hier ist eine riesige Orgel aufgestellt. Überall, wo es nur Platz gibt, liegen die Orgelpfeifen: kleine, große, dicke und dünne – überall glänzende Stahlrohre.

Majkas Vater, Stefan, ist ein gütiger Mann um die fünfzig, schon mit schütterem Haar.

Majka kniet neben ihm, und er – als ob sie ein kleines Mädchen wäre – umarmt sie und drückt sie an sich. Er spricht mit einer ähnlichen Stimme wie Ewa vorhin, als sie Ania zu beruhigen versuchte.

– Majka, na ... Majka.

– Heute ist ihr Geburtstag ... und schon wieder ... ich kann das nicht mehr aushalten, Papa.

– Du hast auch so geschrien, als du klein warst.

– Aber warum erzählt sie ihr.

Vater drückt Majka an sich.

Naa ... schon gut, schon gut.

In der Tür erscheint Ewa und schaut Majka an.

– Ich glaube, du mußt früh aufstehen.

Stefan gibt Ewa ein Zeichen mit dem Kopf, daß sie weggehen soll. Unwillig schließt Ewa die Tür hinter sich. Stefan nimmt eine der sehr dünnen Pfeifen in die Hand.

– Hör zu.

Diese Pfeife gibt einen besonders klaren, hellen Ton von sich. Stefan braucht sich nicht anzustrengen; es genügt, daß er ganz leicht Luft hineinbläst. Majka beruhigt sich. Die Pfeife verklingt langsam.

Der Kindergarten ist nicht weit vom Haus entfernt. Kinder in offenen Mänteln und Jacken spielen im Vorgarten.

Majka beobachtet Ania, die von einem Spielkameraden geschaukelt wird und dabei glücklich und laut lacht. Sie ruft Ania. Die Kleine springt von der Schaukel herunter und rennt zu Majka. Ania stellt sich auf die Zehenspitzen, um sie über den Gartenzaun zu küssen – sie hat Majka gern, das ist offensichtlich; trotzdem würde sie lieber zu ihrem Freund an die Schaukel zurückkehren.

– Weißt du, daß heute dein Geburtstag ist?

Ania nickt ernsthaft. Als Majka ihr einen kleinen Blumenstrauß reicht, schaut sie ihn genau an und riecht daran.

– Du gehst heute ins Theater, oder?

– Ja, mit Mama.

An dem Kindergarten geht ein Mann mit Krücken vorbei. Vielleicht ist er müde, oder das Gespräch weckt sein Interesse, denn er hält an und beobachtet die beiden.

– Ja ... Weißt du, ich habe diese Vorstellung schon gesehen. Es ist sehr witzig. Paß auf, daß du alles verstehst.

– Gut.

– Lauf zurück.

Ania rennt weg. Ihre Blumen hat sie in die Blusentasche gesteckt, und jetzt bei einem der ersten Sprünge – fallen sie heraus. Majka lächelt. Ania greift nach ihrer Tasche, geht zurück und sucht aufmerksam nach ihrem Geschenk.

Majka holt ihr Zensurenbuch aus der Tasche und lächelt dabei die Sekretärin an.

– Ich gebe das Buch zurück.

– Werden Sie keinen Widerspruch einlegen? In dem letzten Studienjahr haben Sie gute Chancen …

– Sie wollen mich doch rausschmeißen … Wenn schon, denn schon. Ich unternehme nichts.

Die Sekretärin blättert in dem Buch.

– Es fehlen zehn Seiten.

– Die letzten zwei Semester. Habe ich rausgerissen.

Die Sekretärin mustert sie aufmerksam.

– Ich wollte meinen Eltern den Kummer ersparen.

Majka lächelt unsicher; das Lächeln verschwindet sofort, als die Sekretärin ihren Blick abwendet.

Die Aufführung des Puppentheaters nähert sich dem Ende. Die Schauspieler sind als Tiere verkleidet – ein gutmütiges Nilpferd wird nicht mit den zickigen Affen und einem Krokodil fertig.

Die Kinder sind begeistert, und Ania lacht lauthals, als sie die ungeschickten Bewegungen des Nilpferdes sieht, das endlich einen Weg findet, seine Verfolger zu überlisten. Ewa beobachtet Ania glücklich, und beide applaudieren eifrig.

Mit einem Blumenstrauß in der Hand schaut Majka in einen Raum, in dem junge Mädchen Ballettunterricht haben. Eine lebhafte, ältere Dame gibt Anweisungen auf französisch – alles wirkt sehr professionell. Als sie Majka in der Tür bemerkt, unterbricht sie den Unterricht. Verwundert betrachtet sie Majka und den Blumenstrauß und kommt unsicher näher.

– Frau Professor …

– Majka?

– Ich …

Majka wirft sich der Dame an den Hals und reicht ihr die Blumen. – … habe von ihren Erfolgen gelesen … und des Ensembles … Die Frau lacht glücklich.

– So viele Jahre ist das her.

– Sie wollten mich nicht hereinlassen, erst als ich sagte, daß ich zu Ihnen …

– Ja, sie kennen mich hier. Was machst du jetzt? Ich dachte, daß du eine Tänzerin wirst. Mädchen! Das war meine beste Schülerin!

Majka ist etwas beschämt von dem Kompliment.

– Ich beende bald mein Studium … Ich konnte nicht …

Die Lehrerin ist sehr gerührt.

– Sehr schade. Du warst so begabt, immer lächelnd und gut gelaunt … Kannst du noch den »Pas des pas«?

Majka legt ihren schweren Leinensack beiseite und führt fehlerlos die Pirouette vor.

– Aber ich bin immer wieder aus dem Unterricht abgehauen. Hier im Korridor war eine kleine Treppe … wir sind weggelaufen, um die Vorstellungen im Puppentheater anzugucken … Gibt's die Treppe noch?

– Ja!

Die Schülerinnen lachen, und Majka küßt die glückliche Lehrerin.

– Ich wollte Sie nur sehen. Es war eine gute Zeit.

– Komm wieder vorbei; kannst meinen Mädchen zeigen, daß es sich lohnt; daß nach so vielen Jahren …

Majka geht hinaus und hört noch, wie die Lehrerin die Mädchen an die Ballettstange zurücktreibt. Sobald sie die Tür hinter sich geschlossen hat, verändert sie sich sofort: wird wachsam und sachlich. Sie geht schnell auf die kleine Tür zu, die offen ist, und verschwindet dahinter.

Im Theater wird schon das Finale gespielt. Das Nilpferd tanzt mit anderen Tieren und lädt die Kinder zum gemeinsamen Tanz ein.

Eines der mutigeren Kinder kommt auf die Bühne; seinem Beispiel folgen viele andere – das Gedränge wird immer größer. Die Kinder schnappen Affenschwänze, streicheln das Nilpferd, und die Schauspieler versuchen, dieses Chaos, so gut es geht, zu beherrschen.

Ewa beugt sich zur kleinen Ania, die vor Aufregung kaum stillsitzen kann.

– Willst du hin? Genierst du dich nicht?

– Darf ich?

– Geh doch!

Ewa gibt ihr noch einen Schubs, und die Kleine läuft begeistert zur Bühne.

Majka steht in einer Nische unter der Treppe. Nach der Lautstärke der Musik, des Kindergeschreis und der Tiergeräusche zu urteilen, befindet sich die Bühne ganz in der Nähe. Sie schaut sich wachsam um und rückt noch näher.

Ewa winkt Ania zu, die mit anderen Kindern auf der Bühne tobt. Sie verliert sie schnell aus den Augen. Wie andere Eltern erhebt sie sich, geht zum Ausgang und zündet sich eine Zigarette an. Von dieser Tür aus beobachtet sie das tolle Spiel auf der Bühne. Die Musik ist zu Ende, alle Kinder applaudieren zusammen mit den Schauspieler-Tieren. Der Vorhang geht noch ein paarmal auf und zu, und die erhitzten, glücklichen, verschwitzten Kinder kommen von der Bühne herunter.

– Er ließ mich seinen Rüssel streicheln, schreit ein Junge, und alle lachen.

Ewa drückt ihre Zigarette aus und geht zu ihrem Platz. Sie will sich schon hinsetzen; im letzten Moment bleibt sie aber doch stehen – sie sieht Ania nicht. Von der Bühne kommen die letzten Kinder. Sie kämpft sich zwischen heraus strömenden Menschen in Richtung Bühne, und als sie dort ankommt, ist die Bühne leer. Sie fühlt sich unwohl in diesem fremden Raum; still und leer, nur vom Arbeitslicht beleuchtet.

Im Saal ist keiner mehr. Sie läuft ins Foyer – dort verlassen die letzten Besuchergruppen das Theater. Noch einmal geht sie in den Zuschauerraum – er ist ganz leer. Sie rennt zu den schweren Eingangstüren.

Sie rennt vor das Theater. Die letzten Gäste gehen die Freitreppe hinunter und kommentieren die Vorstellung. Ania ist nirgends zu sehen. Ewa läuft die Treppen herunter, stolpert, fällt beinahe. Sie rennt um die Ecke des Theaters.

In diesem Moment zieht Majka die kleine Ania hinter eine Säule neben dem Bühneneingang. Sie hockt sich neben Ania, so daß sie für die vorbeirennende Ewa unsichtbar sind.

– Spielen wir Versteck?

Majka holt eine Jacke aus ihrem Sack.

– Zieh das an.

Noch einmal schaut Ewa sich um und geht dann schnell ins Theater zurück.

Sie stürzt ins Foyer. Die Garderobenfrau, mit zwei Mänteln in der Hand, brüllt hinter ihr her.

– Bitte holen Sie Ihre Sachen ab!

Ewa aber läuft an ihr vorbei zur Bar, schaut dort hinein und kehrt zurück. Schließlich kommt sie zu der Platzanweiserin, die ihr Kleingeld zählt. Ewa spricht ruhig, doch in ihrer Stimme sind die ersten Anzeichen von Panik zu hören.

– Mein Kind ist verlorengegangen.

Die Platzanweiserin schaut sie an, als habe sie nicht verstanden. Mit ihrem Mund zählt sie immer noch lautlos das Geld.

– Ich habe meine Tochter verloren! Hören Sie nicht!? Mein Kind ist verschwunden!

Der Nahverkehrszug verläßt Warschau. In dem Wagen herrscht Gedränge. Majka und Ania sitzen ans Fenster gedrückt.

– Hauch auf die Scheibe, und male etwas drauf.

Sie sieht zu, wie Ania mit ihrem kleinen Finger auf der Glasscheibe kritzelt. Majka lächelt zärtlich; zum erstenmal an diesem Tag.

Der Zug fährt weiter, und Majka mit Ania gehen – zusammen mit einer Gruppe Reisender – in Richtung einer Unterführung. In letzter Sekunde ändert Majka ihre Absicht, setzt sich auf eine Bank und nimmt Ania auf die Knie. Sie hält sie ganz nah vor sich. Ania schaut sie erwartungsvoll an.

Da Majka aber nicht weiß, wie sie ihr sagen soll, was sie sich zu sagen entschlossen hat, schweigt sie. Die Kleine lacht Majka breit an. Majka schaut Ania immer noch ernsthaft an und versucht, ihre Gedanken zusammenzufassen. Die Kleine fängt nun an, mit ihren Fingern zu spielen, sehr aufmerksam, und sagt leise über ihre Finger:

– Hast du mich entführt?

– Was?

– Du hast mich entführt. Entführung in Tiutiurlistan. Sie lächelt schlau und blickt zu Majka auf.

– Du bist schon ein großes Mädchen, nicht wahr?

– Mama sagt, ja.

– Eben ...

Majka schweigt. Ania spielt weiter mit ihren Fingern, aber es zeigt sich, daß sie genau zuhört. Nach einem Augenblick des Schweigens fragt sie:

– Was »eben«?

– Sieh mich an.

Ania hebt ungern den Blick.

– Mama ... Mama ist nicht deine Mama.

Die Kleine schaut sie genau an.

– Hab ich keine Mama?

– Doch. In Wirklichkeit ... In Wirklichkeit bin ich deine Mama.

Stefan stimmt in seinem kleinen Zimmer die Orgelpfeifen – diesmal sind es die tiefen. Die Pfeifen sind in Rahmen befestigt, und Stefan, der die Luft aus einem Druckbehälter in die Pfeifen bläst, hört versunken den Klängen zu. Die tiefen Töne fügen sich zu einer beunruhigenden, unheimlichen Komposition.

Das Telefon unterbricht ihn. Ungern verläßt er seine Arbeit und hebt ab.

– »Onkel? Guten Tag.«

– Hallo Filip.

– »Also … ich habe eine Bitte. Ihr habt die ganze Campingausrüstung. Zelt, Schlafsack, Kocher und so weiter …«

– Ja, sogar zwei Zelte. Und einen Rucksack.

– »Könnte ich mir das von dir leihen …? Ich fahre nämlich …«

– Den Schlafsack und Kocher hat Majka mitgenommen. Sie ist in die Berge gefahren, von der Uni …

– »Erst für die Sommerferien …«

– Dann ohne Probleme. Sie ist in einer Woche zurück.

Stefan, hört wie die Türe aufgeschlossen wird und wieder zufällt. Jetzt wartet er auf die vertrauten Stimmen, aber es ist still.

– Ruf in einer Woche wieder an. In einer Woche …

– »Ja, gut. Auf Wie …«

Er wartet die letzten Worte nicht mehr ab und legt auf.

– Ania?

Niemand antwortet. In Anias Zimmer ist keiner, in der Küche auch nicht; er schaut ins große Zimmer, und – erst nach einer Weile – bemerkt er Ewa, die auf dem Bett liegt.

Er setzt sich an den Rand des Bettes und faßt ihren Rükken leicht an. Sie blickt auf ihn mit ihren vom Weinen geschwollenen Augen. Beide schauen einander an.

– Ania ist verschwunden.

Der Waldweg führt zu dem kleinen Haus, das auf einer eingezäunten Wiese steht. Majka und Ania halten vor dem Tor. Aus dem Haus kommt ein junger, sympathisch aussehender Mann, Mitte Zwanzig oder etwas älter. Er schaltet am Tor die Lampe ein und nähert sich langsam den beiden.

Wie hypnotisiert sieht er das Kind an. Majka wird ihr Sack zu schwer, und sie läßt ihn auf den Boden fallen; möglich, daß sie nur irgend etwas tun wollte. Der Mann hält auf der anderen Seite des Zaunes an.

– Das ist dein Papa, Ania.

Der Blick des Mannes läßt nicht von dem Kind ab. Ania – etwas distanziert und mißtrauisch – schaut ihn ebenfalls an. Sie zieht an Majkas Ärmel.

– Majka, Pipi.

– Mach doch. Ich bin da.

Die Kleine trippelt unruhig auf der Stelle, denn sie hat Angst, die paar Schritte in den Wald zu gehen.

– Hab keine Angst. Ich bin da.

Ania rennt weg und hockt sich in der Nähe hin. Wojtek, der Mann, folgt ihr die ganze Zeit mit dem Blick; Majka bemerkt er fast nicht.

– Das ist sie ... ?

– Ja. Sie ist aufgeregt. Dann ... pinkelt sie immer.

– Was willst du?

– Läßt du uns rein?

Wojtek öffnet das Tor; stellt sich jedoch in den Weg.

– Was willst du?

– Ich bin mit ihr geflüchtet.

– Na und?

– Ich will, daß du uns hilfst.

Ania kommt zurück und zieht dabei die Unterhose hoch. Wojtek beugt sich herunter neben sie. Jetzt sieht er sie von ganz nah an.

– Servus.
– Servus.

Das ganze Haus hat nur ein großes Zimmer und eine Schlafnische. Die Küche ist in einer Ecke des Raumes eingerichtet. Dieses Zimmer ist eigentlich eine Werkstatt, in der mehrere Hunderte von Teddybären und Plüschkatzen liegen; auch Säcke mit Stoffresten in gleichen Farben, wie die Bäuche, Pfoten und Rücken der Stofftiere. Alle drei halten an der Türschwelle. Wieder beugt sich Wojtek zu Ania.

– Du kannst spielen.

Ania geht unsicher zu dem Spielzeughaufen. Majka schaut sich in dem Zimmer, das sie noch aus früherer Zeit kennt, um.

– Es hat sich verändert.

– Ja. Wir haben uns nicht gesehen ... Vater starb ... drei Jahre ... Ja, drei. Majka bemerkt die Schreibmaschine auf dem Tisch.

– Was machst du jetzt?

Sie zieht das Blatt aus der Schreibmaschine: Wojtek hat es geschafft, in der Mitte der Seite, dort wo die Dichter gewöhnlich ihre kurzen Gedichte beginnen, drei Worte zu tippen: »Ich nähe Teddybären.«

– Ich nähe Teddybären.

– Und all das andere? Studien, deine Pläne ... das, was du geschrieben hast?

– Ich habe mich zurückgezogen.

Sie zeigt auf das Blatt.

– Und das?

Wojtek macht eine verächtliche Geste mit der Hand.

Ania setzt sich bequem zwischen das Spielzeug. Über ihrem Kopf hält sie einen Bären und bewegt ihn so, wie sie es während der Vorstellung gesehen hat.

– Wollt ihr was essen? Einen Tee?

Majka ignoriert die Frage.

– Machst du mir Vorwürfe?

– Vorwürfe? Ich nehme es dir übel. Vielleicht wäre alles anders geworden, wenn du damals ... vielleicht hätten wir hier zu dritt ruhig leben können.

– Warum hast du dich zurückgezogen?

– Das hat jetzt keinen Sinn. Und in Wirklichkeit ... ich glaube, ich war nicht talentiert genug.

– Du konntest so wunderschön sprechen ... über Eliot und ...

Wojtek blickt zu Ania und unterbricht Majka.

– Sie ist eingeschlafen.

Majka schaut sie auch an.

– Hast du eine Decke?

Er gibt ihr eine Decke von seinem Bett, mit der Majka Ania zudeckt. Sie ist mit ihrem Kopf zwischen den Stofftieren eingeschlafen; die Hände um den Teddybär geschlungen, mit dem sie spielte.

Wojtek kommt näher.

– Vielleicht sollte ich sie aufs Bett tragen?

– Nein. Schau, sie ist glücklich.

Zum erstenmal betrachten sie zusammen ihr Kind wie Eltern. Wojtek ist sichtlich gerührt, und er wäre vielleicht sentimental geworden, hätte Majka nicht versucht, die Situation zu überbrücken.

– Erinnerst du dich noch an mich?

– Nein. Jetzt nicht mehr, aber es hat mich viel gekostet.

Er geht von ihr weg und setzt sich an den Tisch. Majka bleibt noch stehen, dann folgt sie ihm und setzt sich ihm gegenüber. Wojtek fragt sachlich.

– Wissen sie es?

– Nein.

Majka fängt an zu kichern.

– Ich habe sie aus dem Theater geholt. Mutter ist wie verrückt hin und her gelaufen ... Auf der Treppe ist sie gestolpert und fast umgefallen. Ich habe alles vorbereitet.

– Warum redest du so über sie?

– Du solltest doch zufrieden sein. Seit einiger Zeit ... ich glaube, ich hasse sie.

– Du hast dich nicht verändert. Immer nur entweder – oder. Nichts dazwischen.

Majkas Augen werden dunkel.

– Ja, entweder oder. Und heute ist es so, daß ich Ania weggenommen habe, und ich gebe sie nicht zurück. Seit Jahren habe ich an diesen Moment gedacht ... Es ist geschehen, was geschehen mußte.

– Das glaube ich nicht.

– Du verstehst es nicht. Heute habe ich die erste erwachsene Entscheidung meines Lebens getroffen. Ich habe mich widersetzt ... eigentlich ihr. Ich weiß jetzt, daß ich es kann. Bis ich fünfzehn war, habe ich nie gelogen. Aber als wir uns kennenlernten ... als ich mit dir schwanger war, hab' ich gelogen und habe gemerkt, daß ich es auch kann. Sehr einfach war das. Und jetzt habe ich gesehen, daß ich entscheiden kann. Ich bin kein braves Mädchen mehr, die in einen Lehrer verliebt ist, der über Eliot spricht ... Nicht mehr.

– Wenn du glaubst, daß es so besser ist ... hast noch viel vor dir. Du hast niemanden bestohlen, niemanden ermordet ...

– Kann man überhaupt das stehlen, was einem gehört?

– Ich weiß nicht.

– Ich habe mein Kind zurückgeholt. Nur das. Und ermorden? Ja, manchmal denke ich, daß ich sie ermorden ...

– Du weißt wenig über sie.

– Neulich habe ich einiges erfahren ...

Wojtek schaut sie aufmerksam an, steht auf und geht zur Schreibmaschine. Mit dem Rücken zu Majka, fragt er:

– Was denn?

Majka bemerkt seine Verwirrung nicht; sie denkt nur an das, was sie sagen will.

– Warum sie so ist, wie sie ist ... Nach meiner Geburt konnte sie keine Kinder mehr bekommen. In ihrer Vorstellung war sie keine Frau mehr. Sie wollte aber ... als Ania zur Welt kam ... hat sie sie mir weggenommen.

– Es gab jemanden, der mit allem einverstanden war. Du.

– Ich war sechzehn.

– Jeanne d'Arc war nicht viel älter ...

– Das hast du schon mal gesagt. Und sie sagten, daß sie nur das Beste wollen. Daß ich das Leben noch vor mir habe, die Universität, die Möglichkeiten ... Erst jetzt weiß ich, daß es nur um das Kind ging. Damals habe ich es nicht gewußt ... Warum wollte sie so sehr das Kind? – Der Skandal? Sie – die Schuldirektorin, ich – ein junger Lehrer, und du – die Schülerin in der gleichen Schule. Aber die wichtigste warst sowieso du, und als es darauf ankam, hast du »ja« gesagt.

– Und du? Sie hat dir doch gesagt: »Wenn Sie noch unterrichten wollen, wenn Sie keine Probleme haben wollen wegen Verführung einer Minderjährigen, dann seien Sie still.« Nicht wahr?

– Hat sie dir das gesagt? Daß sie so mit mir gesprochen hat?

– Mir nicht. Ich habe gelauscht, als sie es Vater erzählt hat. Vater übrigens ...

Majka lächelt.

– Was?

– Er wollte das nicht hören und hat ihr die kalte Schulter gezeigt ... Und jetzt ... Weißt du, was er macht? Er baut Orgeln. Sein ganzes Zimmer ist eine Orgel.

– Orgeln?

– Im Dezember hat er seinen Parteiausweis zurückgegeben, dann hat er um frühzeitige Pensionierung gebeten. Jetzt gibt es nichts anderes ... nur Orgeln. Jetzt hättet ihr euch verstanden.

– Und ... mit Mama?

Majka schaut ihn von dieser Verniedlichung etwas überrascht an.

– Mit Mama? Mit ihr nicht. Sie hat sich verändert. Schon immer war sie sachlich und unzugänglich. Ich wußte nicht, daß sie zärtlich sein kann – ich habe das nie erfahren. Ania gegenüber ... Zu ihr ist sie so sanft ...

Einmal habe ich beobachtet, wie sie Ania vor dem Schlafengehen küßte ... da habe ich verstanden, daß sie mir das Kind nie zurückgibt ... Ich sage dir noch etwas, das ich eigentlich niemandem sagen sollte ... Als Ania sechs Monate alt war, bin ich früher von den Ferien zurückgekommen ... sie haben mich damals dauernd fortgeschickt ... und ich habe sie gesehen ... ich habe gesehen, wie sie sie stillte. Sie hat ihr die Brust gegeben, obwohl sie keine ... obwohl ... ich habe irgendwo gelesen, daß Hündinnen bei einer Scheinschwangerschaft Milch haben ... Sie vielleicht auch ...

Wojtek steht auf und deckt Ania zu. Er schaut ihre Finger an und gibt ihr seinen Finger. Die Kleine packt den Finger mit ihrer Faust.

Majka spricht laut am Tisch.

– Sie wollten mir eine Wohnung kaufen. Damit ich nicht mit ihr zusammensein kann. Wojtek legt einen Finger an den Mund; sie spricht zu laut.

Majka kommt zu ihm.

– Jetzt läßt sie ihn nicht mehr los.

– Was willst du?

– Ich will mit ihr zusammensein. Ist das komisch?

– Nein, aber wie willst du das machen?

Ania seufzt im Schlaf und dreht sich auf die andere Seite. Majka spricht schnell.

– Jetzt zieh deinen Finger zurück ...

Die Kleine läßt tatsächlich Wojteks Finger los. Majka setzt sich müde auf den Spielzeughaufen.

– Wie willst du es machen?

– Das weiß ich nicht. Meine Kraft hat gereicht, um sie wegzunehmen. Weiter weiß ich nicht.

– Glaubst du, daß sie die Polizei verständigt haben?

– Mit Sicherheit.

– Wissen sie, daß du es bist?

– Nein. Ich sollte heute von der Uni in die Berge fahren. Habe mein Zeug gepackt und habe mich verabschiedet. Vater ahnt vielleicht etwas, aber in dieser Sache darf er nicht mitreden.

Wojtek steht auf; er sieht die erschöpfte Majka und die schlafende Ania an. Hilflos setzt er sich in einen Sessel.

– Ich glaube ... du solltest sie anrufen.

– Wozu?

Majka sieht ihn verwundert an.

– Du kannst doch nicht mit ihr ... es gibt keinen Beweis, daß sie deine Tochter ist. Du kannst nirgendwohin fahren, nirgends wohnen. Du kannst nichts tun.

– Ja. Und dann?

– Ruf an. Sag ihnen: »Ich komme zurück, wenn ihr formal regelt, daß Ania meine Tochter ist.«

– Und wenn sie es ablehnen?

– Gib ihnen zwei Stunden Bedenkzeit.

– Das ist komisch.

– Soll ich mit dir gehen? Es ist schon dunkel.

Majka steht auf und zieht ihre Jacke an. An der Tür dreht sie sich um und sagt trocken:

– Paß auf sie auf.

Wojtek bleibt alleine mit dem Kind. Es sieht ein bißchen so aus, als habe er Angst, sich ihm zu nähern, jetzt, da Majka weg ist.

Er geht zu dem Tisch, auf dem die Schreibmaschine steht, und holt von einem Brett oberhalb des Tisches eine alte graue Mappe. Schließlich findet er – zwischen vielen beschriebenen Seiten, die in der Mappe aufbewahrt sind – ein Blatt, das er suchte, und kehrt zum Sessel zurück.

– Ich lese dir etwas vor, einverstanden?

Ania schläft.

– ... etwas über deine Mama ... und über deine Oma ...

Zuerst liest er es für sich, lächelt dabei, dann probiert er den richtigen Ton und liest laut:

– »Ein italienischer Film
Mutter und Tochter
einige Momente
die ich um mich
erfühle ...«

Im Fenster erscheint ein starker Lichtstrahl. Wojtek legt die alte Mappe zur Seite und schaut durch das Fenster: vor dem Tor steht ein Auto und blinkt mit Lichtern. Er wirft einen Blick auf Ania – sie schläft ruhig – und geht hinaus.

Vor dem Tor steht ein kleiner Bus. Wojtek schließt das Tor auf, und das Auto fährt hinein. Aus der Fahrerkabine springt ein junger Mann heraus; beide begrüßen sich.

– Du hast einen guten Moment erwischt.
– Hast du etwas?
– Ja, einiges.
Wojtek öffnet die Haustür. Im Gang, neben der Tür, stehen einige Kartons mit fertigen Bärchen und Katzen. Er zeigt auf das schlafende Kind.
– Pssst.
Der Mann folgt mit dem Blick.
– Wer ist das?
– Meine Tochter.
Sie laden Kartons ein.
– Die nächsten zwei, drei Tage komm nicht her. Es kann Probleme geben.
–Mit ihr?
Wojtek nickt. Das Auto fährt weg; Wojtek schließt das Tor, und die Rücklichter des Wagens beleuchten ihn.

Wojtek bleibt in der Haustüre stehen. Ania sitzt zwischen den Teddybären und schaut ihn wach an. Sie lächelt leicht und unsicher.
– Ruf Majka.
– Sie ist weggegangen, kommt aber gleich zurück.
– Du bist ...
– Ich bin Wojtek. Warum bist du wach?
– Ich wache oft auf. Majka hat mir heute gesagt, daß ich keine Mama habe.
– Oh, du hast etwas durcheinandergebracht. Du hast eine.
– Eine Mama?
– Ja.
– Und einen Vater?

– Hast du auch.

– Majka hat gesagt, daß du …

– Willst du nicht schlafen?

Die Kleine schüttelt den Kopf; sie will nicht.

– Soll ich dir zeigen, wie ich Teddybären mache?

Ania schaut sich um – es sind Hunderte davon da.

– Diese?

– Ja. Diese.

Eine Weile sucht sie zwischen dem Spielzeug und holt den Bären heraus, mit dem sie eingeschlafen ist.

– Zeig mal, wie du diesen machst. Der ist der schönste.

In der nächtlichen Stille hört sich das Telefonläuten in Ewas und Stefans Wohnung sehr laut an. Stefan, in seinem Zimmer, voll mit Rohren, Blechen und Pfeifen, nimmt sofort ab.

– Hallo.

– »Papa?«

– Ja, ich bin es.

Majka steht in der Telefonzelle am Bahnhof.

– Sie ist bei mir.

– »Das dachte ich mir. Was willst du tun?«

– Gib mir Mutter.

– »Sag mir.«

– Du kannst mir nicht helfen, Vater. Ich weiß, daß du es gerne würdest, aber du kannst nicht.

Stefan versucht sehr leise zu sprechen.

– Mutter hat die ganze Zeit geweint … Jetzt hat sie Valium genommen.

... In der Tür erscheint Ewa – angespannt und durcheinander.

– Mit wem sprichst du?

Stefan reicht ihr wortlos den Hörer. Ängstlich und langsam, als ob sie das Schlimmste fürchtet, nimmt sie den Hörer. Sie spricht mit einer matten, farblosen Stimme, ihre Lippen sind ganz trocken.

– Hallo ...

– »Sie ist bei mir.

– Oh, Gott ... bei dir .... Gott ...

Ewa zeigt Stefan, daß sie eine Zigarette will. Er geht hinaus.

– »Habt ihr die Polizei verständigt?«

– Ja. Das ist jetzt unwichtig. Wir haben sie verständigt. Wo seid ihr? Majka spricht präzise und genau; offensichtlich hat sie alles auf dem Weg zum Bahnhof durchdacht.

– Klärt das mit der Polizei. Sagt, daß sie gefunden wurde. Das als erstes.

Ewa hat ihre gewöhnliche Energie zurückgewonnen.

– Gut, ich werde es tun. Wo seid ihr? Wir holen euch ab. Stefan! Sie hat die Antwort immer noch nicht gehört, also wiederholt sie die Frage.

– Wo seid ihr? Wir fahren gleich los!

– »Irgendwo. Ich sage es euch nicht. Du mußt alles ändern.«

Stefan kommt zurück ins Zimmer mit Zigaretten, Aschenbecher und Streichhölzern. Ewa zeigt ihm, daß er still sein soll.

– Ändern?

Stefan zündet eine Zigarette an und steckt sie Ewa in den Mund.

– Was muß ich ändern?! Ich verstehe dich nicht!

– »Alles. Ania muß mir gehören. Du mußt die Papiere ändern.« Ewa zieht an ihrer Zigarette. Sie spricht hart.

– Das ist nicht möglich.

– »Doch.«

– Niemand weiß davon.

– »Dann wird man es erfahren. Ich werde es beweisen.«

– Nichts kannst du beweisen. Ania ist mein; in den Akten steht sie als mein Kind. Nur die Tante weiß es, daß du sie geboren hast, aber sie wird es nie sagen.

Stefan schaut Ewa aufmerksam zu. Auch er hat eine Zigarette angezündet.

Majka hört aufgeregt zu.

– »Wo seid ihr?«

– Vater weiß es noch.

– »Er weiß nichts. Überhaupt nichts.«

– Höre mir genau zu. Du hast mein Kind gestohlen; ganz einfach gestohlen. Es sollte anders sein ... Du hast mir mein Kind gestohlen; und daß ich Mutter bin; du hast mir dich gestohlen, euch ... So kann ich nicht leben. Ich gebe dir zwei Stunden, darüber nachzudenken, wie du sie mir zurückgeben kannst.

Sofort nach diesen Worten legt Majka auf.

Ewa macht dasselbe. Stefan – mit angezündeter Zigarette, die er aber nicht raucht – steht an der Tür.

– Sie will Ania.

Sie sieht ihn mißtrauisch an.

– Hast du es gewußt?

– Nein.

Der Teddybär, den Wojtek gerade zu Ende ausstopft, hat noch keinen Gesichtsausdruck. Erst als er zwei Glasaugen an seinem Kopf befestigt, wirkt der Bär lebendig.

Ania sitzt auf dem Arbeitstisch und beobachtet fasziniert, wie der Bär an Persönlichkeit gewinnt; vielleicht versteht sie etwas davon. Wojtek und Ania sind so vertieft, daß sie nicht bemerken, wie Majka hereinkommt. Mit einem Blick, der dem ihrer Mutter sehr ähnlich ist, schaut sie die beiden an. Wojtek erlaubt Ania, das zweite Auge einzufädeln, dann befestigt er es selbst. Majka fragt scharf:

– Warum schläfst du nicht?

– Sie ist wach geworden.

Ania zeigt Majka den Teddybären.

– Ich hab sein Auge eingefädelt! Majka, guck mal! Hab ich gemacht! Da Majka kein großes Interesse zeigt, stellt sich Ania auf den Tisch, und jetzt, so groß wie Majka, streckt sie ihr den Teddy vor die Nase.

– Majka!

– Du solltest zu mir »Mama« sagen.

Ania, mit dem Bären in der Hand, neckt Majka.

– Majka!

Sie hebt Ania vom Tisch, hält sie auf der Höhe ihrer Augen und spricht lauter als vorher.

– Du sollst zu mir »Mama« sagen! Verstehst du?

Die Kleine schweigt. Majka fängt an, das Kind zu schütteln und schreit:

– Sag doch »Mama«! Mama, verstehst du?! Mama!

Ania, die zuerst nur stur und trotzig dastand, ist jetzt sichtlich erschrocken. Majka schüttelt das Kind mit ganzer Kraft und schreit hysterisch. Wojtek betrachtet die Szene schockiert.

Majka sieht das verweinte, von Angst verzerrte Gesicht des Kindes und drückt es plötzlich fest an sich.

– Du sollst »Mama« zu mir sagen. Du bist mein Kind. Bitte, sag es. Na? Mama …

Ania sagt nichts. Majkas Stimme verändert sich – jetzt ist sie zärtlich und liebevoll.

– Ich bitte dich, sag »Mama« … meine Kleine; sag Mami »Mama« … Wojtek hält immer noch die absurden Nähutensilien in den Händen.

Ania weint jetzt leiser, und Majka trägt sie auf das Bett. Dort streichelt sie ihren Kopf und flüstert ihr beruhigende Liebesworte ins Ohr. Die Kleine wird ruhig und schläft ein.

Das Telefon klingelt auf einmal – Wojtek läuft schnell hin, um abzuheben, damit das Kind nicht aufwacht. Aber nach einer Sekunde – ohne den Hörer abzuheben – gibt er Majka ein Zeichen, daß sie auf Ania aufpassen soll. Erst nach dem dritten oder vierten Läuten nimmt er ab und spricht mit verschlafener, dann mit überraschter Stimme.

– Hallo … Wer?

Majka, die neben Ania sitzt, sieht ihn wachsam an.

– Ah, ja … ich erkenne jetzt … Es macht nichts … keine Ahnung … ich habe sie seit sechs Jahren nicht gesehen … Bitte, ja gut … Er gähnt.

– Entschuldigung … Gut.

Wojtek legt auf.

– Sie suchen euch.

Stefan legt ebenfalls auf.

– Er weiß nichts. Hat geschlafen. Wir haben eine Menge Leute aus dem Schlaf gerissen.

Er streicht den letzten Namen auf einer langen Liste durch.

– Es passiert ihnen nichts.

Beide sitzen in Ewas Zimmer.

– Man muß ihr das Kind zurückgeben.

Sie wirft ihm einen bösen Blick zu.

– Du liebst sie nicht. Ich habe es gewußt.

– Ich liebe sie. Aber wir haben etwas falsch gemacht. Wir werden sie beide verlieren.

– Du warst einverstanden.

– Ja. Ich wußte nicht, daß es so weit kommen würde.

– Du sagtest: »Diesen Dreckskerl will ich hier nicht ...«

– Ich hatte meine Gründe dafür.

Ewa steht auf und fängt an, hin und her zu laufen.

– Worum geht es dir?

– Um nichts, man muß es rückgängig machen. Darum geht es. Die Umstände haben sich verändert ...

– Du hast dich nur verändert. Zum Schlechten. In so einem Moment weißt du nicht, was tun. Du bist hilflos; das hat sich verändert.

– Ich war nur Ingenieur ...

– Quatsch! Du warst ein Ingenieur, der viel konnte!

Ewa hat ihre Stimme erhoben. Sie geht im Zimmer auf und ab. Stefan kann diesen Ton nicht ertragen, die Argumente, die sie benutzt, auch nicht. Er explodiert plötzlich.

– Setz dich! Du bist nicht in der Schule!

Ewa hält inne, und Stefan klingt müde – so sehen ihre Streitereien immer aus, kurz und heftig –, als er sagt:

– Ich bitte dich, setz dich.

Ewa bleibt noch einen Augenblick stehen, dann setzt sie sich neben ihn. Eine Weile schweigen sie, und Stefan legt seine Hand um ihren Nacken.

– Entschuldigung.

– Wir wissen nichts von unserem Kind. Wen sie kennt. Wo sie sein könnte. Wir haben sie verloren. Ich habe nicht gewußt ... habe nicht gedacht ...

Stefan spricht jetzt mit sanfter, ruhiger Stimme.

– Du kennst sie nicht, und du verstehst sie auch nicht. Von Anfang an hast du sie sinnlos damit belastet, daß du nach ihrer Geburt keine Kinder mehr bekommen könntest. Du hast so viel von ihr verlangt, daß sie es nicht erfüllen konnte. Sie hat das geahnt ... schon immer hat sie es gewußt; um sich deine Toleranz zu verdienen – nicht einmal deine Liebe –, mußte sie dein Ideal werden. Und jahrelang war sie das. Sie zog sich an, wie du es wolltest; hat sich für das interessiert, was dir wichtig war; hat Instrumente gespielt, getanzt; hat an alldem teilgenommen, was du in der Schule organisiert hast. Sie wußte, daß sie überall die Beste sein mußte, um von dir »Du hast mir keine Schande gebracht« zu hören.

Stefan streichelt Ewas Kopf, ihren Nacken.

– Das konnte nicht ewig dauern ... Als du sie im Bad gesehen hast, mit Bandagespuren auf ihrem Bauch – sie war schon im sechsten Monat –, fingst du an zu schreien ... dann ist alles zwischen euch endgültig zerbrochen.

– Erzähl mir nicht unsere Familiengeschichte. Die kenne ich.

– Aber du glaubst, daß Majka sie nicht kennt.

Ewa wendet sich zu Stefan, nimmt seine Hand von ihrem Nacken und drückt sie an ihren Mund.

– Bitte, Stefan ... geh zu jemandem ... du hattest so viele Freunde. Weck Grzegorz auf ... ich flehe dich an.

Wojtek gießt einen starken Tee in die Gläser. Majka sitzt am Tisch mit der Schreibmaschine, sie bemerkt die alte Mappe, die er vorher geholt hatte.

– Wojtek?

Er dreht sich um.

– Darf ich?

Er unterbricht die Teevorbereitungen.

– Das sind alte Sachen ... Nein.

– Aber du hast sie rausgeholt.

– Ich suchte ... wollte Ania etwas vorlesen. Habe es nicht gefunden. Laß es liegen.

– Die über mich ... sind auch drin?

– Ja. Aber lies es nicht.

Traurig legt sie die Mappe beiseite. Sie lächelt und sagt leicht vor sich:

– »... graue Augen
in jedes Wort hineinsehend
klüger als Hunderte
von blauen, grünen, schwarzen
neugierig
voller Worte
die noch nicht ausgesprochen ...« Richtig?

– Ungefähr.

– Weiter kann ich mich nicht erinnern.

– Gut so. Der Band ist nicht erschienen. Sie bleiben nur in dieser Mappe.

Er gießt noch etwas Wasser in die Gläser und stellt sie auf den Tisch. Plötzlich reißt ein schriller Schrei sie auf die Beine. In dem Schrei – einem Schrei wie damals – klingt ein Entsetzen, das Erwachsene nicht mehr kennen. Beide laufen zu dem Kind.

Majka – wie zu Hause – kann die Kleine nicht beruhigen. Ania schreit laut und durchdringend.

– Sie macht das ... ich kann es nicht. Sie macht das so heftig!

Wojtek schüttelt Ania; zuerst leicht, dann aber stärker, und er schlägt sie auf die Wange. Sie macht die Augen auf, immer noch schreiend; als sie jedoch wach wird, schlägt der Schrei in Weinen um. Majka nimmt das Kind auf den Arm und – wie Ewa – spricht deutlich.

– Es gibt keine Wölfe, Ania. Die gibt es nicht …

Ania beruhigt sich langsam. Majka setzt sich neben sie aufs Bett.

– Ich habe geträumt …

Sie beendet den Satz nicht.

– Wirst du einschlafen?

Auf einmal schmiegt sie sich mit dem ganzen Körper an Majka. Majka umarmt sie lächelnd. Die Kleine krabbelt zu ihrem Ohr und flüstert, damit Wojtek sie nicht hört.

– Mama ist noch nicht da?

Majka schließt die Augen.

– Alles wird gut sein. Schlafe jetzt.

Ania legt ihren Kopf auf das Kissen.

– Kannst du einschlafen?

Ohne sich umzudrehen, antwortet die Kleine.

– Ja.

Nach kurzer Zeit atmet sie regelmäßig: zum drittenmal an diesem Tag schläft sie ein.

Wojtek schaut Ania und der über sie gebeugten Majka vom Tisch her zu.

– So geht es nicht.

Majka kommt zum Tisch und setzt sich.

– Fast jede Nacht schreit sie so. Sie träumt von … Noch nie hat sie gesagt, wovon. Keine Ahnung, wovor sie sich fürchtet …

– Vor dem, was kommt. Irgendwann.

– Oder was gewesen ist. Ich habe mal gelesen, daß die Kinder schreien, weil sie Angst haben, geboren zu werden. Sie träumen, daß sie noch im Bauch sind.

– Du liest zuviel. Über Kinder, über Hunde.

– Ich weiß doch nichts. Weißt du ... ich bin nicht viel älter als sie. Sechzehn Jahre älter. Wenn sie erwachsen ist, bin ich knapp über dreißig. Dann werde ich sie genau verstehen können; ich werde wissen, was sie will und warum. Ich werde ...

– Deine Mutter war auch nicht viel älter.

– Ich bin anders. Und ich werde anders.

– Du redest die ganze Zeit über dich; sagst nichts über sie. Weißt du, was sie will?

– Sie ist noch klein. Noch weiß sie das nicht.

– Ich glaube doch. Sie hält das nicht durch. Diese ständige Bewegung, Spannung ... sie ist zerbrechlich. Du solltest alles ruhig erledigen, ohne daß sie etwas davon bemerkt.

– Hast du Angst? Mutter kann mir nichts mehr antun.

– Nein. Ihr könnt hierbleiben, so lange ihr wollt. Aber du wirst sie damit fertigmachen. Manchmal muß man etwas gegen sich tun.

– Was?

– Sie muß zurück.

Majka versteift sich.

– Sie muß ein normales Zuhause haben, ihr Bett, ihr Spielzeug, ihre Milch zum Frühstück ...

– Ich verstehe.

– Was verstehst du?

– Das, was du sagst. Daß sie ihr Zuhause haben muß. Du hast recht. – Nicht weit von hier wohnt ein Bekannter von mir, er hat ein Auto. Ich gehe hin. Vor Tagesanbruch bist du in Warschau, zu Hause.

– Gut.

Majkas Reaktion macht ihn unsicher; an der Tür dreht er sich noch mal um. Sie lächelt ihn sofort an. Auch dieses Lächeln verunsichert ihn.

– Willst du hierbleiben?

– Nein. Du hast recht. Hol das Auto.

Als er die Tür hinter sich schließt, erlischt ihr Lächeln. Eine Zeitlang sitzt sie bewegungslos und lauscht den Geräuschen von draußen. Sie hört Wojteks Schritte, und als sie spürt, daß er sich dem Fenster nähert, wendet sie ihren Kopf ab und tut so, als ob sie ihn nicht sehen würde.

Als er verschwindet, erhebt sie sich langsam und kommt zu dem Tisch mit der Schreibmaschine. Sie öffnet die alte Mappe und blättert darin.

Dann beugt sie sich über eines der Blätter und liest.

Auf einem alten, klapprigen Fahrrad fährt Wojtek zum Tor. Er hängt über die Schulter eine Taschenlampe und fährt los.

Der Himmel im Osten fängt an, sich rosa zu färben. Er fährt durch den Wald auf einem schmalen Weg, und schließlich erreicht er ein großes hölzernes Haus. Er hält davor und klopft an das Fenster. Nach ein paar Sekunden erscheint dort der Kopf des Mannes, der das Spielzeug abgeholt hat.

– Was ist, Wojtek?

– Hast du es weggebracht?

– Ja.

– Nimm das Auto. Wir müssen meine Familie abholen.

Der Mann lacht froh.

– Ich dachte schon, es sei etwas passiert.

– Nein, nichts.

Der Mann verschwindet im Inneren.

Stefan sitzt in einem geräumigen unpersönlich wirkenden Zimmer. Ein großer runder Tisch steht da; die Stühle und Sessel sind mit weißen Bezügen zugedeckt. In der Ecke steht ein Bett mit zerwühlter Bettwäsche.

Ein kleiner Mann mit Brille, in Stefans Alter, betritt kurz darauf das Zimmer. Über dem Schlafanzug trägt er einen Morgenrock. Wortlos setzt er sich auf den zugedeckten Stuhl Stefan gegenüber. Vielsagend breitet er die Arme aus – Stefan nickt mit Verständnis.

– Ich habe dich geweckt. Verzeihung. Das hat keinen Sinn.

– Siehst du, das ist nicht einfach ... Ich habe hier und dort angerufen ... Als wir dich brauchten, hast du uns im Stich gelassen – und jetzt kommst du zu uns, wie man so sagt ...

– Ich wäre nie gekommen ... Ewa ... du kennst sie doch ... weißt, wie sie ist. Sie hat meine Hand geküßt, damit ich hierherkomme.

Stefan senkt seinen Kopf.

– Ja ...

– Ich habe Angst um sie ...

– Ich kann nicht viel tun ... Vielleicht morgen. Ich werde versuchen, eine Suchanzeige im Fernsehen aufzugeben. Mehr nicht.

Das Auto fährt vor Wojteks Haus vor. Der Morgen dämmert schon. Sehr leise betritt Wojtek das Haus.

In der Wohnung ist niemand mehr. Dort, wo Ania schlief, liegt die karierte Decke sorgfältig gefaltet. Wojtek sucht nach irgendeiner Nachricht – es gibt nichts. Auf dem Tisch mit der Schreibmaschine bemerkt er die graue Mappe; oben liegt ein Blatt Papier mit dem Gedicht, das anfängt: »Mutter und Tochter ...«

Er geht hinaus. Der Mann im Auto sieht ihn fragend an.
– Das habe ich befürchtet. Sie ist fort.

Zurück im Haus, holt er aus der Schublade ein altes, seit Jahren unbenutztes Notizbuch. Er wählt eine Nummer – es ist belegt; beim nächsten Versuch – ebenfalls.

Majka hat die schlafende Ania auf dem Arm, telefoniert von der Telefonzelle am Bahnhof.
– Die zwei Stunden sind vorbei.
– »Stimmt. Sogar zweieinhalb.«

Ewa ist sachlich und konkret. Es ist deutlich, daß sie sich entschlossen hat, die ganze Angelegenheit in ihre Hände zu nehmen.
– Jetzt höre mir zu. Du kommst mit Ania nach Hause. Vater wird das Auto und die Orgel verkaufen. Dafür kannst du dir eine Wohnung kaufen und machen, was dir gefällt. Wir werden uns nicht einmischen. Du wirst Ania sehen können, sooft du willst, und du wirst sie für jede Ferien zu dir nehmen können. Jeden Samstag wirst du sie haben und mit ihr ins Kino gehen oder was du sonst willst. Ania wird mein und dein Kind sein. Solange ich lebe. Später nur deins.

Majka hört schweigend diesem Monolog zu.
– »Willst du noch mehr?«
– Ja. Zwei Millionen Dollar.
Im Hörer ist Stille.
– Hast du verstanden?

Ewa spricht unsicher.

– Du machst Witze.

– »Ja. Hast du verstanden, was ich vorher sagte?«

Ewa spricht versöhnlich, fast herzlich.

– Majka ... ich kann nicht. Du weißt es doch, daß ich es nicht kann.

Ania schläft in Majkas Arm, an sie angeschmiegt.

– Dann wirst du uns nie mehr sehen. Ania schläft hier, neben mir, und mir ist alles egal. Ich zähle bis fünf. Wenn du nicht »einverstanden« sagst, lege ich auf.

Majka zählt sehr schnell, so daß Ewa keine Chance hat, etwas zu sagen.

– Eins, zwei, drei, vier, fünf.

Sie legt gleich auf.

Ewa, mit dem Hörer in der Hand, steht fassungslos da.

– Majka! Einverstanden! Einverstanden! Majka!

Erst nach einiger Zeit begreift sie, daß ihre Worte im Nichts verschwinden. Verzweifelt legt sie auf, und im gleichen Moment klingelt es wieder.

– Majka, komm zurück! Ich bin einverstanden, hörst du?

Überrascht hört Wojtek diese heftigen Worte. Als sie nichts mehr sagt, spricht er stotternd.

– Ver.... Verzeihung ... Entschuldigung ... ich ... ich bin es ... Wojtek.

Ewa versteht nicht, was los ist.

– Wer?

– »Wojtek.«

– »Ja. Ich ...

Ewa fängt an, die Zusammenhänge zu begreifen.

– Du hast uns belogen, ja? Vorher ...

Ja ... ich habe gelogen.

– »Ist sie da?«

– Sie war hier. Ich habe versucht, ihr zu erklären, daß sie zurückgehen soll ... ich wollte das Auto holen. Ich hatte Angst ... wissen S... du weißt wie sie ist. Und als ich zurückkam, war sie mit Ania weg.

– »Wo ist sie? Mir sagte sie, daß ihr alles egal ist.«

– Ich weiß nicht. Sie kann aber nicht weit gegangen sein. Ich werde sie auf der linken Seite der Bahnlinie suchen; du auf der rechten.

– »Bei dir?«

– Ja, in der Gegend.

Es ist schon fast hell. Majka, mit der schlafenden Ania, geht über eine Brücke. Sie hält an, lehnt die Kleine an das Geländer und schaut auf den reißenden Fluß hinunter. Von weitem hört sie das Motorengeräusch eines sich nähernden Autos. Sie nimmt Ania wieder und rennt mit ihr bis zum Ende der Brücke. Dort rutscht sie auf dem matschigen Lehmboden hinunter und versteckt sich unter der Brücke. Von ihrem Platz aus sieht sie den Wagen, in dem Wojtek mit seinem Freund langsam vorbeifährt.

Die Tür des kleinen Wartesaals am Bahnhof steht offen. Majka geht an einem liegenden Betrunkenen vorbei und kommt zum Schalter. Lange klopft sie an die zersprungene Scheibe. Schließlich erscheint das verschlafene Gesicht einer – in eine Decke gehüllten – Frau.

– Um wieviel Uhr kommt der Zug?
– Wohin?
– Es ist unwichtig – irgendwohin.
– Heute ist Sonntag. Erst in zwei Stunden.
Majka zeigt auf den Betrunkenen.
– Ihm fehlt etwas.
– Nichts. Es dampft ihm nur aus dem Maul.
Die Frau wickelt sich fester in ihre Decke ein.
Die schlafende Ania ist schwer. Majka geht zum Betrunkenen und schubst ihn leicht mit der freien Hand. Er bewegt sich träge und murmelt etwas vor sich hin.
– Die erste ist die beste, die zweite nicht mehr so.
– Wo ist die Hauptstraße?
Er macht die Augen auf, schaut sie eine Sekunde an und schläft sofort wieder ein. Majka hört das Pfeifen eines Zuges – sie rennt auf den Bahnsteig.
Eine Lokomotive nähert sich langsam. Als sie ganz nah ist, winkt Majka wie eine Anhalterin versucht sie, sie aufzuhalten. Die Lokomotive, als ob niemand drin wäre, fährt an der verzweifelt winkenden Majka vorbei und entfernt sich majestätisch. Die Frau tritt aus ihrer Kammer – jetzt sieht man, daß sie jung ist, jedoch dick und ungepflegt.
– Von einem Typ?
Majka versteht nicht.
– Haust du von deinem Mann ab?
– Überhaupt.
Die Frau nickt verständnisvoll und zeigt auf die Decke. Majka kehrt zurück und tritt durch die kleine Türe in die Kammer. Es ist eng dort; mit Mühe paßt sie mit Ania auf das schmale Bett. Durchs Fenster sieht sie den langsam vorbeifahrenden Wagen mit Wojtek und seinem Freund. Sie legt sich zurück und schmiegt sich an die schlafende Ania. Die Frau schaut sie freundlich an.

Auf der Dorfstraße fährt ein dunkler Fiat – von der anderen Seite kommt der Bus mit Wojtek angefahren. Ein Auto blinkt, und beide halten auf der leeren Straße an.

Ewa steigt aus dem Fiat, Wojtek aus dem Bus, und sie begegnen sich in der Mitte der Straße.

– Nichts?

– Nichts.

– Ich habe Angst.

Wojtek schweigt und schaut sie nicht an.

– Wir fahren zu den Bahnhöfen.

– Es gab noch keinen Zug. Es ist Sonntag.

– Wojtek ... Du hast kein Glück mit uns.

– Wir fahren am Wald entlang.

– Gut. Also los.

Es ist schon hell. Auf dem Bahnsteig warten einige Menschen. Aus der Unterführung kommt Ewa mit Stefan zum Bahnhof. Sie schauen sich um und gehen in den Wartesaal. Energisch klopft Ewa an die gesprungene Schalterscheibe – die dicke Frau erscheint von der anderen Seite mit einem Glas Tee in der Hand.

– Haben Sie eine junge Frau mit einem Kind gesehen?

– Sind Sie von der Polizei?

– Ich suche eine Frau mit einem Kind ... Jung, mit Brille, mit einem großen Sack, und sie ist mit einem Mädchen zusammen, sechs Jahre alt.

Ania, als sie Ewas Stimme hört, wird wach. Sie setzt sich im Bett auf.

– Sie war hier. Aber vor ungefähr zwei Stunden ist sie gegangen.

– Wohin?

– Sie hat nach der Hauptstraße gefragt ... keine Ahnung ...

Die aus dem Bett lehnende Ania sieht hinter der Schalterscheibe Ewas Gesicht und sagt, als sei es das Natürlichste von der Welt:

– Mama ... Mami.

Majka öffnet die Augen und lächelt – sie hört das dritte Mal »Mama«. Sie sieht Ania, die auf eine Stelle starrt, die sie, weil sie auf der Seite liegt, nicht sehen kann. Sie sieht zu, wie Ania langsam aus dem Bett krabbelt, aus der Kammer läuft und nach der Mutter ruft. Ewa unterbricht das Gespräch mit der Frau sofort und stürzt in Anias Richtung, hebt sie auf und weint.

– Ania, meine kleine ... Ania.

Majka steht von dem schmalen Bett auf. Sie wirft den schweren Sack über die Schulter – von weitem hört man das Pfeifen eines einfahrenden Zuges. Majka erstarrt, als sie durch die offene Tür das Glück ihrer Mutter sieht. Offensichtlich von Majkas angespanntem Blick angezogen, schaut Ewa sie an. Die Spannung zeigt sich auch in ihrem Gesicht. Sie hält zwar Ania immer noch in den Armen, spricht aber ihren Namen nicht mehr aus.

– Majka ...

Nur ein Reisender verläßt den haltenden Zug. Es ist der Mann mit den Krücken. Vorsichtig steigt er aus und schaut in die Richtung des Bahnhofsgebäudes.

Majka geht los, als sie den wartenden Zug sieht. Sie läuft an Ewa und Ania sowie Stefan vorbei und rennt aus dem Wartesaal.

Beim Anblick des Mannes mit den Krücken hält sie einen Augenblick an.

Ewa ruft hinter ihr her.

– Majka!

Mit Ania auf dem Arm läuft sie hinaus. Sie sieht Majka, die in letzter Sekunde auf den langsam anfahrenden Zug springt.

Ewa hält neben dem Mann mit den Krücken. Majka preßt ihr Gesicht gegen das Fenster. Der immer schneller fahrende Zug rollt vorbei; Ewa und Ania begleiten sie noch mit ihren Augen. Der Mann mit den Krücken beobachtet das alles und geht langsam zum Ausgang. Ewa schreit ganz sinnlos hinterher.

– Majka! ... Mein Kind ...

Majka kann sie nicht mehr hören. Der Zug wird immer kleiner. Lautlos wiederholt Ewa noch ihre letzten Worte.

Der Mann mit den Krücken verschwindet in der Dunkelheit der Unterführung.

VIII.

Ein Herbsttag, sehr früh am Morgen. Aus dem Haus tritt eine sportlich gekleidete Frau, um die fünfundsechzig. Sie hat kurze graue Haare und bewegt sich energisch und schnell – eine Dame, die andere durch ihr Verhalten nicht in Verlegenheit bringt. Sie heißt Zofia.

Vor dem Haus begegnet sie einem älteren unrasierten Mann mit einem Koffer, der ihr entgegenkommt. Er begrüßt sie.

– Guten Tag! Fahren Sie so früh weg, oder kommen Sie eben zurück?

– Ich komme zurück. Mit dem Nachtzug aus Stettin. Ich sag' Ihnen ...

Man sieht, daß sie diesen Mann mag und seine Probleme kennt.

– Eine Serie über einen deutschen Flug zum Nordpol. Aus dem Jahr einunddreißig ... Polarfahrt.

– Wahrscheinlich mit einem Zeppelin?

– Ja. Drei Zeppeline. Ich sag' Ihnen ...

– Das müssen Sie mir zeigen ...

– Gerne. Auf Wiedersehen.

Sie lacht und geht mit schnellen Schritten in Richtung des kleinen Waldes, der von der Siedlung aus zu sehen ist.

Auf kleinen Wegen erreicht sie einen Indianer-Wigwam von Kindern. Dort legt sie ihren Mantel ab, unter dem sie einen Jogginganzug trägt. Eine Zeitlang tritt sie auf der Stelle, und dann beginnt sie ihren täglichen – was offensichtlich ist – Morgenlauf.

Sie läuft in Kreisen und macht unterwegs einfache gymnastische Übungen. Zofia überholt einen dicken Mann, der sie im Lauf begrüßt. Von weitem nähern sich ihr ein junger Mann und eine Frau. Beide halten am Rande des Weges an, um sie vorbeizulassen. Der junge Mann holt etwas unter dem Sportanzug hervor und macht einen Schritt auf die laufende Zofia zu. Als sie ihn sieht, bleibt sie stehen. Der Mann hält ein blaues Buch in der Hand.

– Guten Tag. Ein Bekannter hat uns die französische Ausgabe der »Ethik des Familienlebens« von Ihnen gebracht. Könnten Sie vielleicht ein paar Worte ...

Er schlägt das Buch auf. Zofia nimmt es neugierig in die Hand.

– Habe ich noch nicht gesehen ... Nicht gut übersetzt. Haben Sie etwas zum Schreiben?

Der junge Mann gibt ihr einen Füller; er war vorbereitet. Sie schreibt einige Worte.

– »Meinem täglichen Jogging-Bekannten« ... Gut so?

– Ja. Sehr gut.

– Wir haben gerade geheiratet ...

Zofia schaut sie an: beide sind glücklich, und sie wollen, daß jeder von ihrem Glück erfährt.

– Dann schreibe ich noch hinzu ... »mit Wünschen für viele Jahre Liebe«. Wenn das Buch Ihnen nicht schon gehörte, hätte ich es Ihnen gern geschenkt.

Sie lachen alle. Zofia reicht dem Mann das Buch und den Füller zurück und läuft weiter.

Wieder im Mantel, öffnet sie den Briefkasten, aus dem sie einen Stapel Briefe herausnimmt. Man sieht, daß sie eine umfangreiche Korrespondenz führt. Während sie auf den Aufzug wartet, sortiert sie die Briefe; einige zerreißt sie gleich und wirft sie in den daneben stehenden Müllbehälter. Um das alles machen zu können, muß sie einen Strauß frischer Blumen, den sie in der Hand hält, auf ein Fensterbrett legen. Als der Aufzug kommt, steigt sie ein.

Zofias Wohnung ist bescheiden möbliert – es scheint, daß die Funktionalität hier das wichtigste ist: nur wenige Möbel, die sie – wie man annehmen kann – seit langem besitzt. Viele Bücher, Papiere, Zeitungen und Journale befinden sich in großem Chaos, dessen System wahrscheinlich nur sie kennt. Trotz des Durcheinanders ist es sehr sauber.

Sie legt die mitgebrachten Briefe auf eine alte Kommode; mit einem Brief und den Blumen geht sie durch einen kleinen Gang in ein Zimmer, das sich am Ende der Wohnung befindet.

Die Zimmertür ist abgeschlossen, der Schlüssel steckt im Schloß. Zofia dreht ihn um, öffnet die Tür und betritt das Zimmer.

Es ist ein merkwürdiger Raum, ganz anders als der Rest der Wohnung: übertrieben einfach möbliert mit einem altmodischen Bett, über das eine dunkle Decke gebreitet ist; an der Wand, über dem Bett, hängt eine ähnliche Decke, in deren Mitte ein Bild der Muttergottes festgesteckt ist. Außerdem stehen dort ein Schrank, ein Nachttisch, ein Stuhl und ein Tisch. In diesem Zimmer kann man keine Spuren von Leben entdecken, einzig eine Vase mit Blumen.

Zofia nimmt die etwas verwelkten Blumen, geht mit der Vase ins Bad, wo sie das Wasser wechselt, und stellt wieder – im Zimmer – die mitgebrachten Blumen ins frische Wasser. Zu einigen Briefen auf dem Nachttisch legt sie den neuen, gerade aussortierten dazu. Sie schließt die Tür wieder ab.

In der Küche, über dem Kühlschrank, hängt ein Zettel, den sie halblaut liest:

– »Der vierzehnte Tag. Eine Scheibe Käse, ein Blatt Salat, Kaffee ohne Zucker.«

Käse und Salat holt sie aus dem Kühlschrank und versucht, den Gasherd anzuzünden. Einige Male probiert sie es mit dem Feuerzeug, und endlich – als ob sie sich erinnern würde, daß es kein Gas gibt – macht sie eine Geste mit der Hand und steckt einen bereitliegenden Tauchsieder in den Wasserkessel.

Im Hof einer Autowerkstatt holt Zofia ihren überall verbeulten Trabant ab. Der Werkstattbesitzer geht mit ihr zum Auto, öffnet die Tür und schaut hinein.

– Der Zündschlüssel ... ist da.

– Und was war los?

– Eine Kleinigkeit. Verstopfte Spritleitung, wir haben sie nur gereinigt. Aber seit dem letzten Mal, als Sie bei uns waren, hat er neue Kratzer; am Scheinwerfer und an der ganzen rechten Seite. Sie müssen wirklich aufpassen.

Zofia lacht.

– Ich habe einen Traktor übersehen. Aber es ist nichts passiert. Was schulde ich Ihnen?

– Nicht der Rede wert. Für unsere Stammkunden ...

Zofia steigt ein und fährt rückwärts los. Der Werkstattbesitzer kommt nochmals auf sie zu; sie kurbelt die Fensterscheibe herunter.

– Meine Tochter will auf die Universität ...
– Ich freue mich ...
– Kennen Sie nicht jemanden, Frau Professor ... einen Assistenten, bei dem man Nachhilfe vor den Aufnahmeprüfungen nehmen könnte?
– Die Assistenten geben Nachhilfeunterricht, weil sie von irgend etwas leben müssen. Aber ich, wissen Sie ... ich bin kein Freund solcher Methoden. Auf Wiedersehen.
Sie fährt los, aber nach einem Augenblick hält sie an, fährt nochmals zurück und hält neben dem Mann.
– Vielleicht bin ich Ihnen doch etwas für die Reparatur schuldig?
– Sie sind unser Kunde, Frau Professor. Wirklich, nicht der Rede wert.
Er schaut ihr nach, als sie wegfährt.

Sie parkt im Hof der Universität. Die vorbeigehenden jungen Menschen begrüßen sie höflich, als sie mit ihrem großen, vollgestopften Aktenkoffer in der Hand aussteigt, das Auto abschließt und in Richtung des Unigebäudes geht. Lächelnd erwidert sie die Begrüßungen.

Die Fenster auf dem Flur ihres Instituts sind weit offen, und auf allen Fensterbänken sitzen Studenten. Als Zofia sich nähert, springen sie herunter, um sie zu begrüßen. Kaum ist sie vorbei, setzen sich alle wieder auf die Fensterbänke – es sieht komisch aus.
Zofia verschwindet hinter der Tür des Sekretariats.

Die Sekretärin unterbricht das Tippen.

– Der Dekan wollte mit Ihnen kurz sprechen.

Zofia stellt ihre Tasche ab, zieht ihren Mantel aus.

– Was Neues?

– Gott sei Dank nichts.

– Keine Neuigkeiten – das ist eine gute Neuigkeit.

Zofia lächelt die Sekretärin an und betritt das Zimmer des Dekans. Auf einem kleinen Tisch, an dem der Dekan mit einer dunkelhaarigen Frau über vierzig sitzt, stehen eine Kaffeekanne und Tassen. Bei Zofias Eintreten erheben sich beide. Zofia begrüßt den Dekan, der ihr die Frau vorstellt.

– Mrs. Elizabeth Loranz from New York.

– Aber wir kennen uns doch. Erinnere ich mich richtig? Sie haben meine Arbeiten übersetzt?

– Ja, das stimmt.

Sie spricht gut Polnisch, und der Dekan ist überrascht.

– Und ich zerbreche mir hier die Zunge …

– Es ging doch hervorragend …

– Frau Loranz ist im Rahmen eines Wissenschaftleraustausches zu uns gekommen. Sie ist an der Arbeit von Ihnen, Frau Professor, interessiert, und sie würde gerne, wenn es geht, an Ihren Vorlesungen und Gesprächen mit den Studenten teilnehmen.

– Ich freue mich. Werden wir uns schon heute sehen?

– Wenn Sie es erlauben.

Der Dekan bringt Zofia zur Tür und verabschiedet sie.

Der Vorlesungssaal, der wie ein Amphitheater aussieht, ist nicht groß, aber es sind viele Zuhörer da. Mit freundlichem Blick beruhigt Zofia die Studenten, die sich unterhalten.

Sie braucht ihre Stimme nicht zu erheben; es wird sofort ruhig.

– Wir haben heute wieder einige Gäste. Herr Muabwe kommt aus Nigeria und spricht kein Polnisch. Kann jemand für ihn übersetzen? Ein junger Mann mit Brille setzt sich neben den breit lachenden schwarzen Mann.

– Die Herren Törecsik, Nemelaszi und Gardos von der Budapester Universität kennen Sie schon; sie begleiten unsere Arbeit seit einigen Monaten. Frau Elźbieta Loranz ist aus New York gekommen, sie spricht Polnisch, und sie arbeitet in einem Institut, das die Schicksale der Juden, die den Krieg überlebt haben, untersucht. Also wir setzen unser Thema fort: »Die Ethische Hölle«. Wer von Ihnen möchte anfangen?

Es ist spät nachmittags. Die Sonne dringt in breiten, roten Lichtstrahlen in den Raum. Zofia sitzt im Schatten. Einen Augenblick lang schaut sie auf Elźbieta, die mechanisch mit einem Goldkettchen spielt, das um ihren Hals hängt.

– Ich erinnere nur, daß wir schon zwei politische Geschichten und eine, sagen wir, gesellschaftliche Geschichte zur Analyse haben. Bitte …

Als sie sieht, daß ein Mädchen ihre Hand hebt, nickt sie ermutigend. Die junge Frau steht auf.

– Wir müssen uns eine Situation vorstellen – ein Mensch stirbt an Krebs.

Der ganze Saal bricht in Gelächter aus. Zofia lächelt auch.

– Es ist schon die dritte Geschichte in diesem Semester, die so anfängt.

– Vielleicht stirbt er an etwas anderem. Es geht nicht um ihn; es geht nur darum, daß sein Zustand immer schlechter wird und zum Tode führen könnte. Das ist eine wahre Geschichte. Diesen Mann behandelt ein hervorragender Arzt, der – es ist wichtig in dieser Geschichte – gläubig ist. Der Arzt wohnt im gleichen Haus wie sein Patient, und dessen Frau fängt an, den Arzt zu belästigen, um von dem Zustand ihres Mannes zu erfahren. Sie will wissen, ob ihr Mann sterben wird. Der Arzt kann und will ihr das nicht sagen. Er ist sehr erfahren und hat schon viele Menschen gesehen, die gesund geworden sind, obwohl die Medizin ihnen keine Chance gab. Die Frau seines Patienten wird so aufdringlich, daß der Arzt Verdacht schöpft, sie müsse einen besonderen Grund für ihre Hartnäckigkeit haben. Es zeigt sich, daß er recht hat: die Frau ist von einem anderen Mann schwanger. Ihr Mann weiß nichts davon. Zu alledem ist das ihre erste Schwangerschaft; bis jetzt konnte sie keine Kinder bekommen. Sie liebt das ungeborene Kind, aber sie liebt auch ihren Mann. Wenn er nicht stirbt – muß sie die Schwangerschaft abbrechen. Wenn er stirbt – kann sie das Kind zur Welt bringen. Der Arzt erfährt das alles und muß über das Leben des Kindes entscheiden. Wenn er sagt, daß ihr Mann überlebt, wird es ein Urteil gegen das Kind; wenn er ein Urteil gegen den Mann ausspricht, wird das Kind zur Welt kommen. Das ist die Geschichte. Die Studenten haben vergessen, wie sehr der Anfang der Erzählung sie belustigt hatte. Sie hören aufmerksam zu, manche notieren etwas.

– Ich kenne den Schluß der Geschichte. Warschau ist schließlich eine kleine Stadt. Die Geschichte ist interessant und paßt zum Thema. Ich bitte euch alle, wie immer, die Charaktere der Personen zu beschreiben, die Motivationen und das Verhalten. Will noch jemand etwas sagen, oder können wir mit der Analyse der früheren Geschichten anfangen?

Elźbieta hebt ihre Hand hoch. Zofia lächelt.

– Sie?

– Wenn ich darf...

– Aber bitte; bei uns hat jeder die gleichen Rechte.

– Ich würde gerne auch eine Geschichte erzählen.

– Wir sind gespannt.

– Sie hat für Sie vielleicht einen Nachteil – sie spielt in der Vergangenheit. Sie hat aber auch einen Vorteil – sie ist wahr.

– Die Geschichten, die wir diskutieren, müssen nicht unbedingt in der Gegenwart spielen.

– Sie ist aus der Kriegszeit.

– Gut. Die Problematik dieser Geschichten ist für uns manchmal deutlicher als die der heutigen.

Die Studenten schauen die Frau neugierig an; sie hat warme, schwarze Augen und dunkles, leicht gelocktes Haar. Sie bleibt sitzen, während sie erzählt.

– Es ist Winter dreiundvierzig. Ein sechsjähriges jüdisches Mädchen verliert ihr Versteck in einer Villa, die der Gestapo übergeben werden soll. Freunde ihres Vaters, der im Ghetto geblieben ist, versuchen für sie ein neues Versteck zu finden. Es gibt eine Möglichkeit, jedoch die zukünftigen Betreuer stellen eine Bedingung: das Mädchen muß einen offiziellen Taufschein haben.

Zofia, die bis jetzt die Erzählung in kurzen Sätzen notierte, blickt auf. Elźbieta schaut sie an und spricht weiter.

– Die Freunde des Mädchens suchen nach Leuten, die bereit sind, fiktive Taufpaten zu werden. Es ist nur eine Formalität, aber es müssen Menschen sein, die noch leben. Sie suchen auch einen Priester, der bereit ist, das Mädchen pro forma zu taufen.

Der Junge mit Brille erhebt sich und fragt, offensichtlich im Namen des Nigerianers, dem er alles übersetzt.

– War das ein Problem?

– Nein, es gab einige Priester. Aber man mußte einen finden, sich mit ihm verabreden und die Einzelheiten besprechen.

Elżbieta wartet, bis der Junge mit Brille dem Mann alles übersetzt hat. Der hebt dankend seine Hand und lächelt: er hat verstanden.

– Alles ist schließlich vorbereitet. Es ist Abend und sehr kalt. Das Mädchen kommt mit einem Freund ihres Vaters zu diesen Leuten, die sich einverstanden erklärten, ihre Taufpaten zu werden. Es ist ein junges Ehepaar. Das Mädchen ist halb erfroren; den ganzen Nachmittag ist sie durch die Stadt geschlichen, um hier anzukommen. Ihr Begleiter ist nervös. Das Ehepaar serviert heißen Tee, das Mädchen will trinken, aber es ist keine Zeit dafür; der Priester wartet schon, und bald ist Polizeistunde. Die zukünftigen Taufpaten, anstatt sich fertig zu machen, bitten sie trotzdem, sich zu setzen.

Zofia verhält sich merkwürdig. Sie sitzt bewegungslos und starrt Elżbieta an. Elżbieta spricht jetzt direkt zu ihr.

– Das Mädchen und ihr Begleiter setzen sich an den Tisch. Der künftige Pate läuft aufgeregt um den Tisch herum. Seine Frau setzt sich den beiden gegenüber und spricht, was ihr schwerfällt. Sie müßten absagen; nach einigen Überlegungen und nachdem sie alle Argumente erwogen hätten, könnten sie sich für keine Lüge dem gegenüber entscheiden, an den sie glaubten und der Barmherzigkeit befiehlt, aber gleichzeitig das Ablegen eines falschen Zeugnisses verbietet. So eine Lüge, auch für eine gute Sache, sei mit ihrem Gewissen nicht zu vereinbaren. Nur das.

Das Mädchen und ihr Begleiter stehen auf. »Trink noch

etwas Tee«, sagt die Frau. Das Mädchen nimmt einen Schluck, aber nachdem sie den Blick ihres Begleiters gesehen hat, stellt sie die Tasse zurück. Dann, schon unten, schaut sie ihren Begleiter ungeduldig an, der im Hauseingang steht und in die nächtliche leere Straße starrt. »Komm schon«, sagt sie, aber der Mann rührt sich nicht. »Komm, gleich beginnt die Polizeistunde«, sagt das Mädchen ...

Elźbieta hat zu Ende erzählt. Einen Augenblick lang ist es ganz still im Saal. Zofia stellt eine Frage.

– Ist noch jemand in dieser Wohnung gewesen?

– Ja. Ein älterer Mann. Er saß mit dem Rücken zu uns; ich glaube, in einem Rollstuhl.

– Kennen Sie die Details?

– Die Teetassen waren aus gutem Porzellan, aber jede war anders. Auf dem Tisch stand eine grüne Petroleumlampe, die aber nicht brannte. Die Deckenlampe war angeschaltet. Die Fenster waren mit Papier verdunkelt, der junge Mann hatte während dieser drei oder vier Minuten des Gesprächs eine Hand in der Hosentasche. Das ist alles.

Zofia lehnt sich im Stuhl zurück. Ihre Hand zittert leicht. Sie nimmt einen Kugelschreiber, und die Hand beruhigt sich.

– Hat jemand Fragen? Niemand? Vielleicht Zweifel?

Eine kleine schlanke Frau erhebt sich.

– In den Zehn Geboten ist die Rede vom falschen Zeugnis gegen den Nächsten. Dieses Zeugnis aber wäre doch nicht gegen den Nächsten. Das Motiv scheint mir nicht aufrichtig, wenn dieses Ehepaar wirklich katholisch gewesen wäre.

– Ich kenne nur dieses Motiv. An jenem Abend schien es aufrichtig zu sein.

Zofia wendet sich Elźbieta zu.

– Welche anderen Motive könnten es noch gewesen sein? Was glauben Sie?

– Ich weiß nicht. Ich kenne keine Gründe, die eine solche Entscheidung entschuldigen könnten.

Der junge Mann mit Brille, der neben dem Nigerianer sitzt, steht auf.

– Die Angst. Wenn vor einer Stunde in jenem Haus ein jüdisches Kind entdeckt und mit der polnischen Familie erschossen worden wäre – könnte es Angst gewesen sein.

Elźbieta überlegt.

– Ja. Angst. Ist das für Sie eine Entschuldigung? Die Angst?

– Ich meine es nur als eine Möglichkeit des Motivs. Ich analysiere nicht …

– Entschuldigung. Wir gehen zu weit. Die Motive, die Charakteristik der Personen und die ethischen Probleme wird jeder von Ihnen individuell vorbereiten. Wir treffen uns in zwei Wochen. Danke.

Zofia steht auf und verläßt als erste den Raum. Erst dann erheben sich die anderen.

Im Sekretariat ist es schon leer und dunkel. Zofia schaltet das Licht an und gleich wieder aus. Ins Zimmer fällt oranges Neonlicht von der Straße. Sie setzt sich in einen niedrigen Sessel und umklammert die Armlehnen. So bleibt sie eine Zeitlang sitzen. Dann steht sie auf, nimmt gewohnt energisch ihren Aktenkoffer und tritt in den Gang hinaus.

Zofia geht den – um diese Zeit ausgestorbenen und kaum beleuchteten – Korridor entlang. In der Leere hallen ihre Schritte. Auf einem der Fensterbretter bemerkt sie eine Silhouette mit einer glimmenden Zigarette; sie kommt näher – es ist Elźbieta. Zofia bleibt vor ihr stehen, und eine Zeitlang schauen sich beide Frauen an. Zofia sucht nach Worten und findet endlich die einfachsten.

– Sie sind es.

Elźbieta antwortet ruhig.

– Ja. Ich bin es.

– Und Sie leben ... Das ganze Leben dachte ich ... Jedesmal, wenn ich jemanden sehe, der mit einem Goldkettchen spielt, denke ich ... »O Gott« ...

– Ich habe das schon lange nicht mehr getan ...

Zofia lächelt auf einmal.

– Sie leben.

– Ich habe bei fremden Menschen überlebt, bei Verwandten von dem Mann, der damals mit mir bei Ihnen war. Sie haben Wodka schwarz gebrannt, und zwei Jahre lang habe ich hinter dem Kessel mit der Maische gelebt. Später habe ich sie nach Amerika geholt; der Mann ist inzwischen gestorben ...

– Und Sie sind hierhergekommen, um mich anzusehen ... wenn Sie diese Geschichte erzählen ...

– Schon in Amerika wollte ich es Ihnen sagen. Öfters wollte ich Ihnen schreiben ... wollte ich kommen ... Wenn Sie heute ein paar Worte über das Kind nicht gesagt hätten ... hätte ich nie ...

– Ja, ich verstehe.

– Man behauptet, daß Menschen, die andere retten, irgendwelche besonderen Merkmale haben ... ähnlich wie die Menschen, die einer Rettung bedürfen ... kann man diese Eigenschaften beschreiben und ein Modell eines

Menschen schaffen, der geeignet ist, andere zu retten; und das Modell eines Menschen, der dazu nicht geeignet ist? … Eine Lehre der Viktimologie …

– Ich glaube ja. Es gibt solche Eigenschaften.

– Sie haben sie.

– Ich?

– Ihr Verhalten nach dem … nach der Geschichte mit mir ist bekannt. Einige Menschen aus meiner Welt haben Ihnen noch heute ihr Leben zu verdanken.

– Sie übertreiben.

– Nein. Ich habe genaue Informationen. Es ist interessant, daß dieses Mädchen in der Vorlesung so schnell bemerkt hat, daß die angeblich katholische Argumentation nur vorgeschoben war.

– Nichts Ungewöhnliches. Die Menschen hier sind am Katholizismus interessiert.

– Ich habe dafür einige Jahre gebraucht.

Elźbieta hat ihre Zigarette zu Ende geraucht und schaut sich nach einem Aschenbecher um. Als sie keinen sieht, will sie den Zigarettenstummel durch das Fenster werfen.

– Der Aschenbecher steht da.

– Sie rauchen nicht …

– Aber ich sehe zu. Wo wohnen Sie? Vielleicht kann ich Sie hinbringen … ich weiß noch, Sie haben mich durch ganz New York chauffiert.

– Im Hotel »Victoria«, dreihundert Meter von hier … eine schwache Revanche.

Zofia kommt zu ihr.

– Vielleicht essen Sie bei mir zu Abend?

Zofia schließt die Autotüre auf und läßt Elźbieta einsteigen. Der Trabant springt nach einigem Zögern an und fährt los.

Das Auto hält vor einem Hauseingang in der Neustadtstraße. Zofia schaltet den Motor aus. Elźbieta schaut sich neugierig um.

– Hier wohnen Sie?

– Nein.

– Dann warum ... Ah so ... Hier war es?

– Ja, hier. Hier haben Sie gesagt: »Komm, gleich beginnt die Polizeistunde.«

Elźbieta steigt aus und betritt den Hauseingang. Dort ist es leer und still; ihre Schritte hören sich auf dem Betonboden laut an. Im Hof steht eine Marienfigur mit kleinen brennenden Lämpchen daneben.

Eine ganze Weile steht Elźbieta so da, in der Mitte des Hofes. Von irgendwoher hört man ein Telefon. Jemand schreit: »Ich schreie nicht, ich kann das nur nicht aushalten!« Aus einem Fenster erreicht sie das leise Geräusch einer Schreibmaschine; aus einem anderen Fenster hört sie Fetzen einer Sportsendung. Elźbietas Gesicht wird düster. Langsam verläßt sie den Hof, durchquert den Hausflur und bleibt an dessen Anfang, im Schatten, stehen. Von dort sieht sie Zofia, die ausgestiegen ist und unruhig nach ihr Ausschau hält.

Elźbieta bewegt sich nicht, und Zofia – unsicher, ob sie sie gesehen hat – geht vorsichtig auf den Hauseingang zu. In dieser nächtlichen Situation entsteht eine seltsame Spannung. Zofia ist schließlich sicher, daß es Elźbieta ist, die sich im Schatten versteckt.

– Laß uns gehen.

Elżbieta schweigt.

– Hören Sie? ...

Wieder kein Wort, und als Zofia näher kommt und sie anfassen will, weicht sie aus.

– Was ist mit Ihnen?

Elżbieta schaut sie an und fängt an, rückwärts zu gehen. Jeder Schritt der hohen Absätze hört sich unangenehm an. Sie verschwindet in der Dunkelheit.

– Wo sind Sie? Wo sind Sie denn!

Zofia fängt plötzlich an, die Situation zu begreifen.

– Komm, gleich beginnt die Polizeistunde.

Die Schritte verstummen. Elżbieta spricht aus der Dunkelheit mit einer normalen Stimme.

– Na, endlich.

Sie kommt ans Licht.

– Sie haben sich erschrocken.

– Ja, ein bißchen ...

– Ich wollte, daß Sie einen Moment lang Angst haben. Entschuldigung.

– Es ist Ihnen gelungen.

– Nein ... Sie wissen nicht, wie das ist. Hier ... als der Freund meines Vaters nicht mehr wußte, was er tun sollte ... hier habe ich mir geschworen, nie wieder solche Angst zu haben.

Sie gehen zum Auto zurück, und noch bevor sie einsteigen, fragt Zofia:

– Ist es Ihnen gelungen?

– In Wirklichkeit? Nein.

Sie steigen ein.

Qualmend hält der Trabant. Beide steigen aus.

– Heute ist er in der Werkstatt gewesen ... ich weiß nicht, was mit ihm los ist.

– Kann ich helfen?

Sie will Zofia ihren schweren Aktenkoffer abnehmen, aber sie erlaubt es nicht. Sie gehen ins Treppenhaus.

Elźbieta schaut sich die Bücherregale in Zofias Wohnung an. Dann geht sie zurück in die Küche und sieht zu, wie Zofia ein kleines Abendessen vorbereitet.

– Ich wußte nicht, daß es so ist.

– Was?

– Daß Sie so wohnen; in diesem Haus, Ihr Auto, Ihr Aktenkoffer ...

– Ich brauche nicht viel.

– Ich sehe.

Sie betrachtet die frisch geschnittenen Radieschen.

– Ich mache so eine Diät ... ich habe niemanden erwartet.

Sie sitzen im Zimmer am Tisch.

– Die Person, die ich in Erinnerung habe, konnte sich nicht in eine Frau wie Sie verwandeln. Aus dem damaligen Argument heraus konnten doch weder Ihre Gedanken, Ihre Bücher noch Sie selbst entstehen ...

– Wenn Sie tausend Kilometer gereist sind, um ein Geheimnis zu entdecken, muß ich Sie enttäuschen. Die Gründe, warum ich damals ... ja ... ein jüdisches Kind loswerden mußte, sind einfach. Der Mann mit der Hand in der Hosentasche war mein Ehemann. Seit 1952 lebt er nicht mehr. Er ist im Gefängnis gestorben.

– Ich weiß.

– Er war damals bei »Kedyw«. Das war eine Sabotagegruppe in der Organisation. Wir hatten eine Information erhalten, daß die Leute, bei denen Sie Zuflucht finden sollten, für die Gestapo arbeiten. Daß durch Sie, durch Ihren Begleiter, durch den Priester die Gestapo uns finden würde ... die Organisation. Das ist das ganze Geheimnis.

Elźbieta ist überrascht von der Einfachheit der Erklärung.

– Es ist sehr einfach.

– Wir konnten ihrem Begleiter die Wahrheit nicht sagen; wir kannten ihn nicht. Man mußte irgend etwas sagen; etwas, was heute nicht einmal die Studenten ernst nehmen. Und ihr habt es geglaubt. Und Sie haben mit dieser Gewißheit vierzig Jahre lang gelebt ... und ich ... wußte nicht, daß Sie leben ... oder, ich habe eher geglaubt, daß Sie nicht mehr am Leben sind. Auch vierzig Jahre lang. Noch dazu hat sich herausgestellt, daß die Information über diese Leute und ihre Arbeit für die Gestapo falsch war; sie entgingen knapp der Hinrichtung von der Organisation.

– Das hätte ich nie gedacht ...

Zofia lächelt bitter in sich hinein.

– Wenn ich sage, daß dieser Abend in mir vierzig Jahre lebte ... Ich habe Sie alleine gelassen ... ich habe Sie in den sicheren Tod geschickt, und ich wußte genau, was ich tue ... ich habe andere Werte vorgezogen, natürlich schienen sie mir damals die wichtigsten ...

– Und heute ... wissen Sie heute, was das Wichtigste ist?

– Ich weiß, daß es keine Idee, keinen Glauben, nichts gibt, was wichtiger wäre als das Leben eines Kindes.

– Ich habe das auch immer geglaubt ... Und was sagen Sie Ihren Studenten? Wie sollen sie leben?

– Das sage ich ihnen nicht. Ich unterrichte sie deshalb, damit sie selbst dahin kommen.

– Wohin?

– Zur Güte. Die gibt es … Ich glaube, in jedem. Die Situation löst entweder die Güte oder die Bosheit in uns. Die damalige Welt, dieser Abend, hat in mir keine Güte geweckt.

– Wer urteilt?

– Der, der in jedem von uns ist.

– In Ihren Arbeiten habe ich nichts über Gott gelesen.

– Ich gehe nicht in die Kirche, und ich gebrauche das Wort »Gott« nicht. Man kann nicht zweifeln, ohne die Worte zu benutzen. Der Mensch ist angeblich frei geschaffen worden. Also, er kann die Wege wählen … wenn das so ist, dann kann er Gott weglassen.

– Und an dieser Stelle?

– Die Einsamkeit – hier. Und dort? Wenn es dort die Leere gibt, eine wirkliche Leere, dann …

Es klingelt. Elźbieta schaut Zofia an, die mit einem entschuldigenden Lächeln zur Tür geht.

Vor ihr steht der ältere Mann, den sie heute morgen bei seiner Rückkehr aus Stettin getroffen hat. Zofia tritt beiseite und läßt ihn herein. Gleich an der Tür holt er ein kleines Notizbuch hervor und entnimmt ihm drei in Zellophanpapier eingewickelte Briefmarken. Er reicht sie Zofia, und erst jetzt bemerkt er, daß noch jemand im Zimmer ist.

– Verzeihung … Ich wußte nicht, daß Sie Besuch haben. Guten Abend.

Er grüßt Elźbieta, die ihn zurückgrüßt. Zofia schaut die Briefmarken an.

– Wunderschön. Wirklich …

– Ich wollte sie nur zeigen … Entschuldigung. Falls Sie Ihren Sohn sehen, erzählen Sie ihm davon. Das hat ihn immer interessiert.

– Gut. Polarfahrt, drei Zeppeline, 1931.

– Genau. Gute Nacht.

Zofia gibt ihm die Briefmarken zurück, und der Mann verläßt die Wohnung.

– Er sammelt Briefmarken ...

– Ich glaube, es ist noch mehr. Manchmal zeigt er sie mir, wie andere ihre Enkel oder Fotos von ihren Kindern zeigen ...

– Ein Nachbar?

– Ja ... Dieser Arzt und sein Patient, von denen Sie heute gehört haben, wohnen auch in diesem Haus.

– Ein interessantes Haus.

– Wie jedes andere. In jedem Haus wohnen irgendwelche Leute ... und so weiter.

– Eben. Diese Leute ... die, die mich aufnehmen sollten ... kennen Sie sie?

– Ja.

– Glauben Sie, daß ich sie sehen könnte?

– Ich fahre Sie morgen hin. Es ist eine kleine Schneiderwerkstatt. Aber ich komme nicht mit. Nach dem Krieg habe ich sie einmal gesehen ... sie haben sich damit nicht abgefunden, daß ihre Ehrlichkeit in Frage gestellt worden war. Ich habe ihnen »Entschuldigung« gesagt. Was konnte ich mehr?

– Ihre Studentin sprach von den Zehn Geboten ...

– Ja, sie sind gebrochen worden. Das gleiche Gebot über das falsche Zeugnis. Nur, daß es andere getroffen hat.

Zofia schenkt den Tee ein; die Tassen sind aus gutem Porzellan, jede ist anders.

– Das wiederholt sich so komisch. Die gleichen Gebote, die gleichen Sünden ... Besonders heute ...

– Bei jeder Gelegenheit sagen die Menschen: »Besonders heute.«

– Ja. Das Chaos wird immer größer. Bei euch auch?

– Auch. Wir suchen, wie überall. Wir suchen nach irgend etwas. Ich weiß nicht, nach was.

Elźbieta lächelt und steht auf.

– Ich danke Ihnen. Gute Nacht.

Zofia schaut sie von ihrem Sessel aus an.

– Sie würden mir eine große Freude bereiten, wenn Sie heute nacht hierbleiben. Ich habe ein Zimmer ... dort ist sehr selten jemand.

Sie steht auf und führt Elźbieta in das abgeschlossene Zimmer. Auf dem Nachttisch macht sie die Lampe an – um so deutlicher sieht man die strenge Einrichtung und jemandes Abwesenheit. Elźbieta schaut Zofia an, wie sie die dunkle Decke von dem Bett abnimmt und Wäsche zurechtlegt.

Zofia schaltet das Licht im Bad aus, prüft die Türschlösser und kommt zu dem Zimmer, in dem Elźbieta schläft. Durch die angelehnte Tür sieht sie sie, am Bett kniend, beim Gebet, das Gesicht in den Händen versteckt.

Zofia läuft im Jogginganzug durch den kleinen Wald in der Nähe der Siedlung. Heute ist sie schneller, und ihre Übungen sind anstrengender als beim letztenmal. Sie läuft auf einen kleinen Hügel und atmet schwer, an einen Baum gelehnt. Es ist nichts Ungewöhnliches daran; sie entspannt sich nach dem intensiven Lauf. Sie schaut sich neugierig um; noch nie ist sie so weit gelaufen. Auf der anderen Seite des Hügels verwandelt sich das Wäldchen in eine Art Park. Nicht weit von ihr entdeckt sie eine kleine hölzerne Bühne. Vielleicht für gelegentliche Sonntagskonzerte? Auf der Bühne sieht man eine seltsam winzige Gestalt. Zofia muß näher kommen, um sie identifizieren zu können – trotzdem bleibt die Gestalt irgendwie unwirklich. Als Zofia ganz nah an der Bühne ist, erkennt sie einen Mann, der in der Mitte steht und sich so weit nach hinten gebogen hat, daß sein Kopf zwischen den Beinen steckt. Zofia beobachtet ihn verwundert. Der Kopf des Mannes befindet sich auf der Höhe der Knöchel, und er schaut Zofia lächelnd an. Sie macht einen Schritt auf ihn zu.

– Gefällt es Ihnen?

Sie weiß gar nicht, wie man mit so einem »Kopf« sprechen soll. Und dann kommt der Mann, ohne sich aufzurichten, in ein paar Sprüngen zu ihr herüber.

– Gefällt es Ihnen?

– Was machen Sie?

– Im Fernsehen ... da haben sie einen Favoriten. Sie machen Wettbewerbe, und ich will ihnen zeigen, daß es noch besser geht.

– Könnten Sie ... mir zeigen, wie Sie sonst aussehen?

Mit einem Ruck richtet er sich auf – ein junger gutaussehender Mann. Er blickt auf seine Uhr.

– Ich bin schon besser. Um achtunddreißig Sekunden. Entschuldigung.

– Wie machen Sie das?

– Das kann jeder ... Frage der Übung. Biegen Sie sich nach hinten. Zofia biegt sich nach hinten so weit sie kann. Es ist nicht besonders weit.

– Noch ein bißchen ...

Sie versucht es, aber es geht nicht weiter. Der Gummi-Mann schaut ihr von der Seite fachmännisch zu.

– Weiter geht es nicht?

– Nein.

– Dann ist es zu spät. Das kriegen Sie nicht mehr hin. Verzeihung. Wieder verschlingt er sich blitzschnell zu einem Knoten.

Zofia läuft zurück nach Hause. Dort, wo von der Straße ein Weg zwischen die Siedlungshäuser abbiegt, sitzt ein

Hund. Es ist derselbe Hund, den der Taxifahrer in der fünften Geschichte fütterte. Zofia geht auf den Hund zu und bleibt ein paar Meter vor ihm stehen. Dann, ganz langsam, setzt sie einen Schritt vor den anderen und sieht ihm unverwandt in die Augen. Der Hund rührt sich nicht von der Stelle, doch als sie näher kommt, bleckt er die Zähne und knurrt dumpf und warnend. Sie hält inne. Mit dem Fuß zieht sie auf der Erde einen Strich und sucht nach der letzten Markierung – sie ist ihm deutlich näher gekommen.

– Na siehst du? Schon besser ... Und morgen wird es noch besser sein. Du wirst sehen.

Der Hund knurrt wieder, und sie zieht sich zurück – genauso langsam, wie sie sich dem Hund näherte. Als sie in sicherer Entfernung ist, geht sie mit ihren normalen, energischen Schritten in Richtung des Hauses.

Zofia versucht leise die Wohnung zu betreten. Im Flur dreht sie sich um, weil sie ein Geräusch hört: in der Küchentür steht, schon angezogen, die lächelnde Elźbieta. Auf dem Tisch steht eine volle Einkaufstasche; man sieht eine Milchflasche, Brötchen und so weiter.

– Möchten Sie mit mir frühstücken? Etwas außer...

Sie liest von dem Zettel, der über dem Kühlschrank hängt.

– ... »der fünfzehnte Tag: 30 Gramm Schichtkäse und Kaffee ohne Zucker«?

Sie sieht Zofias Überraschung.

– Ich stehe früh auf. Genauso wie Sie.

– Ja.

– Ein ganz normales Frühstück? Eier und Brötchen mit Butter?

– Ja, ein ganz normales Frühstück.

Elźbieta versucht, den Gasherd anzuzünden, aber es gelingt ihr nicht.

– Das geht nicht. Es gibt kein Gas. Nur mit dem Tauchsieder.

Zofia deutet auf den Tauchsieder, und Elźbieta gießt Wasser in den kleinen Topf mit den Eiern.

– Und die Milch?

– Roh.

Zofia sieht zu, wie geschickt sie die Milch in die Becher gießt und wie sie die Brötchen vorbereitet.

– Wie viele Kinder haben Sie?

– Drei. Die älteste Tochter ist in Kanada. Sie ist Ärztin; schreibt einmal im Jahr. Der jüngere Sohn hat sein Studium abgebrochen. Ich habe auch ein Enkelkind.

– Sie haben Routine in Frühstücksvorbereitungen ... Ich habe nur einen Sohn.

– Dieses Zimmer ... in dem ich geschlafen habe ... War das sein Zimmer?

– Ja.

Zofia antwortet leicht, als ob das für sie unwichtig wäre.

– Er lebt nicht mehr, nicht wahr?

– Er wollte nicht mit mir zusammensein.

– Wo ist er?

Zofia lächelt.

– Am einfachsten gesagt ... weit weg von mir.

Der Trabant kurvt durch die kleinen Straßen in der Nähe des Marktes. Schließlich, vor einer Reihe kleiner Werkstätten, hält er an.

Zofia zeigt auf eine.

– Dort ist es. Ich gehe einkaufen und hole Sie hier ab.

Durch die Schaufensterscheibe schaut Elźbieta ins Innere der kleinen Schneiderwerkstatt. Ein Junge näht etwas auf der Nähmaschine; ein älterer Mann, in einem Pulli mit V-Ausschnitt, schneidet auf einem großen Tisch einen Stoff zu. Als sie die Werkstatt betritt, klingelt ein kleines Glöckchen an der Tür. Der Mann mit der Schere in der Hand blickt Elźbieta an und wendet sich wieder ruhig seiner Arbeit zu.

– Gleich.

Elźbieta schaut sich in der Werkstatt um. Die Nähmaschine, auf der der Junge etwas näht, ist alt; der Ladentheke sieht man an, daß Tausende von Händen sie angefaßt haben und daß sie zahllose Male gewaschen worden ist. Darauf liegen einige alte Modejournale, und daneben steht ein alter durchgesessener Stuhl. An der Wand hängt ein Zeitungsausschnitt mit dem Bild des Papstes.

Der Mann beendet das Zuschneiden und kommt an die Theke. Er lächelt sie mit einem Lächeln an, das er für seine Kunden parat hat.

– Ich wollte mit Ihnen sprechen.

– O mein Gott, worüber denn?

– Ich bin Elźbieta Loranz.

Sie spricht ihren Namen so aus, als erkläre er alles. Der Mann schaut sie jedoch genauso an wie vorher.

– Ich kenne Sie nicht.

– Ich weiß. Wir haben uns nicht kennengelernt ... Aber wir hätten uns kennenlernen sollen ... Während des Krieges. Ich hätte bei Ihnen ...

– Halt.

Sie verstummt überrascht.

– Ich werde nicht darüber sprechen, was während des Krieges gewesen ist; ich werde nicht darüber sprechen, was nach dem Krieg war. Ich kann über das sprechen, was jetzt ist. Ich kann Ihnen einen Anzug nähen oder einen Mantel. Sie können sich ein Modell aussuchen. Er reicht ihr die zerfledderten Journale. Sie blättert sie mechanisch durch, vielleicht um ihre Gedanken zu sammeln.

– Sie sollten mich retten. Ich möchte Ihnen dafür danken, daß Sie es wollten.

– Haben Sie Ihren eigenen Stoff? Heutzutage ist es schwierig, etwas Gutes zu bekommen.

Der Mann spricht entschlossen und so, als hätte sie nichts gesagt.

– Ich war damals sechs. Das war im Februar dreiundvierzig. Sie lächelt. Er ebenfalls.

– Und ich war zweiundzwanzig. Ein Mantel?

Sie gibt ihm die Journale zurück.

– Die sind sehr alt. Werden Sie es mir übelnehmen, wenn ich Ihnen neue schicke?

– Nein. Die hat mir auch jemand aus dem Ausland geschickt.

– Wollen Sie wirklich nicht mit mir sprechen?

– Wirklich nicht.

Elżbieta geht zum Auto. Zofia sitzt drinnen und wartet. Als Elżbieta einsteigt, schaut Zofia sie genau an.

– Für alle Fälle bin ich nicht weggefahren.

– Er wollte mir einen Mantel nähen.

– Das habe ich mir gedacht. Er hatte viele Probleme.

Vielleicht zu viele. Er saß mit meinem Mann in einer Zelle. Fünfundfünfzig ist er rausgekommen ... Dann habe ich ihn besucht, um mich zu entschuldigen.

Der Trabant fährt auf einer Landstraße, irgendwo außerhalb von Warschau. Zofia ist allein im Auto.

Das Auto fährt in ein kleines Städtchen, fährt am Marktplatz vorbei und biegt in einen Weg, der zu einer Kirche führt.

Das Kirchenschiff ist übersät von Lichtflecken der Nachmittagssonne.

Zofia, ohne sich hinzuknien und ohne die Hand in das Weihwasser zu tauchen, betritt die Kirche. Sie schaut sich suchend um. Einen Augenblick lang haftet ihr Blick auf dem Bild, das über dem Altar hängt. Schließlich bemerkt sie einen Schatten im Beichtstuhl und geht in seine Richtung.

Der Priester ist über vierzig und sieht genauso aus, wie man sich den Priester einer Provinzkirche vorstellt. Mit der Stola in seinen Händen ist er eingenickt. Zofia lächelt, als sie durch das Holzgitter des Beichtstuhls sein Gesicht mit den geschlossenen Augen betrachtet. Sie klopft leicht an das Gitter. Der Priester – um nicht zu zeigen, daß er beim Schlafen ertappt worden ist – hebt ganz langsam seinen Blick und wird sofort wach, als er Zofia sieht.

– Wie kommst du denn hierher?

Er will aufstehen, aber sie beruhigt ihn mit einer Geste.

– Ich wollte dir etwas Wichtiges sagen. Sie lebt.
Der Priester schaut sie durch das Gitter an.
– Das Mädchen, weißt du. Sie lebt.

IX.

Früher Nachmittag. Die kleine Ania, der wir schon begegnet sind, spielt vor dem Haus mit ihrer Puppe, die sie in einen Wagen legt. Sie wickelt die Puppe wie ein Kind, zieht sie sorgfältig an, deckt sie zu und murmelt vor sich hin.

– Schon wieder hast du Pipi gemacht ... pausenlos Probleme ...

Aus dem Haus kommt Hanka heraus, eine energische, aparte Frau über dreißig. Sie geht schnell, als ob sie in Eile wäre, dann aber hält sie an. Einen Augenblick überlegt sie und kehrt dann genauso schnell zurück ins Haus.

Sie schließt die Tür, und ohne den Mantel auszuziehen, geht sie ins Zimmer, wo sie sich in einen Sessel setzt. Sie wartet – und es dauert nicht lange, bis das Telefon klingelt. Sie nimmt sofort ab.

– »Hanka? Ich bin es.«

– Hallo. Ich habe geahnt, daß du anrufst.

– »Geahnt?«

– Ja. Ich war schon unten und bin zurückgekommen. Von wo rufst du an?

– »Immer noch aus Krakau. Aber bald fahre ich los. Ich komme im Laufe des Abends.«

– Fahr vorsichtig. Tschüs.

– »Bis später.«

Hanka legt auf.

Roman legt ebenfalls auf. Er sitzt alleine in einem Arztzimmer, auf dem Platz, den gewöhnlich Patienten einnehmen. Er ist um die vierzig, groß und ein wenig beleibt. Sein Gesicht ist das eines Menschen, der viel erlebt und viel davon verstanden hat. Seine Hände sind kräftig; wie es sich später zeigt – die Hände eines Chirurgen.

Ins Zimmer kommt ein Mann, Mikołaj, der eine kurze weiße Arztjacke trägt. Zuerst leert er den auf dem Schreibtisch stehenden Aschenbecher aus, mit sichtbarem Ekel vor allem, was schmutzig ist. Dann holt er Zigaretten hervor und bietet Roman eine an. Mit Genuß zieht er an der Zigarette und lächelt leicht. Aus der Jackentasche nimmt er einige Zettel heraus, die er pedantisch auf dem Tisch ausbreitet. Er schaut sie an, aber man merkt, daß er deren Inhalt kennt.

– Was willst du wissen?

– Die Wahrheit.

– Tja ... Na dann, Kollege, tut es mir leid. Damit es witziger ist, muß ich dir eine Frage stellen. Wie viele Bienen hast du in deinem Leben gehabt? Naa, Frauen, Mädchen; egal, wie man das nennt.

– Acht, neun. Vielleicht fünfzehn, wenn man genau zählt ...

– Das muß dir genügen.

– Seit zehn Jahren bin ich verheiratet ...

– Das ist ebenfalls genug. Hast du eine attraktive Frau?

– Ja, sehr.

– Willst du einen Rat? Keinen ärztlichen, fürs Leben ...

– Ich weiß nicht ...

– Laß dich scheiden.

Roman lehnt sich im Stuhl zurück.

– Willst du einen Schluck?

Roman schüttelt den Kopf.

– Bist du sicher ... daß ich nie ... mit keiner Frau?

– Ganz sicher. Die Ergebnisse sind typisch, die Symptome auch.

– Von Symptomen habe ich dir nicht viel erzählt ...

– Das macht nichts, ich kann es mir denken. Vor dreieinhalb oder vor vier Jahren hast du gemerkt ...

– Vor vier Jahren.

– Na siehst du. Du kriegtest es nicht hin; es fing an, nicht zu klappen. Du dachtest, daß es Übermüdung sei; also bist du in Skiurlaub gefahren. Es ist besser geworden, und du hast aufgeatmet. Aber dann hat es wieder angefangen. Immer öfter konntest du deinem kleinen treuen Freund nicht helfen. Dann hast du dich ans Studium erinnert; hast die Lehrbücher in die Hände genommen. Du gibst nicht auf, also hast du dir für viel Geld das Gin-seng-Tonikum kommen lassen. Hast Johimbin genommen, dann Strychnin – es hat nichts geholfen. In Warschau konntest du niemanden um einen Rat bitten, weil du dich schämtest. Dann bist du in Panik geraten und zu mir gekommen. War das so?

– Mehr oder weniger ...

– Man kann es nicht heilen.

– Niemals?

– Ein Arzt sollte nie ... und so weiter. Man sagt, daß man in einem solchen Fall, mit einer anderen Frau ... man sagt Partnerin ... es probieren soll. Tu das nicht. Du läufst ins Messer und stehst dann nur dumm da.

– Vielen Dank. Ich glaube, ich könnte es nicht deutlicher ausdrücken.

– Ich habe dich nicht enttäuscht. So ist das eben, daß es

kaum jemanden gibt, der von mir enttäuscht wird. Der alte Grotzber hat immer gesagt ...

– Entschuldigung Mikołaj, aber mich geht das einen Dreck an, was dir der alte Grotzber gesagt hat.

Romans Auto taucht mit großer Geschwindigkeit hinter einem kleinen Hügel auf. Die Landstraße führt in sanften Kurven in den Wald. Roman richtet sich in seinem Sitz auf. Die Straße ist leer, nichts kommt entgegen. Das Auto rast, und Roman schließt die Augen. Solange die Straße geradeaus führt, passiert nichts, aber nach sehr kurzer Zeit beginnt das Auto, von einem zum anderen Straßenrand zu schlingern. Trotz immer höherer Geschwindigkeit öffnet Roman die Augen nicht. Mit Wucht reißt das Auto einen niedrigen Betonpfeiler um. Es kracht – hysterisch versucht Roman zu bremsen. Das Auto – durch das scharfe Bremsen wie im Tanz geschaukelt – hält endlich an. Roman lehnt seinen Kopf an die Kopfstütze; aus seinem Mundwinkel hängt ein dünner Speichelfaden.

Hanka blickt von dem Flugticket auf, das sie gerade in einem Reisebüro, in dem sie arbeitet, ausfüllt. Sie schaut vor sich hin und zugleich weit weg; in eine unbestimmte Ferne. Ihr Gesicht ist bewegungslos. Der elegante Mann, dessen Ticket sie vorbereitet, betrachtet sie etwas verwundert.

– Hören Sie ... Hallo!

Sie reagiert nicht.

Aus der Richtung, in die Roman fuhr, kommt ein junger Mann auf dem Fahrrad. An dem Fahrrad ist ein vollgepackter Anhänger befestigt. Der Mann sieht Roman an, der – in Gedanken versunken an das, was er getan hat oder was er im Begriff war zu tun – im Auto sitzt.

Es ist dunkel. Das Auto steht vor dem Haus. Man sieht das kleine flimmernde grüne Licht der Alarmanlage, und man hört leise das Radio, das Roman offensichtlich vergessen hat auszuschalten.

Hanka – schon im Bett – liest Zeitung, gleichzeitig aber lauscht sie dem Wassergeräusch im Bad. Als sie das Öffnen der Tür hört, schaut sie in die Richtung – Roman kommt ins Zimmer mit einem Handtuch um die Hüfte gewickelt. Ohne sie anzusehen, geht er zum Schrank, nimmt einen Schlafanzug heraus und geht damit zurück ins Bad. Dann, schon umgezogen, macht er das Licht auf seiner Seite des Bettes aus, legt die Bettdecke zusammen, legt das Kopfkissen darauf und fängt an, das Laken zu falten.

– Schlaf hier.

Sie ist nett zu ihm, ihre Stimme ist weich. Wortlos richtet er das Bett wieder her und legt sich neben Hanka. Sie macht ihr Licht aus. Eine Zeitlang liegen beide bewegungslos. Hanka ist nackt. Sie schiebt die Decke etwas zurück und legt seine Hand auf ihre Brust.

Man hört die Musik in der Stille. Roman erhebt sich und schaltet das Radio neben dem Bett aus.

– Ich habe vergessen, das Radio im Auto auszuschalten.

– Das macht nichts ... in Krakau ... gab es keine Mädchen?

Roman nimmt die Hand von ihr weg und versteckt sie unter seiner Bettdecke.

– Mich ekelt vor mir selbst.

Sie kuschelt sich noch fester an ihn, umarmt ihn und achtet gleichzeitig darauf, daß diese Gesten keinen erotischen Charakter haben. Sie spricht ruhig und leise.

– Mir geht es gut mir dir.

– Du lügst.

– Nein. Ich liebe dich, vielleicht deshalb.

– Ich bin bei Mikołaj gewesen. Hab dir von ihm erzählt ...

– Ja, ich weiß. Ein Arschloch.

– Er sagte ... er kennt sich aus. Hat mich untersucht, hat Analysen gemacht ... willst du es wissen? Hanka nickt.

– Es hat keinen Sinn ... so tun, als ob und alles zu verdrängen. Er sagte es mir direkt. Es gibt keine Chance; weder jetzt noch in der Zukunft. Niemals.

– Ich glaube es nicht. Diese Untersuchungen, Analysen, Urteile. Außerdem ... es gibt noch etwas Wichtigeres auf der Welt ... es gibt Gefühle, es gibt Liebe ...

– Es gibt auch Tatsachen. Wenn wir uns jetzt entscheiden, dann können wir uns trennen, ohne das Gefühl, daß einer dem anderen ein Stück Leben weggenommen hat. Genau gesagt, ich dir.

Er spricht mit unbeteiligter Stimme, wie jemand, der entschlossen ist, eine Sache rational zu Ende zu bringen.

Hankas Gesicht ist an seinen Schlafanzug geschmiegt.

– Liebst du mich?

Roman schweigt.

– Sag es mir.

Einen Augenblick lang hält sie dieses Schweigen aus, dann dreht sie sich um und nimmt zwei Zigaretten von dem Nachttisch. Sie zündet beide an und reicht eine Roman.

– Du hast Angst, mir das zu sagen, obwohl du mich liebst. Aber in der Liebe kommt es nicht auf die fünf Minuten Keuchen, einmal in der Woche, an.

– Auf das auch.

– Das ist die Biologie. Die Liebe ist nicht zwischen den Beinen. Das, was zwischen uns ist, ist für mich wichtiger als das, was nicht mehr da sein wird.

– Du bist eine junge Frau …

– Ich schaff das schon.

– Du wirst jemanden haben müssen.

Hanka dreht sich um; jetzt schauen sie einander an.

– Wenn du nicht schon jemanden hast. Schließlich seit ein paar Jahren …

– Nein … sag das nicht. Es gibt Sachen, über die man nicht zu Ende sprechen muß.

– Hanka, man muß. Wenn wir fair sein wollen und miteinander sein wollen, dann muß man.

– Du sagtest, daß du nie mehr mit mir schlafen kannst; das sagt zumindest die Medizin. Und ich habe dir gesagt, daß ich trotz alledem mit dir sein will. Und das andere … Frauen wissen sich zu helfen, und Männer müssen nichts davon wissen. Etwas, was nicht ausgesprochen ist, existiert nicht, und deshalb braucht man es auch nicht auszusprechen. Es sei denn, es gibt etwas, wovon du mir nichts gesagt hast. Gibt es etwas?

– Nein.

– Etwas, was ich wissen soll und bis jetzt nicht weiß? …

– Nein.

– … daß du jemanden hast … und diese ganze Geschichte mit der Krankheit ist nur ein Vorwand …

– Nein.

– Oder …

– Oder?

– … daß du eifersüchtig bist …

Roman schweigt.

– Bist du es?

– Jeder ist es ein wenig. Es ist die Frage … des Lebensstils … eines Abkommens. Durch das sind wir schon gegangen. Seit Jahren mischen wir uns nicht ein … Man muß nicht alles aussprechen …

– Du hast recht. Die Frage war dumm.

Roman berührt ihren Rücken. Sie fällt auf seine Brust und bleibt so liegen. Beide ziehen gleichzeitig an ihren Zigaretten: zwei kleine, rote Punkte in der Dunkelheit des Zimmers.

– Wir wollten nie Kinder haben …

– Ja, wir wollten nicht.

– Wenn wir jetzt Kinder hätten … vielleicht wäre es einfacher.

– Vielleicht. Aber wir haben keine und werden keine haben. Sag mal … ist auf dem Weg aus Krakau … etwas passiert?

– Warum fragst du? Hast du das Auto gesehen?

– Nein.

– Jemand ist reingefahren, als es auf dem Parkplatz stand … die Stoßstange …

– Aber ich meine, unterwegs … ich war gerade dabei, ein Ticket auszufüllen, als ich plötzlich eine schreckliche Angst spürte … als ob etwas passieren sollte. Etwas Schlimmes.

– Es ist nichts passiert.

Morgens. Roman steigt in sein Auto, beugt sich über das Armaturenbrett und schaut zum Haus. Hanka steht am Fenster und hebt ihre Hand. Roman erwidert die Geste. Er will gerade losfahren, da wird seine Aufmerksamkeit auf einen jungen Mann in einer bunten Jacke gelenkt, der – so scheint es Roman – sich umdreht, als Romans Blick ihn trifft. Roman fährt langsam los, aber beobachtet den Mann die ganze Zeit im Rückspiegel. Dann biegt er hinter das nächste Haus und hält das Auto an. Zu Fuß geht er zurück – der Mann ist verschwunden. Roman läuft auf das Haus zu.

Eilig öffnet er die Tür und kommt in die Wohnung. Hanka liest die Zeitung, eine Tasse Kaffee in der Hand. Als sie die Tür hört, lehnt sie sich aus dem Sessel. Roman erkennt mit einem Blick die Situation. – Ich habe die Quittung von der Reinigung vergessen.

Hanka steht auf und fängt an, zwischen dem Zeug auf einem Beistelltisch zu suchen.

– Hier ist sie nicht.

Inzwischen hat Roman einen Zettel aus der Jackentasche geholt und unauffällig fallengelassen.

– Vielleicht ist sie runtergefallen.

Er kniet neben dem Tisch und tastet mit der Hand.

– Ich hab' sie. Sie muß runtergefallen sein.

Roman hält vor dem Krankenhaus. Nicht weit entfernt sieht er einen älteren, schüchtern wirkenden Herrn in einem Fellmantel mit Nickelbrille, der sich mit einem Kanister und einem Trichter abmüht.

– Guten Tag, Herr Doktor. Kann ich Ihnen irgendwie helfen?

– Wenn es geht, vielleicht … halten Sie den Trichter.

Roman nimmt wortlos den Kanister, und der Chefarzt steckt den Trichter in die Tanköffnung.

– Wie weit ist es gekommen … Der beste Herzchirurg und sein Chefarzt schütten den Sprit, den sie irgendwelchen Gangstern abgekauft haben, in eine Schrottkarre, die dann garantiert nicht anspringt. Sie mit Ihrem Diesel haben solche Sorgen nicht.

– Das war wirklich eine Hilfe.

– Kann ich mir vorstellen.

– Sie haben mich gebeten, daß ich mit Frau …

– Genau. Ein Mädchen eigentlich; ich verstehe sie nicht ganz. Sie heißt Jarek, Ola Jarek. Ihre Mutter hat einen guten Beruf, er hätte Ihnen gefallen. Sie ist Steher … warum eigentlich nicht … Steherin?

– Sie steht?

– Ja, sie steht. Wenn Sie eine Waschmaschine brauchen, steht sie dafür an. Sie brauchen Möbel oder einen Kühlschrank – dann steht sie dafür an. Fünfundzwanzig Prozent Aufpreis, und Sie haben es. Roman beendet das Auffüllen des Tanks und stellt – ganz vorsichtig, damit kein Tropfen verlorengeht – den Kanister zur Seite. Der Chefarzt riecht an seinen Händen, in denen er den Trichter hielt.

– Es stinkt wie der Teufel.

Im Krankenhauskorridor, dort, wo das Rauchen erlaubt ist, sitzt Roman mit einer jungen Frau, die ziemlich gewöhnlich aussieht und einen Krankenhaus-Morgenmantel trägt. Roman zündet sich eine Zigarette an.

– Darf ich rauchen?

– Es ist nicht das Beste für Sie.

– Ich sterbe nicht …

Sie streckt ihre Hand aus, und Roman reicht ihr die Pakkung – unwillig.

– Vielleicht doch nicht?

Ola lächelt, was ihr viel Charme und eine seltsame Helligkeit verleiht. Roman muß auch lächeln, und es kommt eine Art Verständigung zustande. Er spricht direkt.

– Der Chefarzt sagte mir, daß er sich mit Ihnen nicht verständigen kann ...

– Ja. Obwohl das so einfach ist ... Ich sehe vielleicht nicht danach aus, aber ich habe eine Stimme ...

Ola lächelt wieder, etwas beschämt.

– Stimme?

– Ja. Ich singe. Meine Mutter arbeitet schwer und, wissen Sie ... sie will, daß aus mir was wird. Daß ich singe. In der Musikhochschule haben sie mich nicht genommen, weil ich ein zu schwaches Herz habe. Ich darf nicht singen, weil das Herz es nicht aushalten wird. Aber meine Mutter will, daß ich singe.

– Was singen Sie denn?

– Bach oder Mahler ... kennen Sie Mahler?

– Ja, kenne ich.

– Es ist schwierig, aber ich singe ihn. Und Mutter träumt davon, daß ich singen werde, daß ich groß und berühmt werde ... na ja, Sie wissen ... Dafür ist die Operation notwendig. Mutter will, daß der Chefarzt oder, noch besser, Sie ...

– Und Sie?

– Ich will leben. Mir genügt es, daß ich lebe ... ich muß nicht singen. Und ich habe Angst ... Der Chefarzt will, daß Sie mich beruhigen. Daß Sie mir sagen, daß es nicht gefährlich ist. Daß ich dann später alles tun darf. Sagen Sie es mir.

– Ich werde es nicht sagen. Solche Eingriffe unternimmt man, um zu retten ... im äußersten Notfall, wenn es keinen anderen Ausweg gibt.

– Und ich habe einen anderen Ausweg, nicht wahr?

– Ehrlich gesagt, ja. Nicht singen.

Sie lächelt wieder.

– Das Problem ist, wieviel man braucht. Meine Mutter will, daß ich alles habe. Und ich brauche ... oh – so viel.

Mit ihren Fingern zeigt sie, wieviel sie braucht. Es ist nicht viel.

Zu Hause legt Roman eine Schallplatte auf. Die Aufnahmequalität der Lieder von Mahler ist ausgezeichnet. Das Telefonläuten mischt sich mit der Musik. Roman macht die Musik leise und nimmt ab.

– »Guten Tag. Ist Frau Hanka da?«

Roman steht mit dem Telefonhörer am Fenster und sieht, wie Hanka sich mit ihren schnellen Schritten dem Haus nähert.

– Nein, sie ist nicht da.

– »Danke.«

Hanka verschwindet im Treppenhaus.

– Soll ich ihr etwas ausrichten?

Doch die Leitung ist tot – der Anrufer hat schon eingehängt. Einen Augenblick hält er den Hörer in der Hand, dann legt er auf und macht die Musik wieder lauter. Er zieht einen kleinen Kalender aus der Tasche und macht beim heutigen Datum ein Kreuz. Solche Zeichen gibt es auch an den vergangenen Tagen. Noch bevor Hanka in der Tür erscheint, versteckt er den Kalender wieder.

Roman hört mit geschlossenen Augen Musik, als sie ihn, immer noch im Mantel, auf die Stirn küßt. Er tut so, als ob er sie erst jetzt bemerkt.

– Was ist das?

– Mahler. Schön, nicht wahr?

Hanka steht an den Türrahmen gelehnt und hört ebenfalls zu, ohne sich auszuziehen.

– Wunderschön.

– Es gab einen Anruf für dich.

– Wer?

Roman zuckt die Schulter – er weiß es nicht. Hanka macht dasselbe – es ist unwichtig.

Das Lied ist zu Ende, und Roman schaltet den Plattenspieler aus.

– Schön.

Erst jetzt erinnert sie sich an das ziemlich große Paket, das sie die ganze Zeit unterm Arm hält. Hanka zieht eine neue, noch verpackte Anzugjacke heraus.

– Probier sie an.

Roman steht auf, zieht die Jacke an, die sehr gut sitzt, und macht ein paar Schritte, um sie Hanka zu präsentieren.

– Na siehst du?!

Roman moderiert im Fernsehstudio eine populäre Sendung über die Funktion des Herzens. Er schaut immer wieder in die Kamera und zeigt, weshalb ein Herz schlecht funktioniert und mit welchen Methoden die Ärzte versuchen, die Fehler zu beseitigen. Er benutzt verschiedene Requisiten und Filmmaterial, die einige Eingriffe am Herzen zeigen. Roman ist zugänglich und witzig in der Art, wie er das vorführt; wenn notwendig, wird er auch ernst. Er trägt die neue Jacke, die er von Hanka bekommen hat.

Jetzt zeigt er den dramatischsten Moment einer Herztransplantation: das Herausnehmen des kranken Herzens und das Einpflanzen eines neuen.

Hanka und Roman – vor dem Fernseher in ihrer Wohnung – sehen den Schluß der Sendung: Roman sagt noch ein paar Worte, und dann erscheint auf dem Bildschirm der Abspann.

Mit Fernbedienung schaltet Hanka den Fernseher aus und, als sie seinen fragenden Blick sieht, nickt anerkennend mit dem Kopf.

– In Ordnung, viel besser so.

– Bist du sicher?

– Schon wieder werde ich mir anhören müssen, was für einen phantastischen Mann ich habe. Zwei Teenies bei uns sind bereits in dich verliebt. Bald wirst du Fanclubs haben.

– Gut, daß wir geprobt haben.

– Und du wolltest nicht ...

– Ich dachte, daß man das ernsthaft ... Aber so ist es besser, einfacher. Vielleicht hat es jemand verstanden, wenn sich Menschen überhaupt so was anschauen.

Das Telefon klingelt, und Roman versteinert.

– Gleich wirst du einen Beweis dafür haben.

Sie nimmt ab.

– Ja, einen Augenblick.

Sie reicht ihm den Hörer.

– Hallo? ... Oh, Guten Tag ... Danke, das freut mich ... Ah, wirklich? ... Das war aber die Idee meiner Frau ... Gut, ich werde es ausrichten. Auf Wiederhören.

Er legt auf, aber es klingelt gleich wieder.

– So wird es jetzt den ganzen Abend gehen. Nimm ab.

Er nimmt den Hörer.

– Hallo?

Einen Augenblick hört er zu.

– Für dich.

Er reicht ihr den Hörer und geht – obwohl sie ihm ein Zeichen gibt, daß er bleiben soll – aus dem Zimmer.

Am anderen Ende der Wohnung befindet sich ein kleines Zimmer, in dem sich Roman eine Art Werkstatt eingerichtet hat – ein Tisch, überhäuft mit allerlei technischem Kram: ein Lötkolben, ein Schraubstock, mehrere Sägen und Hämmer.

Roman greift nach dem dort stehenden Telefon und schließt mit einer Klemmzange einen kleinen Hörer an das Telefonkabel an. Dieser kleine Hörer paßt in sein Ohr. Jetzt hört er das Telefongespräch deutlich.

– »Ja, ich kann.«

– »Dann um sechs.«

– »Gut.«

– »In der Gutestraße?«

– »Ja, gut.«

Hankas Stimme klingt unpersönlich und offiziell, als sei Roman im Zimmer. Sein Gesicht verzieht sich während des Gesprächs zu einer schmerzverzerrten Grimasse, doch irgend etwas scheint ihn zu zwingen, dem Gespräch weiter zuzuhören.

Aus dem kleinen Zimmer geht er durch das Schlafzimmer auf einen langen Balkon, eine Loggia. Es ist windig hier. Roman lehnt sich an das Geländer und vergräbt sein Gesicht in seinen Händen. Ein Zittern läuft durch seinen Körper – vielleicht friert er einfach.

Hanka schaut in das kleine Zimmer, dann in das Schlafzimmer; sie schaut in der Küche nach – findet ihn nirgends. Sie klopft an die Badezimmertür, an die Tür der Toilette – Stille. Aufgeregt und vielleicht mit einem Anflug von Schuldgefühl nimmt sie schnell ihren Mantel vom Ständer und läuft aus der Wohnung.

Roman, der mit gesenktem Kopf immer noch auf dem Balkon steht, bemerkt sie in ihrem vom Wind gebauschten Mantel.

– Hanka!

Sie hält an und entdeckt ihn nach einem Moment auf dem Balkon im sechsten Stock.

– Ich suche dich!

Sie wickelt sich in ihren Mantel ein und geht langsam zurück.

Roman verläßt die Wohnung und fährt mit dem Aufzug ins Erdgeschoß. Mit dem Finger auf dem Knopf wartet sie schon unten. In der offenen Aufzugstür umarmt sie ihn.

– Wo warst du? Ich habe mich erschreckt ...

– Ich war auf dem Balkon ... Es war ein schöner Sonnenuntergang.

– Ich habe mich erschreckt.

– Warum?

– Ich weiß nicht. Du warst nirgends ...

Hanka fährt sehr gut Auto. Roman lächelt, als sie, mit einem riskanten Manöver, einen Lastwagen überholt und es gerade noch schafft, sich vor einem entgegenkommenden Auto zu »verstecken«. Das Auto hält vor einer Schwimmhalle.

– In zwei Stunden bin ich wieder da.

Hanka fährt los, und Roman verschwindet hinter der Eingangstür des Schwimmbads.

Statt zu den Umkleidekabinen geht er den Gang entlang und verläßt das Gebäude durch eine Hintertür. In einer Seitenstraße wartet ein Taxi. Roman schließt die Türe auf.

– Sind Sie von mir bestellt worden?

– Eine Fahrt in die Gutestraße.

– Ja, genau.

Roman steigt ein.

– Halten Sie dann an der Ecke der ersten Querstraße.

Das Taxi hält an der Ecke an, und Roman reicht dem Taxifahrer das Geld.

– Hier, nehmen Sie. In ein paar Minuten bin ich wieder da.

Er geht durch einen Hauseingang in einen kleinen Garten, und, am Ende des Gartens angelangt, sieht er vor sich das Haus, das er sehen wollte. Vor dem Haus steht der junge Mann in der bunten Jacke. Nach einem Augenblick kommt Hanka mit dem Auto an, das sie neben dem wartenden Mann parkt. Sie steigt aus und schlüpft unter seinen Arm.

Roman steht in der Badehose auf der höchsten Ebene des Sprungturms. Er schaut hinunter, langsam beugt er sich nach vorn und fällt ins Wasser. Er schwimmt, ohne an die Oberfläche zu kommen, zu der Leiter und versucht, während er sich an der untersten Sprosse festhält, so lange wie möglich unter Wasser zu bleiben.

Als er auftaucht, schnappt er gierig und hastig nach Luft.

In seinem Dienstzimmer im Krankenhaus bereitet Roman sich einen Kaffee. Ohne anzuklopfen, schaut eine Pflegerin in den kleinen Raum.

– Möchten Herr Doktor etwas essen?

– Was gibt's denn?

– Preßsack.

– Danke, nein …

Die Pflegerin schiebt ihren vollbeladenen Wagen mit Tellern und Töpfen weiter, und Roman geht zur Tür, die sie nicht geschlossen hat. Im Gang bemerkt er Ola.

– Essen Sie nicht?

– Mutter bringt mir …

– Kommen Sie rein. Ich habe an Sie gedacht.

Er nimmt irgendwelche Papiere von dem Stuhl und bittet sie, sich hinzusetzen. Er selbst setzt sich, mit der Kaffeetasse in der Hand, in die Ecke eines Sofas. Ola schaut die Tasse neidisch an.

– Sie sollten keinen Kaffee …

– Nein, nein …

– Nach unserem Gespräch habe ich mir eine Platte gekauft.

– Mahler?

– Ja. Auf deutsch … phantastisch.

Dieses Thema belebt sie deutlich.

– Erinnern Sie sich noch?

– Ein wenig.

Roman versucht, einige Fragmente zu summen, aber es gelingt ihm nicht so gut. Ola lacht. Unaufgefordert übernimmt sie die Melodie und singt mühelos einige Takte mit klarer, vibrierender Stimme. Sie hat keine ausgebildete, geübte Stimme; trotzdem kann man schon jetzt deren Schönheit und Größe erkennen. Er ist erstaunt, wie mühelos sie singt. Es ist kein Konzert; sie hat einfach in einem Gespräch etwas von der Musik wiedergegeben, über die sie gesprochen hatten. Als sie merkt, wie Roman sie bewegungslos anstarrt, verstummt sie verlegen.

– Wunderschön. Es wäre schade, wenn diese Stimme …

– Mutter sagt genau dasselbe.

– Sie hat recht.

– Wovon haben Sie geträumt, als Sie in meinem Alter waren?

– Ich wollte Chirurg werden.

– Und haben Sie von einer Familie, einem Zuhause geträumt?

Er überlegt eine Weile, aber es ist offensichtlich, daß ihm diese Erinnerung nicht angenehm ist.

– Ich kann mich nicht erinnern.

– Vielleicht war das nicht wichtig für Sie. Ich habe einen Freund; er arbeitet in einem Laden. Ich würde ihn gerne heiraten, zwei Kinder haben oder drei ... weit vom Stadtzentrum wohnen, im Grünen. Nichts mehr.

Roman lächelt.

– Und hätten Sie es nicht gern, daß man Sie bewundert, daß man Sie liebt ...

– Er liebt mich so, wie ich bin.

Früh morgens geht Roman zu seinem Auto, das vor dem Krankenhaus steht. Die Nacht war kalt, die Autoscheiben sind zugefroren. Aus dem Handschuhfach holt er einen Schaber und säubert die Scheiben. Wieder im Auto, legt er den Schaber zurück in das Fach und bemerkt ein offensichtlich vergessenes Schulheft. Roman verkrampft sich. Auf dem Umschlag des Heftes steht mit einem Filzstift geschrieben: »Mariusz Zawidzki. Physik. VI. Semester.« Er blättert das Heft durch, das mit unverständlichen, geheimnisvollen Formeln beschrieben ist.

Roman fährt los und hält an der nächsten Mülltonne. Dort steigt er aus und wirft das Heft hinein. Er fährt weiter, aber nach einigen hundert Metern fällt ihm etwas ein. Er fährt rückwärts, hält und geht zu der Mülltonne zurück.

Das Heft ist im Müll verschwunden. Roman schaut sich um und findet einen Stock, mit dem er in der Tonne herumwühlt. Schließlich findet er das Heft; angeekelt trägt er es zum Auto, wo er es mit einem Lappen zu säubern versucht. Als ihm das einigermaßen gelungen ist, wirft er das Heft in das Handschuhfach zurück und fährt weiter.

Vorsichtig schließt Roman die Türe seiner Wohnung auf. Bemüht, sich ganz leise zu bewegen, hängt er seinen Mantel in den Flur und geht ins Schlafzimmer. Das Bett ist für ihn vorbereitet, und Hanka – es ist noch sehr früh –, etwas aufgedeckt, schläft tief. Sanft deckt er sie zu und schaut sie einen Augenblick lang an. Neben dem Bett liegt Hankas Handtasche, die er aufhebt und damit auf Zehenspitzen aus dem Schlafzimmer schleicht. Roman schließt sich im Bad ein und öffnet die Tasche: Dutzende von Belegen; einige Notizbücher und Kalender, Kosmetika, Schlüssel, Fotos. Er schaut alles sorgfältig durch und horcht immer wieder, ob Hanka nicht wach geworden ist. Auf dem zerknitterten Umschlag eines Sparbuches findet er eine Telefonnummer. Er schließt die Augen und wiederholt die Nummer mehrmals. Roman findet sonst nichts Auffälliges. Er stopft das ganze Chaos zurück in die Tasche und bemüht sich, die ursprüngliche Ordnung wieder herzustellen.

Roman öffnet die Türe und kehrt, so leise wie vorher, ins Schlafzimmer zurück. Die Tasche legt er auf ihren Platz neben dem Bett.

Hanka sitzt am Computer im Büro der Fluggesellschaft und tippt aus einer langen Liste die Daten ein. Eine ihrer Kolleginnen beugt sich zu ihr.

– Hanka, du hast doch die Nummer der Treibstoff-Firma gehabt. Das Öl ist wieder aus.

Hanka nimmt ihre Tasche und sucht nach dem Notizbuch, das nicht am gewohnten Ort steckt. Sie gibt der Frau die Nummer und überlegt eine Weile angestrengt, als wollte sie die Ursache finden, warum das Notizbuch woanders steckte. Sie wählt eine Nummer.

– Ich bin es.

– »Hallo.«

Sie schaut sich um und spricht leiser.

– Ich habe eine Bitte ... ruf mich nicht zu Hause an, wenn es nicht notwendig ist.

– »Ist was passiert?«

– Nein, nichts. Aber es ist besser, im Büro anzurufen.

– »Von zehn bis sechs.«

– Ja. Am Dienstag und am Donnerstag bis acht.

– »Wie gnädige Frau wünscht.«

– Ich danke Ihnen.

– »Tschüs, Hanka.«

– Mach's gut.

Sie legt auf und kehrt zum Computer zurück.

Abends, schon im Bett, lächelt Roman bei der Lektüre von »Garp und wie er die Welt sah«. Roman dreht sich zu Hanka um, die mit Kopfhörern Walkman hört – man hört das leise Summen der Musik. Er faßt ihre Schulter, worauf sie übertrieben heftig reagiert.

– Was?

Roman zeigt ihr die Stelle, die ihn zum Lachen brachte. Sie liest, und nach einer Weile lacht sie ebenfalls, genauso verhalten wie er.

Roman läßt Hanka vor ihrem Büro aussteigen. Er schaut ihr nach und bewundert, wie graziös und schön sie sich bewegt. Offensichtlich hat sie sich an etwas erinnert, da sie zum Auto zurückkommt.

– Hab's vergessen.

Sie blickt auf die Uhr.

– Was denn?

– Mutter hat angerufen ... Sie hat mich um ihren Schal und den Regenschirm gebeten. Und heute fliegt unser Flugzeug nach London. Scheiße.

– Und dort kann sie keinen Schal bekommen.

– Du kennst sie doch. Sie will ihre Sachen haben.

Jetzt schaut er auf die Uhr.

– Um wieviel Uhr fliegt es?

– Um zwölf. Ein paar Minuten danach.

– Ich operiere erst am Nachmittag ... ich kann hinfahren. Ich habe ungefähr eine Stunde Zeit.

Sie überlegt einen Augenblick, ob es richtig war, das alles zu sagen.

– Du bist lieb.

Sie reicht ihm das Schlüsselbund.

– Der Schirm hängt im Flur am Ständer. Der Schal ist in der Kommode. So ein wollener, mit schwarz-dunkelblauen Karos. Du weißt, im Schlafzimmer.

Roman nimmt die Schlüssel.

– Ich finde die Sachen schon.

Im Kaufhaus, beim Schlüsseldienst, beobachtet Roman, wie der Mann zwei Schlüssel – den alten und den Rohling – aufeinanderlegt und wie die Maschine die Profile des Schlüssels präzise in den Rohling schneidet.

Roman hält das Auto vor dem Haus in der Gutestraße an. Er schließt das Handschuhfach auf, aber das Heft ist nicht mehr da.

Roman steigt aus und geht ins Haus.

An der Tür probiert er die beiden Schlüssel – sie funktionieren gut. In der Wohnung, die sichtlich zur Zeit unbewohnt ist – geputzt und leblos, mit Möbeln, die mit weißen Tüchern zugedeckt sind –, schaut er sich voller unguter Vorahnungen um.

Eine Zeitlang steht er vor dem großen Bett und reißt plötzlich, mit einer Bewegung, die Decke weg. Das Bettlaken ist sauber und frisch. Er deckt das Bett wieder sorgfältig zu und geht ins Badezimmer.

Dort öffnet er die Waschmaschine, in die benutzte Bettwäsche hineingestopft ist, und holt ein Bettlaken heraus; er glättet es – es hat einen gelben Fleck. Er drückt das Laken zusammen, stopft es in die Waschmaschine zurück und schließt sie schnell.

Im Zimmer bemerkt Roman einige Zeitungen auf dem Regal. Er hebt sie hoch und findet das, was er vermutete: das inzwischen trockene, aber, nach dem kurzen Mülltonnenaufenthalt, leicht angegriffene Schulheft. Roman läßt es liegen, geht zum Telefon und wählt die Nummer, die er auswendig gelernt hat. Nach einigen Klingelzeichen nimmt jemand ab.

– »Hallo?«

– Kann ich Mariusz Zawidzki sprechen? Bin ich bei Ihnen richtig?

– »Ja. Mariusz am Telefon!«

Roman deckt den Hörer mit der Hand zu und hört eine angenehme Männerstimme.

– »Ja, bitte?«

Roman sagt nichts.

– »Ich höre. Hallo?«

Roman schweigt weiter, und der andere legt auf. Roman ebenfalls. Er schließt gerade die Kommode auf, als es klingelt. Eine Sekunde zögert er, dann nimmt er ab.

– »Bist du schon da ...«

– Ja.

– »Die ganze Zeit war belegt. Hast du mit jemandem gequatscht?«

– Nein, bin erst reingekommen. Hast dich wahrscheinlich verwählt.

– »Hast du alles gefunden?«

– Noch nicht. Warte mal.

Er zieht die Schublade auf und nimmt den schwarzblauen Schal heraus. Er geht damit ans Telefon.

– Der Schal ist schon da, und den Schirm habe ich beim Reinkommen gesehen.

– »Dann fahre zurück.«

– Ja, gleich.

– »Und Roman ... schnüffle dort nicht in den Sachen herum. Mutter mag, daß alles auf seinem Platz bleibt.«

– Ich weiß. Bis gleich.

Im Büro der Fluggesellschaft sind einige Kunden, jedoch herrscht kein Gedränge.

Hanka, als sie Roman sieht, geht gleich zu ihm und nimmt ihm die Sachen ab.

– Ich schaffe es noch. Sie sind noch nicht weggefahren. Um sechs bin ich fertig.

Roman holt die Autoschlüssel heraus.

– Ich lasse dir das Auto.

– Schaffst du es noch?

– Problemlos. Die Autopapiere habe ich im Handschuhfach gelassen.

Wachsam beobachtet er ihre Reaktion; sie zögert eine Sekunde, dann lächelt sie.

– In Ordnung.

Er geht aus dem Büro. Hanka wendet sich einem jungen Mann in Uniform zu.

– Nimm das mit. Der Kapitän weiß Bescheid. Meine Mutter holt das in London ab.

Der Mann lächelt sie an.

– Kann ich noch etwas für dich tun?

Sie antwortet ganz trocken.

– Nein, nichts mehr. Danke.

Sie geht zurück zu ihrem Platz und wählt eine Nummer. Dabei sieht sie Roman nicht, der sie angespannt durch das Schaufenster des Büros beobachtet.

Hanka wendet ihr verzerrtes Gesicht ab; eine Träne fließt über ihre Wange. Man kann nur raten, was sie fühlt. Lust, Ekel oder Erniedrigung? Der junge Mann schaut sie zärtlich an und will mit einer fürsorglichen Geste Hankas Wange streicheln, aber sie schiebt seine Hand weg. Er streichelt ihr Haar und küßt die Hand, mit der sie ihn wegschiebt.

Roman betritt einen Raum vor dem Operationssaal. Der Chefarzt, mit einer Zigarette im Mundwinkel, wäscht sich die Hände. In dem Zimmer gehen einige Ärzte und Krankenschwestern hin und her.

–Da sind Sie ja.

– Hören Sie ...

– Ziehen Sie sich um. Wir beginnen.

– Ich wollte Sie bitten ... ich bin nicht imstande, heute zu operieren.

– Ist etwas passiert?

– Mir geht es nicht gut. Wenn es ginge ...

– Zwei Operationen ...

– Es tut mir leid.

Der Chefarzt schaut ihn genau an.

– Haben Sie mit der Kleinen gesprochen?

– Ja ... Um die Wahrheit zu sagen, sie will nicht mehr als das, was sie hat.

– Na gut. Gehen Sie also.

Der junge Mann sitzt – noch nicht angezogen – auf dem Bett. Verwundert sieht er sein Heft an.

– Ist es dir in die Pfütze gefallen?

– Nein, nicht mir. Hast du es im Handschuhfach gelassen? Bist du sicher?

– Ich glaube schon. Es war ganz sauber. Das ganze Semester Physik ...

Wo hast du es gefunden?

– Im Handschuhfach.

Der Mann schmiegt sich an sie.

– Entschuldigung ...

– Wofür?
– Daß ich es liegengelassen habe.

In einem Taxi fährt Roman vor dem Haus in der Gutestraße vor.
– Wie spät ist es?
– Halb acht.
Roman steigt aus. Auf dem Parkplatz vor dem Haus steht ihr Auto; das kleine Licht der Alarmanlage blinkt ununterbrochen. Er faßt die Motorhaube an; sie ist noch warm.
Roman steht im Treppenhaus, dann geht er zur Tür und lauscht. Es sieht aus, als überlege er, ob er nicht mit Hilfe der handgefertigten Schlüssel in die Wohnung stürzen sollte oder aber mit seinem Unglück draußen bleiben soll. Schließlich schleppt er sich einige Schritte weiter und setzt sich auf die Stufen. Er hält seinen Kopf in den Händen, die Arme auf die Knie gestützt. Auch jetzt weiß man nicht, ob er sich vorstellt, was Hanka gerade tut, oder ob er bei der bloßen Vermutung leidet, was dort vor sich gehen könnte.
Er sitzt bewegungslos, bis das Geräusch des sich öffnenden Schlosses zu hören ist. Roman steht auf und steigt einige Stufen höher. Von dort sieht er Hanka, die aus der Tür späht, zurücktritt und dann den jungen Mann in der bunten Jacke vorbeiläßt. Er rennt die Treppen leichtfüßig hinunter, und man hört sein unbekümmertes Pfeifen, im Rhythmus der Schritte.
Roman wartet noch einen Moment ab und geht dann mit plötzlicher Verzweiflung auf die Wohnungstür los. Er holt den Schlüssel heraus, will ihn schon in das Schloß stecken, als er Hankas Schritte hört. Ganz automatisch, wie jeder, der bei etwas Verbotenem ertappt wird, springt er zur

Seite. Neben der Tür laufen irgendwelche Rohre, und Roman drückt sich dahinter. Als sie herauskommt und die Wohnung abschließt, ist er nur wenige Zentimeter von ihr entfernt. Sie wirkt angespannt in ihrem aufgeknöpften Mantel und mit der baumelnden Tasche in der Hand. Ohne ihn zu bemerken, geht sie weg. Hanka bewegt sich anders und sieht anders aus als heute morgen, als er sie auf dem Weg ins Büro beobachtete. Schwerfällig schlurft sie über die Treppen. Roman wischt sich die nasse Stirn ab. Durch das Fenster im Treppenhaus sieht er noch, wie sie mit einer müden Bewegung ihre Tasche in das geöffnete Auto wirft. Offensichtlich hat sie vergessen, die Alarmanlage auszuschalten – es hupt und die Lichter blinken. Erst nach einer Weile hört es auf. Roman, mit grauem Gesicht, kommt aus seinem Versteck.

Mit hochgeschlagenem Mantelkragen steht Roman vor dem Krankenhaus. Weit entfernt sieht man das wegfahrende Taxi. Er schaut sich um, als wolle er von keinem Kollegen hier getroffen werden.

Roman blickt in die Richtung des Hofes, von wo sie kommen könnten, und stellt sich in den Schatten.

Vor ihm hält Hanka und kurbelt das Fenster herunter.

– Bin ich zu spät? Du wartest?

Roman schaut sie an, ohne zu begreifen, wie man sich so schnell und so total verändern kann.

– Willst du fahren?

Sie will schon den Platz wechseln.

– Nein.

Er geht um das Auto und setzt sich neben sie. Es gelingt ihm nicht, die Spuren der heutigen Geschehnisse von seinem Gesicht zu verbannen. Das Begrüßungslächeln von Hanka erlischt langsam.

– Etwas nicht in Ordnung?

Er schüttelt den Kopf. Hanka wendet sich ihm zu und legt sanft die Hand auf seine Wange.

– Hast du einen schlechten Tag gehabt?

Roman erstarrt unter dieser Berührung. Er kann sich dem Gedanken nicht widersetzen, daß sie vor kurzem, mit der gleichen Geste ...

– Eine Operation? Sag mir ...

–Ja.

– Ist jemand gestorben?

– Ja.

Die ganze Zeit denkt er an die Hand auf seinem Gesicht. Sie streichelt ihn sanft, mit Mitgefühl.

– Wer?

– Tu mir das nicht an.

Sie hält ihre Hand an, nimmt sie aber nicht weg.

– Wer ist gestorben?

Roman explodiert.

– Faß mich nicht an!

Erschrocken nimmt sie die Hand weg.

Aus der Richtung des Krankenhauses nähert sich eine Gruppe von Ärzten; der Chefarzt ist dabei. Roman bemerkt sie.

– Fahr.

Hanka schaut ihn an, ohne seinen Zustand zu verstehen. Er will vor allem weg von hier.

– Entschuldigung. Fahre jetzt.

Hanka wacht in der Nacht auf. Mit noch geschlossenen Augen faßt sie das leere Kopfkissen neben sich an. Sie setzt sich im Bett auf.

– Roman …

Hanka steht auf und wirft ihren Morgenmantel über. Unter der Badezimmertür bemerkt sie Licht. Sie öffnet die Tür. Im Bad, am Rande der Badewanne, sitzt Roman.

– Roman …

– Ich kann nicht schlafen.

Auf der Waschmaschine liegen ein Zigarettenpäckchen und ein kleines Damenfeuerzeug. Roman fängt den Blick auf, den sie auf diese Gegenstände wirft.

– Ich konnte meine nicht finden …

– Das macht nichts …

– Sag mal … warst du gut in Physik?

Sie sieht ihn aufmerksam an.

– Warum?

– Eine Masse, in Wasser getaucht, verliert an Gewicht … weiter kann ich mich nicht erinnern.

– Verliert scheinbar an Gewicht, soviel, wieviel das von der Masse verdrängte Wasser wiegt … ungefähr so.

– Ich glaube ja. Geh schlafen.

Hanka geht, ohne die Tür hinter sich zuzumachen, zurück ins Zimmer. Als sie weg ist, schließt Roman die Tür und schiebt einen kleinen Riegel vor. Aus einer Ecke hinter der Badewanne zieht er ihre Tasche heraus und legt die Zigaretten mit dem Feuerzeug hinein. Seine brennende Zigarette löscht er unter einem kleinen Wasserstrahl über dem Waschbecken.

Vom Bett aus spricht Hanka laut.

– Roman!

Er antwortet ebenfalls laut.

– Ja?

– Alles in Ordnung?
– Ja, alles in Ordnung.

Am Tag horcht Hanka den Geräuschen aus der kleinen Werkstatt; sie hört Hammerschläge auf weichem Metall. Sie geht zum Fernseher, in dem gerade ein Zeichentrickfilm gezeigt wird, und dreht den Ton langsam lauter.

In seinem kleinen Zimmer klopft Roman die Nieten flach, die zwei Blechstreifen verbinden. Auf einmal unterbricht er und lauscht einen Augenblick. Aus der Schublade zieht er den kleinen Hörer heraus und schließt ihn an das Telefonkabel an. Als er den Hörer ins Ohr steckt, hört er das Klingelzeichen. Nach einer Weile meldet sich eine Männerstimme, die Roman kennt.

– »Ja, bitte?«
– »Ich bin es.«
– »Hanka ... Guten Tag.«
– »Ich muß mich mit dir treffen.«
– »Seit einer Woche bitte ich dich darum.«

Romans Gesichtsausdruck ändert sich; er gleicht immer mehr dem vor der Wohnungstür in der Gutestraße, vielleicht noch verbissener.

– »Jetzt will ich es.«
– »Du fehlst mir.«
– »Gut so. Kannst du am Donnerstag?«
– »Ich kann immer. Jeden Tag.«
– »Am Donnerstag. Um sechs.«
– »Hanka ... ist was ...«
– »Um sechs dann.«

Sie legt sofort auf. Sofort versteckt Roman den Hörer und fährt fort, die Nieten flachzuklopfen.

Hanka, im großen Zimmer, hört das Klopfen und geht beruhigt zu der kleinen Werkstatt.

– Was machst du?
– Einen Träger für die Autobatterie ... es ist bald Winter.
– Ich habe noch eingemachte Heidelbeeren im Glas ... von den Masurischen Seen. Vielleicht soll ich dir etwas kochen? ... hast du Hunger?
– Nein. Aber ich kann etwas essen.

In der Wohnung in der Gutestraße sitzt Hanka in der Küche an einem großen, alten Tisch und schaut sich die Fotos an, die in einer Schachtel liegen: sie, mit ihrer Mutter in den Bergen; sie, mit einem Teddybär im Arm; alte Ausweisfotos; sie, als kleines Mädchen, von beiden Eltern gehalten; sie, lachend an einem Strand. Die Türklingel unterbricht sie.

Der strahlende Mariusz kommt herein und öffnet seine Jacke.

– Laß sie an. Ich hab' wenig Zeit.

Er folgt ihr ins Zimmer und will sie umarmen. Sie erlaubt es, aber ohne Lust, ohne Freude sogar.

– Ich habe dich vermißt.

Sie befreit sich aus seiner Umarmung und setzt sich. Mariusz kniet vor ihr, legt seine Hand auf ihr Knie und will langsam – ohne seinen Blick von ihr zu wenden – seine Hand weiterführen. Sie hält seine Hand an.

– Nein.

Er nimmt die Hand weg.

– Gut, nein.
– Überhaupt nein. Wir sehen uns zum letztenmal.
– Hanka ...
– Das wollte ich dir nur sagen. Geh jetzt.

An einem scheinbar unauffälligen Platz, zwischen dem Schrank und der Wand, der durch die geöffnete Zimmertür verdeckt ist, befindet sich ein ungefähr vierzig Zentimeter breiter Spalt. Dort steht Roman mit zur Seite gebeugtem Kopf.

– Ich muß nicht mit dir ins Bett gehen. Schmeiß mich nicht hinaus.

– Das tue ich nicht. Aber geh schon.

– Ich liebe dich. Wir haben nie davon gesprochen ...

– Und werden auch nicht.

– Hat er das erfahren?

– Nein, und er wird es nicht erfahren. Mach die Jacke zu und geh. Hanka steht auf.

– Was habe ich getan? Du kannst doch nicht plötzlich, von einem Tag auf den anderen ...

– Du hast nichts getan. Denke nicht nur an dich ...

Er schaut sie an, als habe sie ihm großes Unrecht zugefügt. Sie zieht den Reißverschluß seiner Jacke hoch.

– Du siehst sehr gut aus.

Er weiß nicht, wie er mit dieser neuen Situation fertig werden soll. Sein Gesicht sieht wie das eines traurigen Hundes aus.

– Hanka ...

– Du schaffst es. Widme dich der Physik ... oder deinen Studienkolleginnen.

Sie schubst ihn leicht in Richtung Flur. Er will noch etwas sagen oder tun, aber sie gibt ihm keine Chance.

H. schließt die Tür hinter ihm zu und lehnt sich einen Moment lang an diese Tür, wahrscheinlich überrascht oder ergriffen von seiner Liebeserklärung. Sie wartet ab, bis er weg ist. Dann geht sie ins Zimmer, zieht ihren Mantel an und schaltet das Licht aus. Als sie die Tür schließen will, bemerkt sie etwas, das sie im ersten Moment nicht glauben kann. Sie macht noch einen Schritt und hält an. Eine Zeitlang steht sie da: mit der Hand auf der Türklinke, mit dem Gesichtsausdruck eines Menschen, der in den Spiegel schaut und ein fremdes Gesicht statt des eigenen sieht. Ohne der Entdeckung zu trauen, tritt sie ins Zimmer zurück. Sie macht einen Schritt auf die verborgene Ecke zu. Es ist dunkel. Hanka schaltet das Licht wieder an. Direkt vor ihr ist Romans Gesicht. Beide schauen einander lange an. Roman ist erstarrt in dieser unbequemen, erniedrigenden Position. Sie spricht leise.

– Komm raus.

Dann lauter.

– Komm raus!

Roman steht bewegungslos da.

– Warum hast du das getan? Wolltest du sehen, wie ich mich mit ihm im Bett vergnüge? Du hättest vor einer Woche hierherkommen sollen, dann hättest du alles gesehen ...

Er spricht leise, wobei er kaum seine Lippen bewegt.

– Ich war hier.

– Du warst ...?

– Auf der Treppe ... Ich weiß.

In der Stille hört sich die Türklingel laut an. Beide stehen bewegungslos.

– Mach auf.

Hanka geht zur Tür und öffnet sie. Davor steht der junge Mann, der aussieht, als habe er eine sehr wichtige Entscheidung getroffen.

– Wenn du mich heiraten würdest ... dich scheiden lassen und mich heiraten ... Wortlos schließt sie die Tür, als stünde niemand davor. Roman zwängt sich aus dem Spalt heraus; sein dunkler Pullover ist mit hellen Putzstreifen beschmiert. Hanka drückt sich mit einer plötzlichen Bewegung an ihn.

– Umarme mich, wenn du kannst ...

Sie spürt aber nicht, daß er die Arme hoch nimmt. Im Gegenteil, hilflos sackt er auf dem Boden zusammen und bleibt sitzen. Hanka kniet neben ihm; dies ist keine symbolische Geste, sie will ihm einfach nahe sein.

– Das ist die wichtigste Bitte in meinem Leben … umarme mich … Angespannt sieht sie in sein Gesicht. Langsam hebt er die Hände und berührt ihren Rücken.

– Ich habe keine Kraft …

Hanka preßt sich an ihn und weint wie ein Kind, laut und hemmungslos. Er streichelt und beruhigt sie. Das Weinen hört auf. Sie spricht in seinen Pullover, so undeutlich, daß er zuerst nicht verstehen kann, was sie sagt.

– Du hast recht … wir sollten.

– Ja …

– … sollten ein Kind haben … wir sollten eins annehmen. Es gibt so viele Kinder, die keiner liebt … du hast recht gehabt …

– Ich kann nicht mehr …

– Du wirst mich doch nicht verlassen weil … weil ich ins Bett gegangen …

– Nein.

– Ich kümmere mich … wenn du mir verzeihen könntest … du hast mich doch umarmt …

– Ja.

– Ich habe nicht gewußt … ich kenne dich, aber ich habe nicht gedacht, daß es dich so trifft.

– Ich habe es auch nicht gewußt … ich habe kein Recht auf Eifersucht.

– Doch. Und ich … du hattest recht … man darf nichts verdrängen … man muß reden. Ich werde dir immer alles sagen … die Wahrheit. Damit du nicht hinter einem Schrank stehen mußt …

– Ich habe den Schlüssel nachgemacht.

– Das wirst du auch nicht mehr machen müssen. Niemals.
– Wir sollten uns von einander erholen. Eine Zeitlang.
– Ja. Fahr weg ... Ich werde mich um die Adoption kümmern, gehe zum Anwalt ...
– Fahr du lieber. Ich will nicht, daß dieser Physiker ...
– Gut. Dann fahre ich.

Hanka lächelt. Es ist ein leichtes Lächeln; eigentlich der Versuch eines Lächelns. Sie weiß nicht, wie er darauf reagieren wird, aber er lächelt auch ganz leicht in den Augenwinkeln.

– Du hast recht. Ich fahre.

In einer Skiausrüstungswerkstatt holt Roman ein Paar neu überholte Skier. Er prüft die Kanten mit dem Finger und nickt anerkennend mit dem Kopf. Die Werkstatt ist voll mit Skischuhen, Bindungen, Skiern und verschiedenem Zubehör. Die Werkzeuge, alle mit gleichen roten Griffen, sind sehr ordentlich sortiert. Die Skischuhe passen gut in die neu montierten Bindungen. Der Werkstattbesitzer versichert sich noch.

– Sind sie nicht zu klein?
– Die sind für meine Frau.
– Ah, das ist etwas anderes. Weiche Ski für die Damen.

Hanka bereitet gerade einen Stapel Flugtickets für eine Reisegruppe vor, als sie eine Stimme über sich hört.

– Ich wollte gerne erfahren, wieviel ein Flugticket nach Melbourne kostet.

Sie hebt den Kopf – es ist Mariusz.

Hanka spricht scharf, aber nicht laut.

– Geh weg von hier.

– Ich wollte nur fragen, wieviel ein Ticket nach Melbourne kostet. Hanka will nicht schreien und keinen Skandal – sie schaut sich um. In der Nähe sieht sie den Mann, dem sie den Schal und den Schirm gegeben hat.

– Janusz!

Sie spricht mit lauter offizieller Stimme.

– Mein Kollege wird sie informieren, er ist für diese Buchungen zuständig.

Abends, als das Büro schon geschlossen ist, klopft Roman an das Schaufenster. Hanka geht hinaus, und Janusz, ihr Bürokollege, schließt hinter ihr das raffinierte Schloß ab.

Im Auto sieht sie die Skier und streift – genauso wie Roman vorher – mit einem Finger an der Kante entlang.

– Toll.

– Ich habe für dich ein Schlafabteil reserviert. Für Donnerstag. Alles in Ordnung?

– Ja. Morgen habe ich einen Termin beim Anwalt.

Hanka verläßt das Haus, an dessen Tür sich ein Schild »Rechtsanwälte ...« befindet. Für einen Moment hält sie vor einem Modeladen an.

Im Schaufenster, im Spiegelbild, bemerkt sie eine Gestalt in einer bunten Jacke neben sich. Tatsächlich steht Mariuzs neben ihr.

– Guten Tag.

– Servus. Noch nicht in Melbourne?

– Damals ... es war mein Ernst. Du dachtest, daß ich Witze mache.

– Nein, das habe ich nicht gedacht.

– Ich liebe dich.

– Hör mal ... Ich habe dich fürs Bett gebraucht. Du warst nicht schlecht, aber auch nicht so phantastisch, wie du wahrscheinlich denkst. Es gibt bessere. Und ich brauche dich nicht mehr. Verstehst du?

– Ich glaube das nicht.

– Kannst es ruhig glauben. Ich habe dich mit jemand anderem ausgetauscht.

– Sag das nicht. Das sind nicht deine Worte. Das bist du nicht ...

– Doch, doch. Und du ... du mußt noch einiges lernen.

Sie geht weg und läßt ihn verblüfft stehen.

Roman schließt die vorbereiteten Reisetaschen. Skier und Stöcke sind in einem Skisack verpackt. Hanka erzählt von ihrem Besuch beim Anwalt.

– ... und dauert ziemlich lange. Mit einem Jungen dauert es länger, mit einem Mädchen geht es schneller. Der Anwalt sagt, daß absolute Diskretion zugesichert ist. Er meint nur, daß es besser sei, die Wohnung zu wechseln, damit die Kleine es nicht zufällig erfährt, von den Nachbarn ... Wir könnten das, oder?

– Ja. Wie lange dauert es?

– Mit einem Mädchen? Einige Monate ... es gibt viele Mädchen, alle wollen nur Jungens. Das einzige, was du besorgen müßtest, wäre ... ein Attest über die Unfruchtbarkeit. Nur das. – Von Mikołaj.

Roman stellt die Tasche beiseite, und sie greift nach seinem Arm.

– Roman ... willst du es?

– Ja.
– Willst du, daß ich aus Zakopane anrufe? Jeden Tag?
– Nein.
– Du traust mir, nicht wahr?
– Ja.

Roman reicht Hanka, die im Fenster ihres Schlafabteils steht, die verpackten Skier.
– Es sind nur zehn Tage ...
– Das wird dir guttun.
– Roman ...
Sie lehnt sich hinaus.
– ... Ich mache dir oft eine Liebeserklärung ... Ich liebe dich. Das ist die Wahrheit.
Die Abfahrt des Zuges wird angesagt.
Der Zug fährt ab; Hanka lehnt sich immer noch hinaus, und er winkt.

Roman gießt die Milch in den Topf. Durch das Fenster bemerkt er die kleine Ania, die ihre Puppen auf eine Bank gesetzt hat, zurücktritt und eine Rede an die Puppen hält. Er öffnet sogar das Fenster, um zu hören, was sie sagt, aber die Entfernung ist zu groß. Als er sieht, wie sie eine der Puppen mit einem Klaps auf den Po bestraft, lächelt er. Die ganze Zeit steht er da, mit dem Topf Milch in der Hand. Das Telefon klingelt. Er stellt den Topf auf die Flamme und nimmt ab.
– Ja, hallo?
Es meldet sich niemand.

– Hallo!! Ich höre!

Roman hört, oder es scheint ihm nur so, wie auf der anderen Seite der Leitung jemand auflegt. Er starrt dieses schweigende Telefon eine Weile an, dann geht er zum Fenster und schließt es energisch.

Die kleine Ania spricht weiter mit ihren Puppen und zeigt ihnen, wie man Rock 'n' Roll tanzt: ein Bein beugen, dann das zweite und einen Schritt zurück.

Aufgebracht wendet er sich von diesem Anblick ab.

Roman parkt das Auto vor einem Supermarkt. Um diese Zeit sind hier nur wenige Menschen. Er nimmt eine Tragetasche, steigt aus und schließt das Auto ab. Plötzlich sieht er etwas und bleibt bewegungslos stehen.

Aus dem Laden, mit schweren, vollgestopften Einkaufstaschen, kommt der Mann in der bunten Jacke.

Roman kann seinen Blick nicht abwenden. Der Mann geht zu einem kleinen Fiat und verstaut die Einkäufe. Auf dem Dach des Autos sind Skier befestigt.

Zusammen mit dem Chefarzt – schon umgezogen in weißer Hose und weißer Jacke – geht Roman den Krankenhauskorridor entlang.

– Wissen Sie.

– Ja?

– Ich möchte Sie bitten ... wenn es möglich ist ... daß mir weniger Operationen zugeteilt werden.

– Weniger? Heute haben Sie drei.

– Heute ja ... aber überhaupt.

– Das mit dieser Kleinen, wie hieß sie noch ... Ola ... das hat Sie getroffen ...?

– Ja, das hat es ... Sie hieß Ola Jarosz.

– Keiner konnte es voraussehen ...

– Ich weiß. Aber ich möchte Sie bitten ... weniger ...

– Sie werden sich doch nicht auf Blinddärme spezialisieren?

Roman bleibt bei diesem unerwarteten Scherz überrascht stehen.

– Wissen Sie ... das wäre vielleicht eine Lösung.

Gedankenlos verfolgt Roman eine Sendung im Fernsehen; der Ton ist ausgeschaltet. Die Teilnehmer des Gesprächs diskutieren lebhaft irgendein Problem. Er starrt auf das Bild, aber scheint nichts zu sehen. Erneut geht er ans Telefon und wählt automatisch, so oft hat er das heute bereits getan – eine Nummer. Es ist belegt, und Roman – anscheinend schon daran gewöhnt – legt sofort auf.

Er stellt die Milchflasche vor die Tür, kehrt zurück ins Zimmer und wählt die Nummer nochmals. Diesmal hört er überrascht das Freizeichen, und nach einer Weile meldet sich eine Frauenstimme.

– »Hallo?«

– Guten Ta... guten Abend ... ich konnte nicht durchkommen. Kann ich Mariusz sprechen?

– »Er ist nicht da. Wer spricht?«

– Ein Kollege ... ein Kollege von der Uni.

– »Mein Sohn ist zum Skifahren. Nach Zakopane. Soll ich ihm was ...

Roman legt auf.

Hanka steht am Ende einer langen Schlange des Skilifts. Es ist ein sonniger, klarer Tag – der Schnee glitzert in dem starken Tageslicht.

Die lange Menschenschlange vor dem Kassenhäuschen bewegt sich nur langsam voran.

Hinter Hanka erscheint Mariusz mit den Skiern. Gerührt schaut er ihr zu, wie sie ihr Gesicht der Sonne zuwendet. Aus der Jackentasche holt er zwei Liftkarten und streckt seine Hand so aus, daß sie die Sonne verdeckt.

– Für neun Uhr fünfundvierzig.

Zuerst sieht sie die Karten an, dann dreht sie sich um.

– Was ... was machst du hier?

– In deinem Büro habe ich erfahren ... bin also gekommen. Ich glaube nicht ... ich habe nicht an das geglaubt, was du gesagt hast ...

Nur einen kurzen Augenblick schaut sie ihn an, und auf ihrem Gesicht erscheint dieser seltsame Ausdruck – als blickte sie in eine unsichtbare Weite.

– Hanka ...

– Halte sie ... habe vergessen ...

Sie reicht ihm ihre Skier und läuft ungeschickt, in den schweren Skischuhen, die vereisten Treppen zur Straße hinunter. Dort winkt sie einem vorbeifahrenden Taxi.

So, wie sie vom Skilift weggelaufen ist, in Skianzug und Schuhen, steht sie in einer Telefonzelle. Sie kriegt die Verbindung gleich und wirft mehrere Münzen hinein.

– Ist dort das Krankenhaus?

– »Ja, richtig.«

– Ich rufe aus Zakopane an ... Hanka Nycz. Könnte ich meinen Mann sprechen?

– »Herr Doktor hat angerufen, daß er heute nicht kommt ... Hören Sie mich?«

– Ja ... Ich habe eine dringende Bitte. Falls er nochmals anruft, sagen Sie ihm, daß ich nach Warschau fahre ... mit dem ersten Bus oder Zug ... Hallo?

– »Ich habe verstanden. Ich werde es ausrichten.«

Roman, im Mantel, am Tisch in dem großen Zimmer, beendet einen nicht allzu langen Brief. Er faltet das Blatt und steckt es in einen Briefumschlag, den er gleichgültig auf den Tisch wirft. Dann verläßt er die Wohnung.

Auf dem Busbahnhof, neben dem Bus nach Warschau, drückt sich Hanka verzweifelt durch die Menge. Schließlich erreicht sie die Tür und steigt stolpernd in den Bus. Der Fahrer schaut sie aufmerksam an.

– Nehmen Sie mich mit? Ich muß ...

Sie ist so fest entschlossen, daß der Fahrer ihr wortlos den Platz neben sich zeigt.

Roman steigt in das Auto, das vor dem Haus steht.

Auf einer leeren Landstraße fährt er in Richtung Süden. Nach einiger Zeit nimmt er die Spur, die mit dem großen Schild: »Krakau« gekennzeichnet ist. Es fängt an zu regnen, und Roman schaltet die Scheibenwischer ein. Er macht das Radio an und dreht es, nachdem er irgendeine Musik gefunden hat, sehr laut auf. Das Radio dröhnt, das

Auto fährt schnell – nach einigen hundert Metern beschreibt die Straße eine sanfte Kurve nach rechts. Das Auto aber fährt dort geradeaus und rast in eine Fabrikmauer.

Stille.

Ein junger Mann kommt auf einem Fahrrad, mit vollbeladenem Anhänger, angefahren. Der Mann schaut auf das Auto; das Fahrrad bremst. Der Mann auf dem Fahrrad hat nasses Haar.

Die Mauer war nicht so dick, wie es schien. Das Auto hat sie zertrümmert und ist auf der anderen Seite – fast in seiner ganzen Länge – herausgekommen. Durch die zerbrochene Fensterscheibe fällt der Regen hinein. Roman hängt auf dem Gurt über dem verbogenen Lenkrad. Die Regentropfen rinnen über sein blutverschmiertes Gesicht. Die Finger der leblos herunterhängenden Hand strecken sich aus. Roman hebt leicht die Augenlider und fällt in den Sitz zurück. Er tastet umher und dreht das Radio, als er es findet, leise. Auf der zerbrochenen Scheibe sieht er das sich ansammelnde Regenwasser. Er öffnet den Mund, um einen Tropfen zu fangen.

Es ist fast dunkel geworden, und es regnet immer noch. Der Bus fährt an einem am Straßenrand stehenden Polizeiwagen vorbei. Nicht weit davon entfernt steht ein junger Mann, der sein Fahrrad am Lenkrad hält.

Hanka, im Bus, hat die Augen halb geschlossen; aber auch wenn sie aufblicken würde, hätte sie in diesem Regen und der Dämmerung nicht sehen können, wie eine Gruppe Menschen das Wrack des verunglückten Autos auf einen Schlepper hievt. Sie hätte auch nicht sehen können, wie der junge Mann auf sein Fahrrad steigt und in der Dunkelheit verschwindet.

Hanka kommt in die Wohnung. Immer noch trägt sie den Skianzug und die schweren Schuhe. Sie schaltet das Licht an. Die Wohnung ist still und leer. Auf dem Tisch sieht sie einen Briefumschlag. Sie nimmt ihn, damit endlich geschehen würde, was, wie sie fürchtete, geschehen mußte.

Roman, mit verbundenem Kopf und in einem Gipskorsett über dem Brustkorb, liegt im Zimmer eines Kleinstadtkrankenhauses. Eine junge Krankenschwester kommt zu ihm und beugt sich über ihn.

– Können Sie mich hören?

Er gibt ihr ein Zeichen mit den Augen, daß er sie hört.

– Ihre Frau ist nicht im Hotel in Zakopane. Heute früh ist sie nach Warschau gefahren.

Man kann so etwas wie ein Lächeln in seinem Gesicht sehen.

– Nach Warschau ... könnten Sie ... drei, sieben, zwei, null, sechs, fünf?

Das Telefon läutet. Hanka ist in einen Sessel gekauert – nach wie vor im Skianzug, und ahnt, daß der Anruf ihr mitteilt, was sie schon weiß. Sie ballt ihre Hände, um nicht abzunehmen.

Die Krankenschwester bringt das Telefon ans Bett und hält Roman, der seine vergipsten Hände nicht bewegen kann, den Hörer hin. Das Klingelzeichen läutet und läutet ...

– Ist keiner da?

Roman beachtet die Schwester nicht; endlich hört er das Klicken des Hörers und eine leise, rauhe Stimme.

– »Hallo?«

– Hanka ...

X.

Frühlingsanfang; an manchen Stellen liegt noch Schnee, aber die Sonne scheint schon, und auf den inzwischen trokkenen Gehwegen um das Haus schieben Mütter ihre Kinderwagen.

Auf der gläsernen Tür des Treppenhauses ist eine Todesanzeige angebracht, die die Beerdigung eines der Hausbewohner mitteilt.

Eine kleine Einzimmerwohnung, deren Wand Metallschränke füllen, die mit soliden Hängeschlössern verriegelt sind. Es gibt keine Teppiche, keinen Wandschmuck und keine Pflanzen; nur die Schränke und außerdem einen großen Tisch, ein Bett am Fenster und daneben, statt eines Nachttisches, einen Schemel. Neben dem Fenster steht noch ein Aquarium, in dem, die Bäuche nach oben, große, rote, tote Fische treiben.

Der Friedhof ist flach und leer. Es wird jemand beerdigt. Die ganze Zeremonie wird ziemlich melancholisch vollzogen. Ein kleiner, beleibter Mann in einem grauen Anzug hält die – auf einem Blatt vorbereitete – Grabrede; da er aber genau weiß, was er sagen will, benutzt er die Vorlage eigentlich nicht. Wir werden ihn der »Vorsitzende« nennen, und – wie sich später zeigen wird – nicht ohne Grund.

– ... die Familie, den Beruf und vielleicht sogar die Gefühle hat er dieser ehrbaren Leidenschaft geopfert. Wer weiß das heute noch, wie viele Entsagungen ihn das kostete. Wenn Wurzel – im Verein nannten wir ihn so wegen seiner Kriegsvergangenheit – erfuhr, daß er eine schmerzvolle Lücke in seiner Kollektion ausfüllen konnte, gab es nichts, was ihn hätte aufhalten können: weder die Mühe des Reisens noch die Kosten oder die Zeit, die man dafür aufwenden mußte. Wurzel ließ immer alles stehen und liegen und eilte, um seine Träume zu verwirklichen; seine – ich zögere nicht, dieses Wort in unserem Kreis zu gebrauchen – Begierde.

Gleich neben dem Grab stehen zwei Männer. Dem einen, mit der Eleganz eines Ingenieurs gekleidet, sieht man an, daß – obwohl er schon viel mit eigener Hände Arbeit erreicht hat – noch viel vor ihm liegt. Der andere, ein paar Jahre jünger, ist das Gegenteil: grüne Armeejacke, hochgeschnürte Schuhe; lange helle Haare, die locker auf seinen Schal herabfallen; wacher, intelligenter, vielleicht etwas abwesender Blick. Zwei Söhne des Verstorbenen – außer ihnen ist niemand von der Familie da. Die beiden unterscheiden sich vom Rest der Anwesenden, da sie dicht am Grab stehen und viel jünger als alle anderen sind. Trotz des Ernstes wirken sie nicht wie verzweifelte und plötzlich verlassene Söhne. Am Schluß seiner Rede wendet sich der Vorsitzende an sie.

– Ich möchte bei diesem Abschied von unserem Kollegen – dem Besitzer von elf internationalen Goldmedaillen und dem mehrfachen Aussteller – seiner Familie unser herzliches Beileid aussprechen und Hilfe anbieten, falls Sie

sie benötigen sollten. Im Namen des Vorstandes des Polnischen Philatelisten-Verbandes, im Namen der Freunde und der Konkurrenten, in meinem eigenen – beuge ich meinen Kopf über diesen Sarg. Adieu.

Die Totengräber, die ungeduldig auf das Ende der Rede warteten, beginnen ihre Arbeit. Vor Jerzy und Artur, den Söhnen des Verstorbenen, bildet sich eine Schlange der Trauergäste.

Zwischen den identischen Häusern der Siedlung können sich Artur und Jerzy nicht zurechtfinden.

– Ich war hier ... vor ein paar Jahren ... siebter Stock, das weiß ich. Sie stehen hilflos da. Artur bemerkt die an der Tür befestigte Traueranzeige. Beide gehen in Richtung des Hauses.

Es gibt vier Schlüssel und drei Schlösser in der Tür; und noch ein Hängeschloß. Die Brüder versuchen, die passenden Schlüssel für die Schlösser zu finden. Mit dem Hängeschloß ist es am einfachsten; es gibt keine Zweifel. Als sie es abnehmen, fällt ein Metallstab herunter. Mit den weiteren Schlüsseln wissen sie nicht so genau, was tun.

– Schau, alles Blech ...

In der Tat, die Tür ist mit dickem, solidem Blech beschlagen. Sie fangen an, über die Schlüssel zu rätseln.

– Als ich hier war, hat Vater selber aufgemacht ...

Artur entdeckt oben, direkt an dem Türrahmen, noch ein viertes Schloß. Das Rätsel des vierten Schlüssels ist damit geklärt; er sieht aus wie ein langer Nagel, und erst beim

Umdrehen öffnet der im Nagel versteckte Stift das Schloß. Kein Wunder, daß er in keines der Schlösser paßte. In das oberste Loch, das klein und fast unsichtbar ist, gleitet er ohne Widerstand. Ein Geräusch, und das Schloß ist auf. Es bleiben noch drei weitere, aber die Sache ist jetzt einfacher; einer davon öffnet beim Linksdrehen, normal; der andere, zum Täuschen, beim Drehen nach rechts. Der dritte ist ein flacher Sicherheitsschlüssel, und erst nach mehreren Versuchen geht die Tür auf, und sofort ertönt ein schrilles Alarmsignal. Artur und Jerzy schließen schnell die Tür, aber der Alarm dröhnt weiter.

Von oben kommt ein Nachbar – in Hausschuhen und einem eleganten Hemd mit Krawatte – angerannt.

– Sie wünschen?

– Wir sind die Söhne ...

Alle müssen laut schreien; der Alarm übertönt alles. Der Nachbar läuft in die Wohnung. In dem kleinen Flur hängt ein Spiegel an einem Nagel, der sich als Alarmschalter erweist. Das Geheul hört auf. Der Nachbar geht zur Tür zurück und stellt sich dort in den Weg.

– Die Ausweise bitte.

Jerzy holt seinen Ausweis hervor, den sich der Nachbar genau ansieht.

– Ich habe keinen ... Ich bin sein Bruder.

– Ja, das ist mein Bruder.

Der Nachbar vergleicht das Ausweisfoto mit Jerzys Gesicht – es stimmt überein, der Name des Vaters ebenfalls.

– Die Ausweise soll man immer bei sich haben. Und Ihrer ist schon alt, es wäre gut, ihn auszuwechseln.

Er gibt den Ausweis zurück.

– Mein Beileid.

– Danke.

Der Nachbar geht und dreht sich nach einigen Schritten

noch einmal um. Die Brüder öffnen die Tür mit einer gewissen Unruhe.

– Scheiße.

Es ist die Wohnung mit den Metallschränken, dem schmalen Bett mit Decke und dem Schemel. In der Küche steht ein alter Kühlschrank und ein Glas Salz darauf; das Bad ist mit Ölfarbe gestrichen. Die Brüder besichtigen die sehr kleine Wohnung unangenehm überrascht. Vor dem Aquarium mit den verendeten Fischen bleiben sie stehen.

– Verhungert. Es muß weg.

Sie versuchen, das Aquarium hochzuheben, aber es ist zu schwer.

– Bring ein Sieb.

Artur kommt zurück aus der Küche mit einem Sieb. Er fischt die toten Fische heraus; nur einen bekommt er nicht zu fassen. Endlich landet auch er im Sieb. Artur trägt das tropfende Sieb in die Toilette, wo er die Fische in die Kloschüssel wirft und hinunterspült.

In der Mitte des Zimmers steht Jerzy und rümpft die Nase.

– Hier stinkt es.

– Ja, stimmt.

Artur geht zum Fenster, dreht die Klinke um, aber das Fenster bleibt zu. Jerzy macht dasselbe mit der Balkontür – ohne Ergebnis. Schließlich findet er mehrere Nagelköpfe in den Fensterrahmen.

– Alles fest zugenagelt.

– Wozu denn?

– Und wozu die Alarmanlage? Die Schlösser? Die Metallstäbe? Kanntest du ihn nicht?

– Nicht so gut.

– Oh, so hat er gelüftet. ...

In einem Fenster ist die Lüftung angebracht. Artur nähert sich ihr mit dem Ohr.

– Air-conditioning. Es funktioniert sogar.

Jerzy betrachtet die in die Lüftung montierten Thermometer.

– Sie hält die Temperatur konstant.

Am Schlüsselbund finden sie die zu den Schrankschlössern passenden Schlüssel. Sie öffnen die Schränke und schieben die Stäbe, die die Türen blockieren, zurück: in den Schränken stehen in Reih und Glied Briefmarkenalben. In einem getrennten Fach befinden sich philatelistische Utensilien wie Lupen, Pinzetten und so weiter. Daneben ein Brett mit Briefmarkenkatalogen und Fachzeitschriften aus der ganzen Welt. Auf einem besonderen Platz sind die Goldmedaillen von den internationalen Ausstellungen aufbewahrt. Die Brüder treten zurück: das Innere der Schränke ist beeindruckend.

– Man wird das alles verkaufen müssen. Kennst du dich aus? Wenigstens etwas?

Artur schüttelt seinen Kopf; er hat keine Ahnung.

– Kaufst du eine Tiefkühltruhe oder einen Fernseher?

– Habe ich schon. Ich glaube Video. Wenn das Geld reicht.

Artur breitet seine Arme aus.

– Und ich werde alles verjubeln ... bis auf den letzten Penny, egal, wieviel es sein wird.

Er macht eine eindeutige Geste.

– Würde gern etwas trinken ... meinst du, daß Vater. ...

Jerzy öffnet den Kühlschrank und findet dort eine angebrochene Flasche mit einem Rest Wodka.

– Für mich nicht. Ich muß noch etwas besorgen.

Artur gießt den Wodka in zwei Gläser, sehr gerecht, und achtet darauf, nicht einen Tropfen zu verlieren.

– Nicht mal ein volles Glas ... Auf Vater!

Jerzy hebt sein Glas und trinkt vorsichtig, nur bis zur Hälfte. Artur schluckt alles herunter und nickt anerkennend – der Wodka war kalt. Beide setzen sich.

– Wieviel kann das wert sein hier?

– Briefmarken sind heute teuer. Keine Ahnung, vielleicht zweihunderttausend oder sogar eine halbe Million ...

Jerzy trinkt sein Glas aus und holt ein paar Alben heraus, die er auf den Tisch wirft und aufzählt:

– Mutters vergeudetes Leben, schlechtes Essen, geflickte Hosen.

– Hör auf.

– Weißt du, daß es nichts gab, worin man ihn hätte begraben können. Ich habe meinen Anzug gegeben ...

Artur schlägt ein Album an einer zufälligen Stelle auf.

– Woher kommt ... ein solcher Wille, etwas unbedingt zu besitzen? Du solltest das wissen ... Du bist ähnlich.

– Ich? Ich nutze die Gegenstände, ich mag Bequemlichkeit. Vater ... habe ich nie verstanden.

Artur lächelt.

– Das hält offensichtlich jung ... die Bequemlichkeit. Ich habe dich seit zwei Jahren nicht gesehen.

– Und?

– Du hast dich nicht verändert. Sogar der Anzug ist derselbe.

– Nein, der ist neu. Ich mag diese Farbe. Zwei Jahre?

– Im Januar hast du für mich gebürgt ... mehr als zwei Jahre sind es her. Bis heute schulde ich dir zwanzig Riesen. Jetzt gebe ich's dir zurück ... Was hast du gemacht?

– Ich war in Libyen, habe dort gebaut ... interessiert dich das?

– Nicht besonders.

– Habe etwas verdient, die Wohnung gewechselt. Ich soll wieder hinfahren, kaufe dann ein Auto. Hast recht, langweilig.

Artur schaut ihn neugierig an; er hat die leise Bitterkeit nicht erwartet.

– Wirst du alt?

– Nein. Ich habe alles, was ich will. Aber was habe ich davon? Mein Kleiner ... erinnerst du dich? Ihn geht das nichts an. Er prahlt damit, daß er dich duzen kann. Hat dein Foto mit deinem Autogramm, und das plaziert ihn hoch in der Schulhierarchie.

Artur lächelt bescheiden.

– Ich dachte, daß eher die Mädchen ...

– Jungs auch.

– Ich gebe dir eine Schallplatte für ihn. Er wird der erste sein; sie haben gerade die Probeexemplare gepreßt.

Jerzy nickt, und Artur lächelt; sie fühlen sich gut miteinander.

– Ich erinnere mich an die alten Zeiten ... na dann, trinken wir noch was?

Jerzy blickt auf die Uhr und überlegt.

– Gut. Holst du schnell etwas?

Artur zieht seine Jacke an, schaut nach, ob er Geld hat, und dreht sich, schon an der Tür, noch einmal um.

– Bis um sieben, O. K.? Dann gibst du mir einen Tritt. Um acht spielen wir im »Riviera«.

Als Jerzy gerade anfängt, den Inhalt eines Anbauschrankes näher zu untersuchen, klingelt es an der Tür.

– Komm rein!

Das Läuten wiederholt sich. Jerzy öffnet die Tür: vor ihm steht ein Typ in unbestimmtem Alter.

– Ja? ...

Der Typ nickt höflich.

– Bromski. Darf ich?

Jerzy läßt ihn herein. Der Typ streckt seine Hand aus, die feucht ist. Dabei lächelt er – wie er glaubt – angenehm.

– Sie sind der Sohn …

– Ja.

– Ich habe ein Problem.

Jerzy prüft, ob Artur schon zurückkommt, schließt dann die Tür und führt den Typ ins Zimmer. Der beobachtet interessiert die herumliegenden Briefmarkenalben.

– Liquidieren Sie?

– Sie haben ein Problem.

– Genau. Ich weiß, daß ich in einem falschen Moment … aber das Geschäft …

– Schießen Sie los.

Der Typ lächelt weiter; vielleicht ist es ein Tick.

– Ich war mit Wurzel befreundet … mit ihrem Vater. Heute haben Sie mich vielleicht auf dem Friedhof gesehen …

– Was für ein Geschäft?

Der Typ nimmt seine Brieftasche, aus der er ein Papier herausholt, das er glättet und dann wieder faltet.

– Ungeschickt, wissen Sie … Ihr Vater … sehen Sie, hier ist … die Frist läuft in ein paar Tagen ab … schuldete mir zweihundertzwanzigtausend Zloty.

Der Typ streckt das Papier Jerzy hin, der es liest. Die Unterschrift ist wahrscheinlich vom Vater.

– Ich wußte nicht …

– Ich verstehe, daß die Beerdigungskosten …

– Tatsächlich.

– Genau … Ich könnte, wenn Sie erlauben … hier ein Äquivalent finden … weniger Probleme …

Er zeigt auf die Alben auf dem Tisch. Jerzy stellt sich zwischen ihn und den Tisch. Auf der Rückseite des Blattes notiert er eine Telefonnummer und reicht sie dem Typ.

– Rufen Sie in fünf Tagen an. Ich bemühe mich um das Geld.

– Danke sehr; denn sonst hätte ich zum Rechtsanwalt müssen ... ich verstehe, daß Sie nicht die Absicht haben, die Sammlung zu veräußern? Weil, wenn Sie einen ... Rat oder Gutachten ... wollen.

Artur kommt ins Zimmer, die Flasche triumphierend in der Hand.

– Ich verstehe ... Sie haben Gründe ... ich selbst in einer solchen Situation ...

Eine Weile herrscht unbeholfene Stille; der Typ verabschiedet sich schließlich und geht hinaus.

– Papi schuldete dem Typ zweihundertzwanzigtausend. Im Moment ... der hat sich als erster gemeldet.

Artur stellt die Flasche auf den Tisch und betrachtet die Sachen, die Jerzy aus dem Schrank geholt hat. Er beugt sich über die dazwischen liegenden Zeitungsausschnitte.

– Er hat Zeitungsberichte über dich gesammelt.

– Ich dachte, er wüßte nicht, wie ich heiße.

– Den Kühlschrank und das Bett würde ich gerne nehmen; ich kann sie gut im Schrebergarten brauchen. Der Rest ist dein. Einverstanden?

Artur schaut die Zeitungsausschnitte durch; auf jedem sind oben sorgfältig das Datum und die Zeitschrift notiert. Jerzy ist nicht sicher, ob Artur die Teilung des Nachlasses akzeptiert hat.

– Einverstanden?

– Ja, ja ... hast du mal darüber nachgedacht ... warum es zwischen uns einen solchen Altersunterschied gibt?

– Ich bin vor neunundvierzig geboren, du nach sechsundfünfzig. Dazwischen hat er eingesessen.

– Stimmt. Hab ich nicht kapiert.

Artur macht die Flasche auf, schenkt ein und fragt weiter.

– Hast du mal mit ihm darüber gesprochen?

– Ich war noch zu klein. Und später ... gab es keine Gelegenheit mehr.

Er war in der AK*, ganz oben ... Ich weiß noch, als er zurückkam. Wir waren alle braun, und er war blaß. Mutter hat eine Woche vorher eine Tischdecke ausgeliehen, sie gestärkt; sie hat irgendwelche Messer und Gabeln geliehen ... und mit alldem den Tisch gedeckt ... er stellte sich neben den Tisch, schaute darauf und sagte: »Tja, ihr habt hier also von weißen Tischdecken gegessen ...« Er ging in sein Zimmer, das Mutter für ihn vorbereitet hatte, und kam nicht mehr heraus. Manchmal habe ich ihn gesehen; er lächelte. Irgendwann, achtundfünfzig, hat er von einem Freund aus dem Aufstand einen Brief bekommen. Er kam in die Küche und hat die Briefmarke über dem Dampf gelöst. Er hat sie sich lange angesehen. Er stand da und schaute ...

– Da fing es an?

– Ich glaube, ja. Vorher hatte er keine Ahnung von Briefmarken. Seit diesem Tag hat er sich weder für Mutter noch für mich und später auch nicht für dich interessiert ...

– Das ist schön, das mit der Tischdecke. So was ist jetzt nicht Mode, aber man könnte ein Lied schreiben.

– Und was ist jetzt Mode?

– Die Dummheit. Ich weiß noch ... du hast ein Fahrrad bekommen ... ein blaues Fahrrad.

– Vater hatte geerbt ... sein Bruder ist vor dem Krieg nach Amerika ausgewandert und starb dort. Mutter hat

* AK – Armia Krajowa – Landesarmee. Eine konspirative Militärorganisation, die von der polnischen Exilregierung, am Anfang des Krieges, ins Leben gerufen worden war.

eine Uhr bekommen und ich das Fahrrad ... Den Rest hat er ausgegeben. Mutter hat mir nie gesagt, wieviel das war, aber ein paar tausend Dollar sicherlich. Ich hatte keine Schuhe, aber ich hatte ein Fahrrad. Mutter hat die Uhr für Lebensmittel verkauft ... und er kaufte Briefmarken. Nichts kümmerte ihn ... die ganze Welt nicht. Artur hebt sein Glas.

– Der Typ gefällt mir.

– Welcher?

– Der Alte. In so einer einfachen Art hat er sich abgeschirmt ... ohne Pillen, ohne Saufen, ohne Nadel ...

Sie trinken aus.

– Wer weiß, ob das nicht besser ist.

– Mensch, du verstehst das nicht ... Was machen wir mit der Wohnung?

Ich bin hier angemeldet, obwohl ich nie hiergewesen bin.

– Die ist staatlich. Ich weiß nicht, ob man da was machen kann. Vom Staat kaufen und verkaufen ... Willst du hier wohnen?

– Nie im Leben.

Artur schenkt wieder ein, und sie trinken. Jerzy verzieht den Mund.

– Fusel ...

– Man kann sich daran gewöhnen. Noch einmal, auf Vater. Scheiße, ich kannte ihn überhaupt nicht. Man weiß nie, was man hatte.

– Zur Zeit haben wir zweihundertzwanzigtausend Schulden.

Jerzy nimmt einige Alben und blättert sie durch.

– Die haben so 'ne Börse ... ich glaube in einer Schule, in der Nähe des Bezirksamtes. Vielleicht kannst du's probieren?

Mal ist eine, mal sind mehrere Briefmarken auf einer

Seite; die Ordnung ist für den Laien unverständlich. Jerzy reicht Artur die Alben.

– Dein Sohn sammelt nicht?

– Doch, zum Spaß. Irgendwelche Flugzeuge.

Artur hält auf einer Seite.

– Nimm das für ihn. Drei Luftballons ... nein, Zeppeline – wahrscheinlich eine Serie ...

Er liest.

– »... Polarfahrt«. Jetzt wird er etwas von seinem Opa haben.

Artur holt aus der Zellophanfolie drei Briefmarken heraus, die drei Zeppeline in drei verschiedenen Farben zeigen: in Blau, in Rot und in Braun. Die Farben sind hell, sanft, wie ausgebleicht.

– Schön. Ein Wettkampf oder so was? Jahr einunddreißig.

Ein Taxi hält vor einer Siedlung. Die Brüder steigen aus, und Artur lehnt sich an die offene Tür. Sie sind nicht betrunken; vielleicht sprechen sie nur etwas lauter. Mag sein, daß es einfach an dem laufenden Taximotor liegt.

– Hier?

– Ja.

– Angenehm. Sag deinem Kleinen, daß er bei mir eine Platte gut hat.

– Er ist nicht mehr so klein.

Artur steigt wieder in das Taxi.

– Zum »Riviera«.

In dem angefahrenen Taxi kurbelt er die Fensterscheiben herunter. – Ich freue mich, daß wir uns getroffen haben.

Jerzy, im Mantel, bleibt in der Küchentür stehen. Seine Frau schaut ihn an; sie ist einmal hübsch gewesen, jetzt – im Kampf um das, was sie besitzt – sind ihre Gesichtszüge härter geworden. Sie sieht ihn sichtbar verärgert an: Er hat sich verspätet, hat nichts erledigt – wie öfters, wie immer.

– Entschuldigung.

Sie sagt nichts.

– Ich habe es nicht geschafft, wir gehen morgen hin. Nach der Beerdigung habe ich mich mit Artur verplaudert.

– Er hat morgen keine Sprechstunden.

– Dann übermorgen; ich werde dort anrufen. Entschuldige nochmals, aber du weißt ...

– Ich sage doch nichts.

– Ja, du sagst nichts. Piotr!

Jerzy dreht sich um, geht in das Zimmer seines Sohnes und setzt sich ihm gegenüber.

– Erinnerst du dich an Großvater?

– Nicht so gut.

– Ich habe dir von Opa .... als Andenken diese Briefmarken gebracht.

Jerzy sucht in seiner Brieftasche und holt die drei Zeppeline heraus. Er reicht sie Piotrek, der sie auf das Schulheft legt und ansieht.

– Schön.

– Weißt du, Opa ist gestorben. Heute war die Beerdigung.

Der Junge schaut ihn an, und seine Augen werden glasig, was Jerzy überrascht.

– Weinst du?

– Nein. Ich habe schon geweint. Mama hat mir das beim Mittagessen gesagt.

Jerzy schließt die Augen.

– Schade um Opa, oder?

– Du kriegst von Artur eine Schallplatte. Sie ist ganz neu; noch keiner hat sie.

Der Junge nickt.

– Hast du keine Zahnschmerzen gehabt?

– Nein, irgendwie nicht.

– Ich habe es nicht geschafft …

– Mama war sauer. Sie hat den ganzen Tag geschrien.

Ein buntbemalter Bus, mit einer großen Aufschrift »CITY LIVE«, biegt auf einer Kreuzung ab. Im Bus sitzen vier junge langhaarige Männer und einige Mädchen. Artur sitzt am Fenster und ißt einen Apfel. In dem Bus liegen die Musikanlage, Verstärker und Leitungen verstreut herum. Eines der Mädchen sitzt auf dem Boden und schaut Artur an.

– Iß keine Äpfel. Die sind ungesund. Man kann davon Krebs bekommen.

– Vom Rauchen.

Er zeigt auf die Zigarette, die sie raucht. Das Mädchen schüttelt den Kopf.

– Nein, von Äpfeln.

Der Fahrer – mit zottigem Haar, wie die anderen – hält das Auto vor einer Schule an.

– Hier?

Artur nimmt seine Tasche, und das Mädchen auf dem Boden läßt ihn vorbei.

– Soll ich mit dir gehen?

– Fahrt weiter; ich bin in einer Stunde wieder da. Schließt alles an und versucht, etwas mit dem Mikrophon zu machen, damit es nicht knistert. Er steigt aus und knallt die Tür hinter sich zu.

In der Schule, wo der größte Philatelistenverband untergebracht ist, ist Artur – mit seiner Tasche und den Alben – deutlich ein Fremder. Mit Neugier sieht er den Menschen zu, die diskret Alben und Briefmarken anschauen. Artur bemerkt einen Mann, zu dem ständig Leute kommen, ihn zur Seite ziehen und um Rat fragen. Er reicht ihm seine Alben.

– Ich wollte mich gerne informieren ... Über den Wert, die Verkaufsmöglichkeiten ...

Der Fachmann wirft einen Blick in das erste Album und gibt Artur alle sofort zurück.

– Sie sind der Sohn von Wurzel?

Artur nickt.

– Das ist ein Teil der Kollektion, nicht wahr?

– Ich kann alles verkaufen.

– Seien Sie so freundlich, und warten Sie.

Der Mann geht, und Artur setzt sich ans Fenster. Von dort aus schaut er sich im Saal um. Direkt neben ihm stöbert eine Gruppe kleiner Jungs in einem Karton mit Briefmarkenschrott. Nach einem Augenblick kommt der Fachmann mit dem Vorsitzenden zurück, der die Grabrede gehalten hat.

– Der Herr Vorsitzende wollte sich mit Ihnen treffen.

– Sie sind doch zu zweit; Sie und Ihr Bruder, nicht wahr?

– Ja.

– Wenn ich dürfte, würde ich Sie ... in der Wohnung Ihres Vaters besuchen.

Artur ist über diese ganze Situation verwundert.

– Sicherlich, wenn Sie Lust haben ...

– Ich kenne die Adresse.

Die Metallschränke in der Wohnung des Vaters stehen offen. Die Alben, die Artur und Jerzy genommen hatten, sind wieder eingeordnet. Der Vorsitzende geht hin und her – er ist lebhaft und überall anwesend; es ist schwer zu glauben, daß er während der Grabrede so lange ruhig stehen konnte.

– Was für Pläne haben Sie, meine Herren?

– Wir wollen verkaufen. Wir haben Bedürfnisse.

– Wenn es kein strenges Geheimnis ist ... welche denn?

Artur hätte vielleicht etwas antworten wollen, aber Jerzy schneidet ihm das Wort.

– Wir haben. Sie können uns glauben.

Der Vorsitzende nimmt eine Metallkassette aus dem Schrank und schließt sie auf mit einem der Schlüssel aus Vaters Schlüsselbund. Dort sind zwei Alben versteckt, und in dem Schrank – muß man hinzufügen – stehen noch einige solcher Kassetten. Der Vorsitzende schlägt das herausgeholte Album an einer beliebigen Stelle auf und zeigt auf eine Briefmarke. Er muß nicht lange überlegen und macht den Eindruck, als kenne er die Sammlung gut.

– Für diese können Sie einen kleinen Fiat haben. Für diese zwei einen Diesel. Diese Serie hier reicht, um die Wohnung zu kaufen.

Artur schaut Jerzy an. Der schluckt. Zum erstenmal spricht jemand Kompetentes über die Sammlung des Vaters mit ihnen.

– Wie ... wieviel ist das wert ... ungefähr?

Jerzy zeigt auf die aufgeschlagenen Alben, die Schränke, die Kartons, auf alles.

– Mehrere Dutzend Millionen. Diese Sammlung kann niemand in Polen kaufen; keiner hat soviel Geld. Das muß man langsam verkaufen, auf den ausländischen Börsen, mit einer seriösen Vermittlung. Offiziell darf man es nur mit der Staatlichen Vermittlung. Einzeln, bei illegalen Händlern, können Sie um die fünfzig Millionen zusammenbekommen, und das wird den Markt für einige Monate durcheinanderbringen.

Der Vorsitzende unterbricht. Man sieht, daß er gerne Reden hält und kann. Er prüft nur, ob seine Worte ausreichenden Eindruck gemacht haben, und fährt fort.

– Dieser Sammlung hat Ihr Vater sein ganzes Leben geopfert. Ich habe darüber auf dem Friedhof gesprochen, aber ich weiß nicht, ob Sie mich verstanden haben. Wenn das, was ich über den finanziellen Wert gesagt habe, Sie nicht überzeugt, dann versuchen Sie folgenden Standpunkt zu erwägen: es wäre ein Verbrechen, dreißig Jahre eines Menschenlebens zu vergeuden; auch, wenn das nur das Leben des Vaters war, den man nicht kannte. Er, meine Herren, hat das nicht um des Geldes willen getan. Er tat es aus Liebe.

Der Vorsitzende hat zu Ende gesprochen und wartet auf den Applaus. Besonders der Schluß ist nicht schlecht ausgefallen. Aber es gibt keinen Applaus. Die Brüder stehen da wie festgenagelt. Der Vorsitzende greift also nochmals in die Schränke und holt die – auf einem der Bretter liegenden – Bücher heraus.

– Hier, meine Herren, haben Sie die Kataloge. Die polnischen Preise, die Weltpreise und das Vorkommen der einzelnen Exemplare auf dem Markt. Man braucht keine besonderen Fähigkeiten, um das zu verstehen. Man braucht nur etwas guten Willen und Zeit. Ich hoffe, daß – um dem Vater zu gedenken – Sie das eine, wie das andere finden. Auf Wiedersehen, und wenn Sie ... wenn Sie Hilfe brauchen ... ich stehe zur Verfügung. Das, was ich auf dem Friedhof gesagt habe, war die Wahrheit. Ich war mit Ihrem Vater befreundet, und jetzt ... auf Wiedersehen.

Der Vorsitzende geht hinaus. In der Stille hört man das Zufallen der Tür.

– Verflucht noch mal.
– Ja. Eine Überraschung.

Jerzy kommt nach Hause, und als erstes sieht er Piotr, der die Tür eines der Zimmer zuschließt und einen Finger an den Mund legt. Jerzy sieht ihn fragend an. Piotr kommt näher.

– Warst du bei der Arbeit?

– Morgens? Ja ... dann bin ich weggegangen; habe Artur getroffen ...

Jerzy holt aus seinem Aktenkoffer eine ganz neue Platte von »City Live« und gibt sie Piotr. Der lächelt sein Geschenk an, aber spricht weiter.

– Mama hat angerufen, hat dich gesucht ... Jetzt schläft sie.

– Wieso?

Piotrek weiß es nicht.

– Ich habe sie mit einer Decke zugedeckt.

Jerzy zieht den Mantel aus. Piotr steht in der Tür seines Zimmers und winkt dem Vater zu. In der Hand hält er die neue Platte, auf der er mit Begeisterung eine Widmung und die Autogramme aller Mitglieder der Band entdeckt.

– Sind das ihre Autogramme? Von allen?

– Ich glaube, ja. Hier hat Artur für dich geschrieben ... »Für Piotr, damit es ihm besser geht.« Gut, oder?

Es ist gut; das sieht man Piotrs Gesicht an.

– Wie ist es mit den Zeppelinen?

Piotr führt ihn in sein Zimmer. Auf dem Tisch liegt ein großer Berg Briefmarken. Piotr lächelt, zufrieden mit seinem Geschick.

– Ich habe getauscht. Schau, für wieviel.

Jerzy schaut auf dieses bunte Chaos, und sein Lächeln verschwindet.

– Mit wem?

Vor dem Philatelistik-Laden stehen einige Jungens herum. Piotr, in dem am Straßenrand geparkten Skoda, zeigt Jerzy einen von ihnen mit einer Nickelbrille. Jerzy steigt aus.

– Bleib hier sitzen.

Er geht auf den Jungen, der arrogant wirkt, zu.

– Es geht um ein Geschäft.

Der Junge ist aufgeweckt, antwortet sofort.

– Der Kunde ist König.

– Aber nicht hier. Es ist etwas Diskretes.

Er gibt dem Jungen ein Zeichen, daß er ihm folgen soll. Jerzy geht um die Ecke, in eine andere Straße und in einen Hauseingang. Er läßt den Jungen vorbei, so daß der keinen Ausweg mehr hat. Der Junge fragt betont forsch:

– Was gibt's?

Jerzy kommt nah an ihn heran, und der Junge warnt ihn.

– Ich schlage.

Da er schon an der Wand steht, hat er jedoch keinen Platz mehr, um auszuholen.

– Du hast einen Jüngeren betrogen.

– Man muß von etwas leben.

– Das war mein Sohn.

– Fast alle haben heute Eltern.

Plötzlich, ziemlich fest, schnappt Jerzy den Jungen mit gekrümmten Fingern an der Nase. Dessen Augen tränen.

– Gib die Serie der Zeppeline zurück ...

Der Junge sagt nichts. Jerzy drückt fester, und die Nase des Jungen fängt an zu bluten.

– Habe sie verkauft.
– Für wieviel.
– Vierzig Riesen.
– An wen?
Der Junge schweigt. Jerzy hat noch Reserve und drückt stärker. Die Nase ist schon völlig zerquetscht. Über die Wangen laufen dem Jungen die Tränen, mit Blut verschmiert. Er nickt, als wollte er sprechen, aber könne nicht. Jerzy lockert den Griff.
– In einem kleinen Laden. In der Hofstraße.
– Wenn du lügst, steht's schlecht um dich.
Mit Mühe schnappt der Junge nach Luft; er hält sich die Nase, das Blut sickert durch seine Finger.
– Sagen Sie nichts ... er wird's mir nicht verzeihen ...
– Ich auch nicht ...
Jerzy streckt seine strapazierten Finger.
In dem kleinen Laden in der Hofstraße klingelt es automatisch, sobald jemand die Türe aufmacht. Der Besitzer bemüht sich, wie ein Geck auszusehen: ein Halstuch, ein Armband mit der Blutgruppe und so weiter.
– Ich komme mit einer unangenehmen Angelegenheit.
– Oh, Sie machen mich besorgt ...
Er wird ganz Ohr.
– Ein Junge hat Ihnen für vierzigtausend Briefmarken verkauft, die er von meinem Sohn als Ramsch erschwindelt hat.
Der Ladenbesitzer wundert sich demonstrativ.
– Ich weiß nichts davon.
– Ich verstehe.
– Ein Mißverständnis.
– Möglich.
– Es passiert.
Ja ... Und wenn ich von Ihnen eine deutsche Zeppelin-

Serie hätte kaufen wollen, »Polarfahrt« aus dem Jahr 1931. Hätten Sie das vielleicht?

– Wir können darüber reden. Er greift unter den Ladentisch und holt die drei – in einer speziellen Zellophanfolie aufbewahrten – Briefmarken heraus.

– Geht es um die?

– Ja.

– Sie sind zu verkaufen.

– Für wieviel?

– Für einhundertneunzigtausend, günstig. Eine ist leicht beschädigt; wahrscheinlich ist jemand vor kurzem mit ihr unsachgemäß umgegangen. Oh, hier ... sehen Sie?

Der Mann zeigt auf eine etwas angerissene Ecke.

– Hören Sie, ich komme mit der Polizei. Es tut mir leid.

– Das macht nichts. Bitte sehr.

Der Besitzer nimmt das Telefon von einem höheren Brett herunter. Daneben stellt er eine Büchse mit einer Öffnung im Deckel mit der Aufschrift: »Ein Anruf – 5 Zloty«. Er ist überrascht, daß Jerzy noch nicht telefoniert, und zeigt auf ein Schild mit den Nummern von Rettungsdienst, Feuerwehr und Polizei.

– Dort stehen die Nummern. 997 oder 218909, die Wache hier. Rufen Sie an? Jerzy steht mit dem Hörer in der Hand, aber – in die Enge getrieben – kann er sich zu nichts entschließen. Der Besitzer sucht in den Papieren und holt eine Quittung hervor.

– Hier ist der Vertrag mit dem Bürger, der ins Ausland fuhr und mir diese Serie verkaufte ... sehen Sie? Hier die Beschreibung; die Beschädigung von der ich gesprochen habe ... für einhundertachtundsechzigtausend Zloty. Und hier hängt die Konzession für diesen Laden, über Ihnen.

Er zeigt auf die Konzession, die eingerahmt und mit einigen Stempeln versehen ist.

– Es ist doch besser, daß die wertvollen Briefmarken im Land bleiben, als daß man sie ins Ausland schmuggelt. Sie sind mit mir einig? Das ist eine Frage des Patriotismus, nicht wahr?

Jerzys Frau sitzt in der Ecke des Sofas und strickt; er geht im Mantel hin und her.

– Gehst du weg?

– Ich muß mich mit Artur treffen.

Jerzy weiß nicht, wie er das sagen soll, was er zu sagen hat. Er geht noch eine Weile hin und her, schließlich wendet er sich an seinen Sohn.

– Piotr, geh hinaus.

– Bleib hier.

– Wir werden jetzt keine Möbel kaufen können.

Oh ... und weiß man warum?

– Ich habe Ausgaben. Es hat mit dem Tod des Vaters zu tun.

– Du hast gesagt, es wird Geld geben, und keine Kosten. Der Vater hat angeblich etwas gesammelt. Du hast erzählt ... damals, als du überhaupt noch etwas sagtest ... Briefmarken, nicht wahr?

– Ja, Briefmarken.

– Ich habe gehört, daß man das verkaufen kann.

– Ja.

Sie strickt weiter. Jerzy bleibt beim Fenster stehen und sagt nichts.

– Hast du es nicht mehr eilig?

– Doch.

– Dann geh. Worauf wartest du noch?

In einem Konzertsaal spielt Artur mit seiner Gruppe. Die Fans bewegen sich im Rhythmus der Musik und strecken ihre Hände in Richtung Bühne. Artur singt, brüllt, schreit ins Mikrophon.

– »Töte, töte, töte,
Töte, breche die Ehe, breche,
Geh fremd; begehre, begehre
die ganze Woche lang
die ganze Woche lang
Am Sonntag schlag Mutter, schlag Vater,
schlag Schwester, den Jüngeren und Schwächeren
und stehle, da alles um dich
deins ist
alles ist deins …

Jerzy nähert sich der Bühne mit Unbehagen; er drückt sich durch die Menge, im Licht der bunten Scheinwerfer. Als er schon nahe ist, gibt er Artur ein Zeichen, und der Bruder deutet mit dem Blick an, wo Jerzy ihn erwarten soll. Dort, auf der Hinterbühne, die gleichzeitig die Garderobe ist, liegen einige Bierflaschen und Teile der Anlage herum. Nach einem Augenblick hört er, wie der ganze Saal begeistert aufbrüllt, und der verschwitzte Artur kommt in die Garderobe. Beide gehen auf eine Terrasse.

– Du wirst dich erkälten.

Artur zuckt mit den Schultern.

– Bin ich schon.

– Der Typ mit dem Schuldschein hat angerufen. Ich habe mich mit ihm am Sonntag verabredet.

– Zweihundertzwanzig Mille?

– Genau. Ich habe neunzigtausend auf der Kante für Möbel für Piotr. Zu Hause habe ich schon gesagt, daß wir den Kauf verschieben müssen.

– Und das Weib?

– Sie glaubt, daß ich jemanden habe. Wenn ich nicht mit ihr und Piotr sonntags aufs Land fahre, wird sie davon überzeugt sein.

– Vielleicht erledige ich das?

– Der Typ ist ein Schlitzohr; kann dich aufs Kreuz legen. Was sollen wir tun? Hast du irgendwelches Geld?

– Nichts. Ich bring alles durch. Oh! Ich kann den Verstärker verkaufen.

– Worauf wirst du dann spielen?

– Den brauch ich nicht zum Spielen. Sechzigtausend krieg ich dafür. Was ist mit dem Rest?

Beide schweigen und schauen einander an.

– Na was?

– Die Briefmarken? Ich weiß selber nicht, warum … aber ich möchte gerne, daß wir sie im Moment nicht anrühren …

– Ich will es auch nicht.

Jerzy lächelt mit Erleichterung, Artur ebenfalls. Hier, in der Nacht, auf der kalten Terrasse, haben sie sich fast wortlos verstanden. Artur sagt leichthin:

– Sie sollen in Frieden ruhen.

Auf der Terrasse erscheint ein Kollege von Artur.

– Hey, wir spielen.

Er verschwindet.

– Neunzig und sechzig, das sind hundertfünfzigtausend. Es bleiben noch siebzig. Die können wir irgendwie leihen, oder?

Artur geht weg, und nach einer Weile hört man wieder den Krach von der Bühne.

Jerzy befestigt das Gepäck auf dem Dach des Skoda. Er verabschiedet sich von Piotr, als seine Frau aus dem Haus kommt.

– Im Kühlschrank gibt es nichts zu essen. Ich habe alles mit aufs Land genommen.

– Ich werde mir etwas kaufen.

– Wundere dich nur nicht. Die Schränke und die Kommoden habe ich abgeschlossen. Ich will nicht, daß jemand darin herumschnüffelt.

– Niemand wird schnüffeln.

– Schminkzeug und so weiter habe ich auch eingeschlossen.

Sie sagt, was sie zu sagen hat, und steigt ein. Im Auto schnallt sie sich an und verzichtet bei diesem schwierigen Unternehmen auf Jerzys Hilfe. Das Auto fährt los.

Vor Vaters Haus hält ein Taxi, aus dem Artur mit einem großen, schweren Sack aussteigt. Er schaut nach oben. Es ist schon spät, und nur noch in wenigen Wohnungen brennt Licht. Artur sieht genau, daß in der Wohnung des Vaters das Licht eingeschaltet ist; jemand muß da sein. Er stellt den Sack vor dem Eingang zum Treppenhaus ab und findet in den Büschen, die um das Haus wachsen, einen jungen Baum, dessen Stamm schon ziemlich kräftig ist. Er macht daraus einen langen, schweren Stock und holt damit ein paarmal zur Probe aus. Mit dem Stock und dem Sack verschwindet er im Treppenhaus.

Artur versucht, die Tür, so leise es nur geht, aufzumachen, und mit erhobenem Stock stürzt er in die Wohnung. Am Tisch sitzt Jerzy, über die Alben gebeugt. Er hebt den Kopf. Bei Arturs Anblick lacht er auf. Artur legt den Stock beiseite.

– Ich hatte Angst, daß jemand hier rumwühlt.

Er geht zur Tür zurück und schleppt den schweren Sack in die Wohnung. Jerzy betrachtet den Sack verwundert, den Artur, der jetzt auf dem Bett sitzt, zwischen den Knien hält. Artur ist ebenfalls überrascht und fragt Jerzy:

– Was machst du hier, zum Teufel?

– Ich sehe sie mir an.

– Ich hab's nicht gewußt.

– Gestern war ich auch hier.

– Um wieviel Uhr?

– Am Vormittag.

– Dann haben wir uns verpaßt. Ich kam vor zwölf.

– Ich war früher weg.

– Ich bleib 'ne Weile hier.

Artur steht auf und schüttet den Sack aufs Bett: Hemden, Turnschuhe, Socken, Bettwäsche.

– Haben sie dich rausgeschmissen?

– Nein. Ich habe Angst um das alles. Die Sicherungen ... So wie du, hätte hier jeder hereinkommen können. Jemand sollte hierbleiben. Außerdem ... ich bin hier angemeldet.

– Das stimmt. Ich bin dann auch ruhiger.

Artur packt seine Sachen aus, und Jerzy wendet sich den Briefmarken zu.

– Weißt du, was ich entdeckt habe?

In einem speziellen Album aus einer Metallkassette zeigt er Artur zwei Briefmarken auf einer besonderen Seite.

– Einzige Serie in Polen. Unvollständig.

Er zeigt die Abbildung dieser Serie in einem Katalog.

– Die Blaue, die Gelbe … es fehlt die rosa Briefmarke. Hast du das hier gesehen?

Jerzy zeigt auf ein dickes Notizbuch mit akkurat beschriebenen Blättern. Er findet die Seite mit der Aufschrift: »Merkur 1851«, und liest laut.

– »Ein österreichischer rosa Merkur aus dem Jahre 1851. Nach dem Krieg von Z. versteckt. Eine unsichere Nachricht. K. B. R., gestohlen bei einem berühmten Diebstahl in '65, ist für einen Moment aufgetaucht bei J. in Krakau. Verkauft in '68 vor J.s Ausreise aus Polen. J. in Dänemark gefragt, kann sich an den Namen des Käufers nicht erinnern; weiß nur, daß er angereist ist und von dem '71 verstorbenen K.W. empfohlen war. Eine Nachricht von K.B.R. – sie ist in Polen, im Süden. Vielleicht M.W.? Eine Chance? Ein Signal: nicht das Geld.«

Die Hälfte der Geschichten im Heft sind von dieser Art. Irgendwelche Zahlen; man kann das nicht verstehen … Ich habe ein paar Stunden darin gelesen.

– Ein österreichischer rosa Merkur … Er muß wunderschön aussehen mit diesen zwei … rosa …

Es ist schon Nacht. Beide sitzen sich am Tisch gegenüber, von Alben, Katalogen, Pinzetten und einer Lupe umgeben. Sie tauschen die Notizen des Vaters. Jerzy deutet auf eine leere Seite in einem der Alben.

– Sie fehlen mir. Schöner Name: Zeppelin.

– Dieser Bengel … wollte was Gutes.

– Ich denke mir schon was aus …

Es ist schon hell. Artur streckt sich auf dem Balkon aus; ihm ist kalt nach der durchwachten Nacht. Er lehnt sich über das Balkongeländer, erstarrt einen Moment und ruft Jerzy. Beide lehnen sich hinaus und schauen nach oben, auf das Haus, das jetzt dunkler als der Himmel ist.

– Auf einem Seil kommen sie herunter und sind da. Nur drei Stockwerke.

– Das Gitter.

– Eines für den Balkon, ein zweites für die Fenster. Vater hat es zugenagelt ... Tak, tak und vorbei; eine Scheibe bleibt eben eine Scheibe. Und sie sind drin.

– Artur ... ich habe vergessen, daß ich noch andere Probleme habe. Habe überhaupt alles vergessen.

– Es ist angenehm.

– Sehr.

– Vielleicht gibt es sie nicht? Wenn man nicht will, dann gibt es sie nicht – ganz einfach.

– Schreib ein Lied darüber.

– Wenn ich aufhöre, Sünden zu propagieren. Ich habe eine Idee. Laß uns eine Briefmarke finden, die – sagen wir – einhunderttausend wert ist. Ganz offiziell, es muß irgendwo verzeichnet sein.

Sie kehren in die Wohnung zurück und fangen an, die Kataloge durchzublättern.

In dem kleinen Laden in der Hofstraße tritt der Besitzer – diesmal mit einem anderen Halstuch – hinter einem Vorhang hervor. Er lächelt zur Begrüßung. Artur, mit seinen langen Haaren, unrasiert schaut sich um, ob sie alleine sind. Auf den Ladentisch stellt er eine Tasche, holt einen Geldbeutel heraus und legt eine Briefmarke vor den Besitzer.

– Ich habe Gutes von Ihnen gehört ... daß Sie sich auskennen.

– Tatsächlich, ein wenig.

– Ich habe diese Kleinigkeit gefunden ... ist das was wert?

Der Besitzer nimmt einen Katalog, blättert darin. Ohne die Suche zu unterbrechen, spricht er mit Artur, obwohl der sieht, daß der Besitzer längst gefunden hat, was er sucht.

– Wo haben Sie die gefunden?

– Zu Hause.

– In Ihrem Haus?

– Nicht ganz.

– Die ist fünfzehntausend wert. Ich kann sie für drei kaufen.

– Sagen wir fünf.

– Für vier. Sie ist gestohlen.

– In Ordnung.

Der Besitzer greift in die Kasse und holt vier Scheine heraus. Artur zählt das Geld, gleichzeitig aber ist er wachsam und, der Hand des Besitzers zuvorkommend, nimmt er die Briefmarke vom Ladentisch wieder weg.

– Was ...

Artur setzt sich auf einen Stuhl. Er wischt ein unsichtbares Staubkörnchen vom Ladentisch und holt – aus der dort stehenden Tasche – einen Kassettenrecorder heraus. Er spult die Kassette zurück.

– Soll ich es laufen lassen? Wir prüfen, ob es aufgenommen hat ...

– Was wollen Sie?

Artur zeigt auf die über ihm hängende Konzession, die der Besitzer Jerzy so eifrig gezeigt hatte.

– So eine Konzession, das ist heute ein Vermögen, nicht wahr?

– Na gut. Worum geht's?

– Um die drei Briefmarken mit Zeppelinen. Deutsche Briefmarken, aus dem Jahre 31. Ich gebe viertausend und eine ganz neue Kassette. BASF. Nur ein paar Minuten sind aufgenommen, und das ist eine 90er.

– Clever. Wissen Sie, es hat mich etwas gestochen, als Sie reinkamen.

– Man hätte dem Instinkt trauen sollen.

– Es war ein Typ bei mir ...

– Mein Bruder.

– Er war nicht so schlau.

– Er hatte damals nicht alle Daten. Und er kannte Sie nicht.

– Ihnen geht es um die Knete oder um die Briefmarken?

– Briefmarken.

– Ich verstehe. Sie sind Söhne ...

– Ja.

– Ich verstehe.

Der Besitzer holt eine Metallkassette – ähnlich denen, die in den Schränken des Vaters stehen – und öffnet sie. Er entnimmt ihr eine Zellophantüte mit drei Briefmarken. Bevor er sie Artur reicht, lächelt er ihn freundschaftlich an.

– Das ist eine intime Sache ... aber, haben Sie die Absicht, sich von der Sammlung zu trennen, oder plant ihr eher ... dabeizubleiben?

– Zu bleiben. Auf englisch: to remain.

Der Besitzer lächelt wieder; Artur gefällt ihm.

– Kennen Sie sich ein wenig damit aus?

– Wie Sie sehen, wir fangen an.

Der Mann reicht ihm die Briefmarken und nimmt schnell das Geld und die Kassette an sich.

– Nicht ausgeschlossen ... daß ich mich bei Ihnen mit einem Vorschlag melden werde.

– Wir sind offen. Das ist en vogue.

Auf dem Balkon und vor den Fenstern sind schon die Gitter angebracht. In der Wohnung sieht man die Spuren von Arturs Anwesenheit: die Gitarre, verstreute Notenhefte, ein Plattenspieler und die dazugehörige Ausrüstung.

Artur sitzt einem großen Hund gegenüber und streckt ihm, mit der rechten Hand, ein Stück Wurst entgegen.

– Aus der rechten Hand? ... Nicht anrühren!

Er warnt den Hund, als er seine Nase der Wurst nähert. Der Hund dreht den Kopf und tut so, als ob er an dieser Wurst überhaupt kein Interesse hätte. Artur nimmt das Stückchen Wurst in die linke Hand, und der Hund verschlingt es mit einem Bissen. Artur streichelt den Kopf des Hundes, der sichtlich mit seinen Fähigkeiten zufrieden ist. Man hört Schritte im Gang.

– Wer ist das?

Der Hund spitzt die Ohren, und aus seinem Hals dringt ein tiefes Knurren.

Artur befiehlt.

Faß!

Blitzschnell ist der Hund an der Tür und bellt tief; manchmal mit einem wütenden Röcheln.

– Genug. Paß auf.

Nachdem sich die Geräusche im Treppenhaus gelegt haben, beruhigt sich der Hund. Er geht ins Zimmer zurück und setzt sich neben die Metallschränke; dabei atmet er schwer mit heraushängender Zunge und schaut Artur tief in die Augen.

Jerzy geht um sein Haus, und über die Terrasse kommt er in ein Zimmer, das vom Rest des Hauses abgetrennt ist und aussieht, als wäre es für Jerzy provisorisch eingerichtet. Er nimmt den Mantel ab, wirft ihn auf das Bett und geht in das Zimmer seines Sohnes.

– Weißt du ... ob Artur angerufen hat?

– Ich habe nicht abgenommen.

– Ist Mama sauer?

– Nein. Sie sagt, daß wir jetzt etwas Ruhe haben. Sie hat mir etwas gekauft ... schau mal ...

Piotr zeigt schöne dunkelblaue Hosenträger und demonstriert die Schnalle.

– Super, was?

– Ja. Und in der Schule?

– In Russisch habe ich mich verbessert.

– Auf wieviel?

– Auf eins. Mit Mathe sieht's schlecht aus ... Mama sagt, daß sie mir Nachhilfe besorgt ... daß man mit dir nicht rechnen kann.

– Dann rechne nicht mit mir.

Jerzy geht weg, etwas verletzt. Er klopft an die Tür des Zimmers, in dem seine Frau sitzt.

– Darf ich telefonieren?

– Ja, telefoniere.

Jerzy wählt eine Nummer. Seine Frau hebt eine Hand hoch und hält sie so, daß Jerzy auf sie aufmerksam werden muß. Er schaut sie verwundert an.

– Ich weiß nicht, worum es dir geht.

– Auf dem Finger ...

– Ehering? ... der ist nicht da. Hast du ihn verloren?

– Verkauft.

– Warum?

– Und womit hätte ich die Täfelung bezahlen sollen?

– Ich muß hinfahren. Zu Artur. Es nimmt keiner ab.

– Das Gespräch ist beendet.

– Entschuldigung.

Jerzy versucht, die Tür zu Vaters Wohnung aufzuschließen, aber der Schlüssel, mit dem er inzwischen umzugehen gelernt hat, paßt überhaupt nicht. Aus der Wohnung dringt das dumpfe, gefährliche Knurren eines Hundes.

– »Wer ist da?«

– Ich bin es, Jerzy!

Artur schiebt die Riegel weg, der Hund knurrt aber weiter.

– Nimm dieses Vieh weg.

Man hört, wie Artur die knurrende Bestie von der Tür wegzieht. Jetzt bellt der Hund aus dem Innern der Wohnung, und Artur schließt auf.

– Ich habe ihn im Bad eingeschlossen.

– Was ist das zum Teufel? Der Schlüssel paßt nicht.

– Ich hab ihn ausgewechselt, so ist mir geraten worden. Immer wieder muß man die Schlösser wechseln. Nimm, hier ist der neue.

– Wer hat dir das geraten?

– Ich habe Bekannte, die sich da auskennen.

– Sag mir dann vorher Bescheid, verflucht. Ich kann nicht rein; ich versuche, dich den ganzen Nachmittag zu erreichen ...

– Ist etwas passiert? Ich war einkaufen und dann mit dem Hund spazieren.

– Nichts ... Ich bin ein paar Stunden in der Bibliothek gewesen. Man muß wieder Fische kaufen. Weißt du, wozu Vater sie gehalten hat?

Er holt ein kleines Notizbuch hervor, in dem er offenbar Notizen in der Bibliothek gemacht hat.

– »Die Fische geben Zeugnis ab für die Luftzusammensetzung in einem Raum. Sie wachsen und leben gesund, vorausgesetzt, die Luft beinhaltet keine Substanzen, die für sie, aber auch für Reproduktionen, Bücher und Briefmarken, schädlich sind.« … Aus dem tschechischen Monatsheft habe ich das.

– Sieh mal an, wie clever.

Der Hund knurrt die ganze Zeit im Badezimmer.

– Macht er das immer?

– Nein, nur wenn er eingeschlossen ist. Soll ich ihn rauslassen? Ich habe Angst … daß er nach dir schnappt.

– Man muß etwas tun. Er muß wissen, daß ich eben ich bin.

Artur geht ins Bad und bindet den Hund an eine kurze Leine. Vorsichtig kommt er mit ihm ins Zimmer. Der Hund bleckt unaufhörlich seine riesigen Zähne.

– Das ist ein Freund, Dog. Ein Freund. Schau mal.

Er bindet den Hund an die Türklinke und kommt zu Jerzy. Demonstrativ umarmt er ihn, drückt ihn an sich und küßt ihn. Jerzy steht verblüfft da.

– Das ist Jerzy, Dog. Schau, das ist mein Bruder, das ist ein Freund. Lieber Jerzy.

Der Hund entspannt sich, schaut aber immer noch wachsam.

– Na ja, gutes Hündchen, Naa …

Artur bindet ihn los; der Hund bewegt sich aber nicht.

– Streichle ihn. Versuch es …

Jerzy streckt seine Hand aus. Der Hund zeigt sofort die Zähne und nimmt Habachtstellung ein.

– Er muß sich an dich gewöhnen. Bleib für die Nacht, vielleicht wird's besser. Hier ist ein Feldbett; habe ich gebracht. Ich kann es nicht leiden, neben den Frauen zu schlafen.

Auf dem Tisch bemerkt Jerzy ausgebreitete Noten, an denen Artur gearbeitet hat.

– Komponierst du?

– Ich versuche es … geht nicht so gut. Hab' keinen Kopf

dafür. Als ich mit dem Hund ... hab' ich diesen Typ getroffen, dem Vater die Knete schuldig war.

– Wir haben doch bezahlt ...

– Er sagte, daß er hier Bekannte hat.

– Und dieser Hund ... muß er raus? Kann man ihm hier nicht einen Kasten mit Sand machen?

– Das ist ein großer Hund. Er muß laufen, mindestens einmal am Tag.

– Es sollten zwei sein. Einer für mich und einer für dich. Sie könnten abwechselnd raus.

– Vielleicht müssen wir das so machen.

Das Telefon klingelt, und Artur nimmt ab.

– Ja?

In dem kleinen Laden in der Hofstraße gibt es ein gemütliches Nebenzimmer. Der Besitzer hat den Kaffee in kleinen Tassen serviert. Da es etwas eng dort ist, hat er den Brüdern die kleinen Sessel angeboten, und er selbst hat sich auf das Fensterbrett gesetzt. Er lächelt, reicht den Gästen Zucker; alles ist sehr elegant.

– Sind Sie schon auf die Sache mit dem österreichischen rosa Merkur gestoßen?

Jerzy ist immer noch etwas gekränkt und dem Mann gegenüber mißtrauisch.

– Ja, das sind wir. Sie wissen viel.

– Wir Philatelisten kennen uns untereinander ... Wissen Sie, was für einen Wert diese Briefmarke hat?

– Wir wissen, daß es in Polen eine gibt.

– Ja. Und ich weiß, wer sie hat.

Die Brüder schauen einander an. Artur nimmt sogar das Streichholz, worauf er kaute, aus dem Mund.

– Schlecht mit dem Geld ... mein Bruder hat sein Auto verkauft, aber ...

– Meine Herren, das ist kein finanzielles Problem.

– Welches denn?

– Das ist ein Problem ... Ich müßte noch wissen, ob Ihnen etwas daran liegt.

– Ja, es liegt uns etwas daran.

– Ja.

– Sehen Sie ... ich möchte gerne, daß wir uns in dieser Sache nochmals treffen. Dafür wären Untersuchungen notwendig.

– Untersuchungen?

– Die Blutgruppe, OB, der Urin ...

– Haben Sie die Absicht, uns zu heilen oder uns die Briefmarke zu verkaufen? ...

– Die Briefmarke ist nicht zu verkaufen. Und nur ich weiß, wer sie hat. Ihr Vater konnte es jahrelang nicht herausfinden, obwohl ihm viel daran lag. Also, wenn Ihnen, meine Herren, ebenfalls etwas daran liegt ...

– Die Untersuchungen kann man machen. Das ist kein großes Problem.

– Das habe ich auch gedacht.

Im Park ist es grün; ziemlich viele Menschen sind da. Jemand spielt Klavier im Schatten einer steinernen Trauerweide, die Teil des Chopin-Denkmals ist. Artur tippt den Rhythmus mit dem Fuß, wie immer. Der Ladenbesitzer schaut sich die Untersuchungsergebnisse an. Jerzy beunruhigt und Artur lächelnd warten, wie es weitergeht.

– Tja ... ich habe Ihnen gesagt, daß es kein finanzielles Problem ist.

Der Typ lebt in Tarnow ... der rosa österreichische Merkur.

Die Brüder sehen sich an. Alles stimmt mit den Notizen des Vaters überein: Tarnow liegt im Süden Polens.

– Und was will er?

– Er will eine Serie, eine ganz kurze Serie; nur zwei Briefmarken, die ein seriöser Sammler in Stettin hat.

– Und der seriöse Sammler?

– Eine gute Frage. Er will eine bestimmte, kleine Briefmarke; sehr unauffällig, die ...

– Die wir haben. Nur, wozu waren unsere Blutgruppen nötig?

– Nein. Sie haben sie nicht.

– Und wer hat sie?

– Zufällig ist es so, daß ich sie habe.

– Na gut, beenden wir diesen Kreis.

– Gleich, wir beenden ... Nur Sie kommen in Frage.

Der Mann deutet auf Jerzy, der ein wenig zurückzuckt.

– Warum er?

– Er hat die richtige Blutgruppe. Sehen Sie ... diese Briefmarke ist ungefähr eine Million wert ...

– Genau gesagt, achthundertachzigtausend.

– Genau. Ungefähr eine Million. Aber man kann sie nicht kaufen. Jeder der Interessenten geht nur auf einen Tausch ein; und zwar auf einen ganz bestimmten.

– Und worauf gehen Sie ein? Auf Blut?

– Nein. Auf eine Niere. Meine Tochter ... sechzehnjährig ... ist schwer krank. Von einer künstlichen Niere auf Lebenszeit kann nicht die Rede sein. Ich suche jemanden, der bereit wäre ... Ihr Vater war schon zu alt.

Artur schaut Jerzy an und lächelt.

– Schade ... schade, daß meine Blutgruppe der Ihrer Tochter nicht entspricht.

– Ja, Ihre nicht.

Der Mann schaut wieder Jerzy an.

Der Hund liegt ruhig vor den Schränken, aber die ganze Zeit verfolgt er den aufgeregten Jerzy mit seinem Blick.

– Zum Teufel … soll ich mir die Niere für irgendeine Briefmarke rausschneiden lassen?

– Für einen österreichischen rosa Merkur aus dem Jahre 1851. Aber du hast recht. Du hast eine Familie, einen Sohn …

– Das ist doch ein Stück eines Menschen, ein Stück von mir.

– Von dir, in der Tat. Wenn es auf mich gefallen wäre, hätte ich nicht einen Augenblick lang gezögert. Was soll ich mit einer Niere … habe doch zwei. Ich kenne einen Typ, der seit zwanzig Jahren nur mit einer herumläuft und, Gott bewahre … schluckt kräftig und mit Frauen … keine Probleme.

– Zumteufelverflixtnochmal …

– Und außerdem hätte ich so gedacht: ich werde dieses Mädchen retten … Eine junge Frau. Eine sehr menschliche Geste.

– Artur …

– Ich überrede dich nicht. Deine Niere.

– Aber die Briefmarke ist unsre. Liegen bleiben!

Der Hund hat sich plötzlich erhoben und setzt sich. Er schaut Artur und Jerzy an und legt sich dann unwillig und zögernd wieder hin. Dann streckt er die Zunge heraus und atmet schwer.

Jerzy hockt sich neben das Fenster und läßt den Hund nicht aus den Augen. Im Aquarium schwimmen wieder große rote Zierfische. Er greift in eine Schachtel und streut den Fischen etwas Futter ins Wasser. Die Fische kommen angeschwommen und werfen sich gierig auf das Fressen.

– Ein Fallstrick ... eine Falle ... Schau, wie gefräßig die Bestien sind.

– Normal. Sie wollen leben.

Die Jungs von Arturs Gruppe proben in einer Turnhalle. Artur erklärt die Einsätze der einzelnen Instrumente. Wenn es in so einer Gruppe die Funktion eines Dirigenten gibt, versucht er sie zu erfüllen.

Am Mikrophon steht ein Jüngling, den man in der Gruppe noch nicht gesehen hat. Die Musik erreicht den Takt, wo der Solist einsetzen soll.

– Jetzt!

– Paß auf.

Die Gruppe spielt, und der Junge fängt – aber irgendwie unsicher und farblos – an.

– »Ich weiß nicht. Ich weiß nicht wer
aber ich
will von euch nichts
und ich geb' euch nichts.«

Die Musiker unterbrechen mitten im Takt, etwas unzufrieden.

– Das geht so nicht.

– Noch nicht. Aber es wird besser.

– Vielleicht fährst du doch mit? So eine Tour ...

– Ich schaffe es nicht. Vielleicht nach dem Sommer oder irgendwann.

Jerzy versucht nicht einmal durch die Treppen in sein Haus zu kommen, sondern geht direkt über die Terrasse in sein Zimmer. Die Tür ist verschlossen. Er klopft zuerst, dann trommelt er gegen die Tür. Seine Frau erscheint am Fenster.

– Was denn?

– Ich will rein.

Nach einem Augenblick quietscht der Schlüssel im Schloß. Jerzy drückt an die Tür, aber als sie halboffen ist, sieht er zwei Koffer und eine Tasche neben seiner Frau stehen, die ein Blatt Papier in der Hand hält.

– Ich habe die Scheidung eingereicht. Hier ist die Abschrift.

Sie öffnet die Tür etwas weiter; sie nutzt die Tatsache aus, daß Jerzy das Dokument stumm anstarrt, und stellt die Koffer mit der Tasche vor die Türe.

– Wenn du den Rest brauchst, ruf an. Aber erst nach der Verhandlung. Das hier reicht solange.

Sie schlägt die Tür zu, und dieser Knall holt ihn aus seiner Erstarrung. Er hämmert mit den Fäusten gegen die Tür. Sie geht einen Spalt auf, von der anderen Seite mit einer Kette gesichert.

– Noch etwas?

– Ich muß mit dir reden … muß eine Entscheidung treffen, die …

– Einen Augenblick.

Sie verschwindet, und als sie zurückkommt, reicht sie ihm einen kleinen Zettel.

– Hier ist die Nummer meines Anwalts. Wenn du mir etwas vor der Scheidung sagen willst, ruf ihn an. Er wird es mir ausrichten.

Hinter dem Fenster sieht er Piotrs Gesicht an die Scheibe gedrückt. Der Junge versucht, den Vater in der Dunkelheit zu erspähen. Er hat sichtlich Angst vor der Mutter und sagt nichts.

– Ihr könnt mich am Arsch lecken!

Jerzy sitzt auf seinen Koffern. Der Hund reagiert nicht mehr bösartig auf ihn. Artur stellt das Feldbett auf, das nur mit Mühe in das Zimmer paßt.

– Ich habe mich entschlossen.

Artur lächelt und streckt Jerzy seine Hand entgegen. Der gibt ihm seine, und Artur drückt ihn ans Herz – wie einen Bruder.

– Was kann man aus Nieren machen? Saure Nieren?

Beide lachen.

– Nein, ich glaube, Gulasch.

– Einmal Nierengulasch, bitte! O Mann ... du imponierst mir.

Artur sitzt im Krankenhauskorridor; es ist schon spät. Er folgt jedem, der vorbeigeht, mit dem Blick. Als er eine junge Krankenschwester sieht, erhebt er sich.

– Hören Sie ...

– Ja, bitte.

– Ich warte hier ...

– Sind Sie von ... von »City Live«?

Artur lächelt bescheiden.

– Ja.

– O Gott ...

– Mein Bruder wird operiert. Ihm wird eine Niere entfernt.

– Schon vorbei, und alles in Ordnung. Darf ich Sie anfassen?

– Ja, du darfst. Bist du sicher, daß alles in Ordnung ist? Unsicher und sanft faßt sie sein Gesicht an, als ob sie blind wäre.

– In Ordnung ... Wie nett Sie sind. Von nahe ... Bald kommt er zu Bewußtsein. Sie können warten ... Ich dachte, daß Sie ganz anders sind ... Wir können warten.

Artur führt seinen Bruder die Krankenhaustreppe hinunter. Jerzy ist blaß und geschwächt, aber sonst verhält er sich ganz normal. In Arturs Gesicht dagegen hat sich etwas verändert.

– Wie fühlst du dich?

– Normal. Ich spüre nichts. Als ob nichts passiert wäre. Hast du sie? Sie halten an und Artur holt seinen Geldbeutel hervor und zieht die diesmal fachmännisch verpackte Briefmarke heraus. Schöner österreichischer rosa Merkur; wahrhaftig.

– Jesus ... da ist sie. Seit wann hast du sie?

– Schon ... eine Weile.

– Warum hast du sie mir nicht gezeigt? Ich dachte die ganze Zeit darüber ...

– Ich konnte nicht.

Jerzy schaut den Bruder an und bemerkt in seinem Gesicht diesen merkwürdigen Ausdruck.

– Was ist passiert?

– Als du operiert wurdest ... und ich im Krankenhaus saß ... Jerzy, sie haben uns bestohlen.

– Was?

– Sie haben gestohlen. Alles.

Den Tränen nah, legt Artur den Kopf auf Jerzys Schulter.

Der Hund liegt auf dem Bett und schenkt den Brüdern keine Aufmerksamkeit; nichts von der früheren Spannung und der beängstigenden Gefährlichkeit.

Jerzy sieht sich die Wohnung an: die Gitter auf dem Balkon sind durchgesägt und abgebogen; in den Scheiben sind gleichmäßig runde Öffnungen herausgeschnitten worden. Die Stäbe an den Schränken sind auch durchgesägt, und überall liegen Papiere verstreut.

Jerzy schaut den Hund an.

– Und dieses Mistvieh?

– Sie haben ihn im Bad eingesperrt.

– Ich sag, man soll ihn vergiften. Verschwinde!

Mit eingezogenem Schwanz verläßt der Hund das Bett und verkriecht sich unter dem Fenster. Jerzy schaut ihm nach und bemerkt die Fische, die, wieder mit den Bäuchen nach oben, im Wasser treiben.

– Verendet ...

– Hab sie vergessen ... sind verendet. Es hat sowieso keine Bedeutung, was für Luft hier ist.

– Wozu, zum Teufel, bist du dort gesessen? Hätten sie mir die Niere nicht ohne dich entfernen können?

Artur senkt den Kopf.

– Und die Polizei?

Es klingelt an der Tür.

– Bitte!

Ein Oberleutnant in Zivil betritt die Wohnung; ein junger sportlicher Mann. Er begrüßt Artur und schaut Jerzy an.

– Sie sind? ...

– Mein Bruder. Er ist heute entlassen worden.

– Wie geht es Ihnen?

– Wie kann es mir schon gehen? Wissen Sie, was hier los war?

– Ziemlich genau. Ich werde Sie zu uns bitten müssen ...

– Gerne. Haben Sie diesen Typ überprüft, von dem mein Bruder den Hund gekauft hat? Wer konnte ihn im Bad einsperren?

Der Hund, als wüßte er, daß von ihm die Rede ist, hebt kurz den Kopf und schläft mit einem sanften Brummen wieder ein.

– Ja, das haben wir. Das ist aber nicht die Spur. Der Hund ist von unserem ehemaligen Kollegen dressiert worden ... Ich lasse Ihnen die Nummer.

Er holt eine Visitenkarte heraus und reicht sie Jerzy.

– Bei Gelegenheit ... Ihr Bruder war nicht sicher ... Die Alarmanlage – am Fenster und an der Tür – war abgetrennt. Von innen. Wissen Sie etwas davon?

Der Polizist steigt auf einen Stuhl und zeigt Jerzy einen Draht, der aus einem Kasten an der Decke herausragt. Artur sieht Jerzy prüfend an.

– Das habe ich gemacht, als ich die Gitter installierte. Damit man die Fenster aufmachen kann. Ich dachte, daß die Gitter ... daß es genügt.

– Ich verstehe. Ihr Bruder war unsicher. Ich werde in Kontakt mit Ihnen bleiben. Oder Sie mit uns.

Die letzten Worte richtet er an Jerzy und geht hinaus.

– Du hast es mir nicht gesagt ... von der Alarmanlage.

– Hab' es vergessen. Aber ich glaube, wir haben darüber ...

– Ich weiß nichts mehr.

Artur sieht Jerzy immer noch prüfend an. Der zuckt mit den Schultern.

– Das ist alles, was uns geblieben ist ...

Artur holt die Briefmarke heraus.

– ... Salomon hätte sie in zwei Teile zerreißen lassen

und demjenigen gegeben, der nicht einverstanden gewesen wäre. Aber das ist so lange her ...

Er reicht Jerzy die Briefmarke.

– Sie ist dein. Die Niere war auch dein. Übrigens ... ich will sie nicht.

Er steht auf und zieht seine Jacke an. Die Situation hat sich gewendet, jetzt schaut Jerzy ihn aufmerksam und prüfend an.

– Wo gehst du hin?

– Ich komme am Abend zurück. Hab' mich in einer Kneipe engagieren lassen.

Jerzy wartet ab, bis Artur weg ist. Dann steht er auf, geht zum Telefon und wählt eine Nummer.

– Hallo ... Kommissariat? Ist da der Inspektor ...

Der Polizist setzt sich in einem Café dem wartenden Jerzy gegenüber.

– Sie wollten mich sehen?

– Guten Tag.

– Ja, bitte.

– Wissen Sie ... es ist schwer, darüber zu sprechen.

– Ich verstehe.

– Sie können denken, daß es das Letzte ist ...

– Möchten Sie vielleicht etwas trinken?

– Nein danke.

– Ich denke, daß Sie in Betracht ziehen sollten ... daß Sie meinen Bruder überprüfen sollten ...

Der Polizist sagt nichts und hört aufmerksam zu.

– Dieser Hund ... niemand konnte ihn anfassen ... aber jemand hat ihn doch im Bad eingesperrt ... Er behauptet, daß er während der Operation im Gang gesessen hat ...

– Das hat er. Dann lag er sogar. Im Dienstzimmer der Krankenschwestern.

– Ich behaupte nicht, daß er ... Er hatte so viele verschiedene Bekannte; die Konzerte ...

– Ich danke Ihnen. Sie haben mir sehr geholfen.

Der Inspektor verläßt das Café und steigt in ein wartendes Auto. Der Wagen fährt los, und nach einigen Minuten hält er auf einem dichtbesetzen Parkplatz vor dem »Atlantik«-Kino. Der Inspektor geht in eine Cafébar auf der Hinterseite der Kaufhauszeile.

In der Bar sucht der Polizist nach jemandem. Dann lächelt er und geht an einen hohen Tisch. Dort sitzt Artur.

– Sie wollten mich treffen ...

– Guten Tag. Ich bin verrückt geworden, oder?

– Nein, warum?

– So viele Stunden haben wir schon zusammen verbracht, und ich, plötzlich ... bestelle Sie ins Café ...

– Die Diskretion; ich bin es gewöhnt.

– Genau ... wir haben geredet, und mir ist es die ganze Zeit durch den Kopf gegangen ... ich konnte Ihnen nicht sagen ...

– Können Sie es jetzt?

– Das ist irgendwie nicht in Ordnung ... das ist sicherlich nicht in Ordnung ... Ich ... ich habe Angst, daß Jerzy mit dieser Sache etwas zu tun haben könnte ... mein Bruder. Diese Alarmanlage ... warum hat er mir nicht gesagt, daß er sie abgetrennt hat? Er war mit dieser Niere einverstanden, er wußte, daß ich im Krankenhaus sitzen werde … Außerdem … das ist schwer zu beschreiben … Ich habe ihm die Briefmarke gegeben, mit der alles angefangen hat … er hat sich nicht einmal gefreut …

– Sie haben mir sehr geholfen.

– Das sagt man immer in Filmen.

– Aber es ist so. Danke.

Nachdem er das Café verlassen hat, geht Jerzy in Richtung Marschallstraße. Auf der anderen Seite sieht er den Jungen, dem er die Nase in dem Hauseingang zerquetscht hat. Jerzy hält vor dem Hauptpostamt. Einen Augenblick zögert er, dann geht er hinein. Drinnen – wie immer – ziemlich großes Gedränge. Jerzy findet einen Briefschalter, an dessen Scheibe – mit einem Klebeband – ein kleines Stück Karton mit ein paar Briefmarken befestigt ist. Er kommt langsam näher und schaut sich die gewöhnlichen neuen polnischen Briefmarken an, die jetzt im Umlauf sind. Jerzy wartet ab, bis die junge Frau hinter dem Schalter einen Berg Einschreibebriefe zu Ende gestempelt hat.

– Sind neulich … irgendwelche Briefmarken erschienen?

– Die hier …

Sie zeigt auf den kleinen Karton.

– … das Königliche Schloß für zehn Zloty und eine Serie mit Partei-Emblemen. Für sechs, fünfundzwanzig und sechzig Zloty.

Die Frau ist nett, man weiß eigentlich nicht, warum.

– Das macht zusammen …

– Einhunderteins …

Jerzy nimmt den Geldbeutel, in dem er fünfzig Zloty findet. Er wühlt in seiner Tasche und findet noch etwas Kleingeld. Sorgfältig zählt er jede Münze. Jemand geht an ihm vorbei, und als er den Kopf hebt, sieht er Artur vor sich stehen, der das gleiche Stück Karton fixiert. Nach einer Weile dreht er sich um. Mit Verwunderung und Unruhe schauen sie einander an.

– Ich habe dich hier nicht erwartet.

– Ich dich auch nicht.

– Kaufst du?

– Mir fehlen … fünfunddreißig Zloty.

Artur greift in die Tasche, holt sein Kleingeld heraus und zählt.

– Ich habe vierzig.

Und er gibt alles, was er gefunden hat, Jerzy.

Bitte beachten Sie
die folgenden Seiten: